이윤기의
**그리스
로마 신화**

III

이윤기의
그리스
로마 신화

신들의 마음을 여는 12가지 열쇠

III

이윤기
지음

GREEK AND ROMAN MYTHOLOGY

웅진 지식하우스

240만 독자들의 선택, 이 시대 최고의 베스트셀러
『이윤기의 그리스 로마 신화』
출간 25주년 기념 개정판

"신화의 바다를 향해 처음 닻을 올린 모험가들에게 색다른 길잡이가 될 것이다."
― 김현진 (서울대 영문학과 교수)

"나는 이윤기의 언어를 통해서 문장 속 인물들이 몽롱함을 벗고 최고도의 활력을 누리게 하는 글이 얼마나 독자를 즐겁게 하는지 깨달았다."
― 황현산 (문학평론가)

"신화가 단순히 허구가 아니라 의미 있는 세계관이라는 사실을 일깨운 이. 덕분에 우리 뒤 세대들은 어린 시절부터 그리스 로마 신화를 배우며 성장했다."
― 이주향 (수원대 철학과 교수)

이윤기 소설가 · 번역가 · 신화전문가

"여러분은 지금 신화라는 이름의 자전거 타기를 배우고 있다고 생각하라. 일단 자전거에 올라 페달을 밟기 바란다. 필자가 뒤에서 짐받이를 잡고 따라가겠다."

이 책에 쏟아진 독자들의 찬사

"가장 친근하고, 읽기 쉬운 그리스 로마 신화 책."

"이윤기 선생이 들려주는 신화는 사람 이야기였습니다.
 어린 시절 할머니, 어머니가 읊조려주는 듯 나른한 즐거움."

"서양 문화를 한층 깊이 이해하는 데 도움이 된 책.
 진작 읽어야 했다는 아쉬움이 든다."

"오래전부터 그리스 로마 신화를 꼭 읽어야지 했는데
 이 시리즈 덕분에 해냈어요!"

"이 책은 나의 편협하고 엉성한 지식들을
 부드럽고 짜임새 있는 모양으로 잡아주었다."

"그리스 로마 신화에 관련된 책들이 너무나 다양해서
 어떤 것부터 읽어야 될지 고민할 때, 이 책이 정답이 될 것입니다."

"『이윤기의 그리스 로마 신화 1』을 처음 읽었을 때의 충격을 지금도 잊을 수 없다.
 '신화를 이렇게 해석할 수도 있구나', 색다른 관점을 배웠다."

"간직하고 두고두고 보고 싶은 책! 언젠가 다시 읽어봐야지 생각했어요."

"저자의 독특한 그리스 로마 신화 해석이 돋보입니다."

"이윤기 선생님과 함께한 신화 여행, 너무 행복한 10년이었다.
 신화의 꿈을 꿀 수 있게 도와주셔서 고맙습니다."

차례

들어가는 말 이뷔코스의 두루미 떼 9

1장 **믿음은 돌을 인간으로 만들기도 하고** 25

2장 **오만은 인간을 돌로 만들기도 한다** 45

3장 **은총, 그 자루 없는 칼** 69

4장 **소원 성취, 그 돌아오지 못하는 다리** 115

5장 **인간과의 약속은 신들과의 약속** 141

6장 **신들과의 약속은 인간과의 약속** 151

7장 **신들은 앎의 대상이 아니다** 179

8장	**신들은 겨룸의 대상이 아니다** 199
9장	**방황하던 인간 펠레우스, 영생불사를 누리다** 215
10장	**천마의 주인 벨레로폰, 방황의 들에 떨어지다** 243
11장	**멜레아그로스의 '오버액션'** 267
12장	**프로메테우스, 마침내 해방되다** 297

나오는 말 아리아드네의 실꾸리와 '나'의 실꾸리 339

찾아보기 344

일러두기

• 이 책에 등장하는 그리스 인명, 지명, 신 이름 등은 그리스어 발음대로 표기하였습니다.

들어가는 말
이뷔코스의 두루미 떼

내가 무척 좋아하는 '이뷔코스 이야기'는, 19세기의 미국 작가 토머스 불핀치의 『그리스 로마 신화』에 실려 있다. 별로 길지 않은 이 이야기는 다음과 같다.

이뷔코스는 신들에게 경건하고 믿음이 깊은 시인이었다. 그 이뷔코스가 어느 날 길을 떠났다. 코린토스 지협에서 열리는 이륜차 경기와 음악 경연에 참가하려는 참이었다. 당시 이 경기와 경연은 그리스인들의 인기를 독차지하고 있었다. 이뷔코스는 일찍이 예술의 신 아폴론으로부터 노래하는 재주와 꿀같이 달콤한 시인의 입술을 얻은 사람이었다. 이뷔코스는 아폴론 신의 은혜를 묵상하면서 발걸음도 가볍게 걸었다.
 이윽고 산 너머로 코린토스의 높은 건물들이 보이기 시작했다. 이뷔코스는 경건한 마음으로 옷깃을 여미며 포세이돈의 거룩한 숲으로 들어섰다. 인적은 없었다. 오로지 두루미 떼만 머리 위에서 이뷔

이뷔코스의 목적지였던 코린토스 지협
'지협'이란 두 개의 땅을 잇는, 좁은 허리를 말한다. 지금은 운하가 건설되어 있다.

코스와 같은 방향으로 날아가고 있을 뿐이었다. 이뷔코스가 두루미 떼를 올려다보며 말을 걸었다.

"친구 같구나, 두루미 떼여, 너희에게 행운이 있기를 빈다. 바다를 건널 때부터 나와 더불어 왔구나. 이 같은 길조가 또 어디 있으랴. 우리는 먼 길을 함께 와서 묵을 데를 찾고 있으니, 아무쪼록 너희나 나나 타향의 길손을 지켜줄 좋은 주인을 만날 수 있게 되었으면 좋겠구나!"

이뷔코스는 걸음을 재촉하여 숲 한가운데에 이르렀다. 그때 강도둘이 좁은 길 한가운데로 나서서 앞을 막았다. 고분고분 말을 듣든지 죽기를 각오하고 싸우는 수밖에 달리 도리가 없었다. 그러나 그의 손은 수금 타는 데 길들어 있을 뿐 무기를 들고 싸우는 데는 길들어 있지 않았다. 다급한 김에 그는 사람들과 신들에게 도움을 청했다. 그러나 그 소리는 어느 귀에도 가닿지 못했다. 이뷔코스는 탄식했다.

"이곳에서 죽을 팔자로구나. 낯선 타향에서, 내 신세 슬퍼해줄 사람 하나 없는 이곳에서 노상강도들 손에 세상을 하직하는구나. 이 원수를 누가 나서서 갚아줄 것인가."

노상강도들 손에 치명상을 입은 이뷔코스는 땅바닥에 쓰러졌다. 마침 두루미 떼가 울면서 머리 위를 날고 있었다. 이뷔코스는 하늘을 올려다보며 하소연했다.

"두루미들아, 내 하소연을 사람들에게 전해다오. 내 하소연에 화답하는 것은 오직 너희가 우는 소리뿐이구나."

이뷔코스는 이 말을 마치고는 눈을 감았다.

이뷔코스는 깡그리 털리고 처참하게 찔린 시체로 발견되었다. 어찌나 처참하게 당했던지 평소의 이뷔코스로는 알아보기 어려울 정도였다. 하지만 이뷔코스를 대접하려고 기다리던 코린토스 친구는 이뷔코스를 알아보았다. 그 친구는 부르짖었다.

"나와 그대가 어째서 이 꼴로 만나야 하는가? 음악 경연의 월계관을 그토록 그대 머리에 올려주고 싶어 하던 나와 그대가!"

고대 도시 코린토스
알렉산드로스 대왕과 괴짜 철학자 디오게네스가 만난 곳도 이곳이다. 사진 중앙에는 태양신 아폴론의 신전이 보인다. 신약성경의 「고린도서」는 사도 바울이 코린토스 사람들에게 보낸 편지 형식의 글이다.

 축제에 모인 사람들은 이 이야기를 듣고 대경실색했다. 온 그리스 사람들은 이뷔코스의 상처를 자기네 상처인 것처럼 아파했고, 이뷔코스의 죽음을 친구의 죽음인 것처럼 애통해했다. 그들은 재판소 둘레에 모여 살인자들을 찾아 복수할 것을, 그자들의 피로 죗값을 물게 할 것을 요구했다.
 그러나 무슨 증거가 있어서, 무슨 표적이 있어서 그 장엄한 축제를 즐기려고 모여든 그 많은 군중 속에서 살인자를 찾아낸다는 말인가? 이뷔코스가 강도들 손에 죽었는지, 아니면 개인적으로 원한을 품은 자의 손에 죽었는지 그것부터 확인할 길이 없었다. 이를 알고 있는 이는 현장을 내려다본 태양신뿐일 터였다. 복수의 손길이 범인들을 찾아내지 못한다면 그들은 바로 그 순간에도 군중에 섞여 희희낙락할 터였다. 어쩌면 범인들은 바로 신전 경내에서 신들을 비웃다가 태연한 얼굴로 군중 속에 섞여 원형극장으로 몰려들어 가고 있을지도 모르는 일이었다.

원형극장 안의 좌석이라는 좌석은 모두 가득 차 건물 자체가 터질 것만 같았다. 관중의 아우성은 바다의 포효를 방불케 했다. 위로 올라갈수록 넓게 퍼지는 좌석의 띠는 하늘에라도 닿을 것 같았다.

이윽고 빽빽하게 모인 관중은 '에리뉘에스(복수의 여신들)'로 분장

의술의 신 아스클레피오스의 고향 에피다우로스에 있는 극장
아스클레피오스는 아폴론의 아들이기도 하다. 이 극장은 1만 6천 명을 수용할 수 있는 큰 규모인데, 어느 자리에 앉아도 무대 중앙에 선 배우의 말소리가 또렷이 들린다.

튀르키예의 고대 도시 에페소스의 원형극장
에페소스는 그리스인들이 건설한 도시였다. 신약성경의 「에베소서」는 사도 바울이 에페소스 사람들에게 편지 형식으로 쓴 글이다. 바울이 코린토스와 에페소스 사람들에게 특별한 편지를 썼다는 것은 신화에 대한 이곳 사람들의 믿음이 각별히 깊었음을 뜻한다.

한 합창대의 무시무시한 합창에 귀를 기울였다. 합창대는 무시무시한 의상을 두르고 발을 맞추어 무대 주위를 돌았다. 그같이 장엄한 무리를 이루는 합창대원들은 이승의 여성들 같지 않았다. 겁에 질린 채 침묵하고 있는 군중들도 도무지 이승 사람들 같지 않았다.

 합창대원들은 모두 시커먼 옷을 입고, 손에 손에 검붉게 타오르는 횃불을 들고 있었다. 뺨에는 핏기가 없었다. 이마에는 머리카락 대신 독사가 똬리를 틀고 배를 불룩거리고 있었다. 이렇게 무서운 차림을 한 사람들이 원을 그리고 돌며 성가를 부르자 죄지은 사람들은 부들부들 떨기 시작했다. 성가 소리는 시시각각으로 높아지다가 이윽고 악기 소리를 모두 삼키고, 듣는 자들의 이성을 잃게 하고, 몸을 마비

시키고, 피를 얼어붙게 했다.

"죄악과 허물에서 제 마음을 정하게 지키는 자에게 복 있을진저. 그런 자에게는 우리 복수의 여신도 손을 댈 수 없을 것인즉, 그 역시 우리를 두려워하지 않고 온전한 생명의 길을 갈 것이다. 그러나 화 있으라, 화 있을진저! 은밀히 살인을 저지른 죄악의 하수인들이여! 우리 무서운 '뉙스(밤)'의 동족들은 그자들을 노릴 것임이라. 날아서 도망치면 피할 수 있을 줄 아느냐? 쫓을수록 빨라지는 우리, 기어이

복수의 여신들로 분장한 합창단과 두루미 떼
독일의 시인 프리드리히 실러가 이뷔코스의 이야기를 소재로 지은 시 「이뷔코스의 두루미」에 수록된 동판화. 18~19세기 독일 화가 빌헬름 유리의 작품.

쫓아가 그 발에 독사를 감아 쓰러뜨릴 것이리니. 쫓고 또 쫓아도 우리는 지치지 않는다. 연민도 우리의 걸음을 더디게 하지 못한다. 쫓고 또 쫓되, 생명이 다하기까지 평화도 안식도 베풀지 않으리라."

복수의 여신들은 이렇게 노래하며 엄숙한 몸짓으로 춤을 추었다. 죽음의 정적과 흡사한 고요가 관중석을 내리눌렀다. 관중들은 진짜 신 앞에 나와 있는 것으로 착각했을 정도였다. 이윽고 합창대는 무거운 걸음걸이로 무대를 한 바퀴 돌고는 무대 뒤로 모습을 감추었다.

사람들의 마음은 환상과 실체 사이에서 방황했고 그 가슴은 정체 모를 공포로 떨고 있었다. 그들은 숨겨온 죄를 드러내고 운명의 실타래를 감는 저 무서운 신의 권능 앞에서 하나같이 오그라들었다. 그때였다. 누군가가 맨 위층 좌석에서 부르짖었다.

"보게, 보게, 이 사람아! 이뷔코스의 두루미 떼야!"

하늘 저쪽에서 거뭇거뭇한 것들이 날아오고 있었다. 군중은 곧 그 거뭇거뭇한 것들이 극장을 향해 날아오는 두루미 떼라는 것을 알았다.

(이뷔코스 이야기를 제대로 이해하기 위해서는 다음 사항에 유념해둘 필요가 있다. 첫째는, 고대의 극장은 엄청나게 커서 1만 명 내지 3만 명의 청중을 수용할 수 있었다는 것이다. 이러한 극장은 큰 축제 때가 아니면 쓰이지 않았고, 입장료가 없었기 때문에 일단 문을 열었다 하면 장내는 늘 만원이었다. 극장 건물에는 지붕이 없고 하늘로 휑하니 터져 있었다. 그래서 공연은 모두 낮에만 있었다. 또 하나, 복수의 여신들의 저 무시무시한 모습도, 이 이야기에서는 별로 과장되지 않고 있다는 것이다. 기록에 따르면 비극 시인 아이스퀼로스가 50명이나 되는 합창대를 동원하여 복수의 여신들을 형상화하자, 관중은 공포에 질렸고 많은 사람이

복수의 여신들인 에리뉘에스 중 하나가 그려진 고대의 술병
날개는 '신속한 복수'를 상징한다. 2002년 서울에서 열린 '그리스 로마 신화전'에서.

기절하는 등 어찌나 소동이 대단했던지 그때부터 관리들은 그런 연출을 금지했다고 한다.)

　나는 신화에 인간이 등장하면 나 자신에게 이렇게 물어본다.
'이자는 신들이 좋아할 만한 인간인가?'
　신화의 신들이 좋아할 만한 인간이면 나는 그를 '호모 테오필로스(신들이 좋아하는 인간)'라고 부른다.
'이자는 신들이 싫어할 만한 인간인가?'
　신화의 신들이 싫어할 만한 인간이면 나는 그를 '호모 테오미세토스(신들이 싫어하는 인간)'라고 부른다.
　이뷔코스는 신들에게 경건한 사람이고 믿음이 깊은 시인이다. 그

아이스퀼로스
고대 그리스의 3대 비극 시인 중 한 사람인 아이스퀼로스.

는 일찍이 예술의 신 아폴론으로부터 노래하는 재주와 꿀같이 달콤한 시인의 입술을 얻은 사람이다. 그는 코린토스로 가면서도 아폴론 신의 은혜를 묵상하면서 걷는다. 코린토스는 아폴론의 신전이 있는 도시다. 코린토스에 도착해서 포세이돈의 거룩한 숲으로 들어갈 때도 그는 경건한 마음으로 옷깃을 여민다. 그는 신들에게만 경건하게 구는 것이 아니다. 그는 동행한 두루미 떼를 향해서도 행운을 빌어 주는 그런 사람이다. 그는 숨을 거두면서도 두루미 떼에게 하소연하는 그런 사람이다. 나는 이런 사람을 '신들이 좋아할 만한 사람'이라고 부른다.

노상강도들은 그런 이뷔코스를 깡그리 털고 처참하게 찌른다. 그들에게는 믿음이라곤 없다. 신들에 대한 믿음도 없고 인간에 대한 믿음도 없다. 그들은 경건하지도 않다. 신들에게도 경건하지 않고 인간에게도 경건하지 않다. 그들은 이뷔코스를 그 지경으로 만들고도 태연하게 원형극장으로 들어가 공연을 관람하고 있다. 나는 이런 자들을 '신들이 싫어할 법한 인간들'이라고 부른다. 복수의 여신들이 무대에서 이뷔코스의 복수를 맹세하는 노래를 부르는데도 그들의 귀에는 그 소리가 들리지 않는다. 살인강도짓을 했는데도 그들은 들키지 않았다. 들키지 않았기 때문에 그들의 마음은 오만해져 있다. 오만은 방심을 부른다. 그래서 그중 하나는, 무대 위에 나타난 두루미 떼를 가리키며 불쑥 이렇게 소리를 지른 것이다.

"보게, 보게, 이 사람아! 이뷔코스의 두루미 떼야!"

노상강도들에게 죽임을 당하기 직전 이뷔코스가 두루미 떼를 축복한 것을 아는 사람은 이뷔코스 자신뿐이다. 강도들의 공격을 받고 숨을 거두기 직전 이뷔코스가 두루미 떼에게 하소연한 것을 아는 사람은 이뷔코스 자신과 노상강도들뿐이다. 하지만 이뷔코스는 죽은 사람이라 이 사실을 입 밖에 낼 수 없다. 그런데 노상강도들 중 하나는 저도 모르는 사이에 '이뷔코스의 두루미 떼'라고 말함으로써 극장 위를 날고 있는 두루미 떼와 이뷔코스의 죽음 사이에 무슨 관계가 있다는 것을 암시해버린 것이다. 한 관객의 머리로 한 줄기 섬광 같은 생각이 지나간다. 그 관객은 소리를 지른다.

"복수의 여신들이 권능을 보이셨다! 신들에게 경건했던 이뷔코스를 누가 죽였는지 이제야 드러났다! '이뷔코스의 두루미 떼'라고 소리친 자와 그자가 '이 사람'이라고 지목한 자다!"

나는 종교인이 아니다. 나는 절에 가서도 절하지 않고, 교회에 가서도 기도하지 않는다. 이슬람 사원에 들어가서도 나는 꿇어앉지 않는다. 그러나 나에게는 원칙이 하나 있다. 종교의 마당을 밟고 들어가는 것은 특정한 '사람들의 꿈이 서린 곳'을 밟는 일이라는 것이다. 따라서 지극히 조심스러워야 한다는 것이다. '나의 꿈이 서린 곳'은 아니지만 '그들의 꿈이 서린 곳'인 만큼 나는 되도록 몸가짐과 마음가짐을 조심하려고 한다.

고대 신화는 이제 종교가 아니다. 신전은 더 이상 그들의 사원이 아니다. 하지만 고대의 신화는 고대의 종교였다. 신들의 이야기는 그들의 경전이었다. 신전은 그들의 사원이었다. 그 종교와 그 사원이 아직까지도 유효한 것은 아니다. 하지만 그 신전 역시 그 시대 사람들의 꿈과 진실이 서려 있던 곳이다. 한때 그들의 꿈과 진실이 서려 있던 곳을 나는 훼손하지 않으려고 한다. 나는 그 시대 사람들에게도 예의를 갖추고 싶어 한다.

올륌포스 신들이 이제 더 이상 존재하지 않는다는 것은 현대의 그리스인들도 잘 알고 있다. 나도 잘 알고 있다. 하지만 그 신들은 당대를 살던 사람들의 보편적인 꿈과 진실이었다. 그것은 그 시대 사람들이 합의해서 도출해낸 보편적인 꿈과 진실이기도 했다. 그래서 나는 신들에 대한 경건함은 그 시대 사람들에 대한 경건함, 그 시대 도

인간 세상의 소유권을 둘러싼 전쟁
올림포스 신들은 인간 세상의 소유권을 두고 두 차례의 큰 전쟁을 치른다. 첫 번째 싸움이 '티타노마키아(티탄과의 싸움)'이고, 두 번째 싸움이 '기간토마키아(기간테스와의 전쟁)'다. 16세기 이탈리아 화가 페리노 델 바가의 〈티탄족의 몰락〉(위)과 줄리오 로마노의 〈기간토마키아〉(아래).

덕률에 대한 경건함이라고 생각한다. 신화에는 이 경건함을 한결같이 지키는 사람들이 무수히 등장한다. 바로 '신들이 좋아하는 사람들'이다. 그들은 상승한다. 하지만 신화에는 이 상승의 정점에서 갑자기 오만해지는 사람들도 등장한다. 깃털 날개 달았다고 하늘로 오르려다 떨어져 죽은 이카로스의 오만이 바로 이 오만이었다. 날개 달린 말 페가소스를 탔다고 올림포스에 오르려고 했던 벨레로폰의 오만이 바로 이 오만이었다. '오만$_{hybris}$'은 신화시대 영웅들이 잘 걸리는 난치병이었다. 이 난치병 환자들은 바로 '신들이 싫어하는 사람들'이다. 그들은 정점으로 날아오르게 한 바로 그 날개 때문에 추락한다.

  신화는 무엇인가? 신들에 관한 이야기다. 신들이 없었다면 신화는 존재하지 않을 것인가? 나는 신들이 없어도 신화는 존재할 것이라고 생각한다. 그렇다면 인간이 없어도 신화는 존재할 것인가? 인간이 없으면 신화는 존재할 수 없을 것이라고 나는 생각한다. 인간이 존재하지 않으면 신들도 존재하지 않는다. 세계 여러 나라의 신화에서 신들이 인간 세상을 놓고 서로 차지하려고 싸우는 것도 바로 이 때문이다. 인간 세상을 놓고 올림포스 신들과 기간테스, 즉 몸집이 어마어마하게 큰 신들이 싸운 까닭이 바로 여기에 있다.

  인간 세상을 두고 다투는 신들 이야기, 우리나라 신화에도 있다. 꾀 많은 석가여래와 너그러운 미륵불이 인간 세상의 소유권을 두고 벌인 시합이 그것이다. 승리는 속임수를 쓴 석가여래에게 돌아가는데, 인간이 속임수를 쓰는 것은 바로 그 때문이란다.

신화의 신들에 대한 믿음은 곧 그 신들을 창조했을 터인 인간에 대한 믿음이라고 나는 생각한다. 신화의 신들에 대한 경건함은 곧 그 신들을 창조했을 터인 인간에 대한 경건함이라고 생각한다. 나는 노상강도들을 옹호하려는 것이 아니다. 중요한 것은, 노상강도들이 이뷔코스에게 지은 죄를 뉘우치고, 신들에게, 인간에게 경건했더라면 코린토스 하늘을 나는 두루미 떼를 보고 "이뷔코스의 두루미 떼야!"라고 외치지 않았으리라는 것이다. 그래서 나는, 무심코 진실을 투욱투욱 건드리거나 드러낸다는 뜻에서, 꼼꼼히 읽으면 삶을 꿰뚫는 진리가 용출한다는 뜻에서, 신화가 혹 '이뷔코스의 두루미 떼'라는 말 같은 것이 아닐까 하는 생각을 자주 한다.

그리스의 신전을 드나들면서 나는 내 마음속에도 신전을 하나 들여앉힌다. 이 신전은 나의 마음에 들여앉힌 것인 만큼 독자들은 여기에 들어와 절하지 않아도 좋다. 독자들 마음에 이런 신전을 하나 들여앉힌다면 더욱 좋은 일일 터이다.

이 신전은 사람을 섬긴다. 사람에 대한 경건함을 섬긴다. 인간에 대한 예의를 섬긴다. 신화를 꼼꼼히 읽는 일은 내 마음속에 자리한 그 신전을 찾는 일이다. 나는 내 시대를 사는 사람들에게 경건을 다하는 일, 마음을 여는 일이 바로 신들의 마음을 여는 일, 같은 시대를 사는 사람들의 마음을 여는 일이라고 생각한다.

1장
믿음은 돌을
인간으로 만들기도 하고

GREEK
AND
ROMAN
MYTHOLOGY

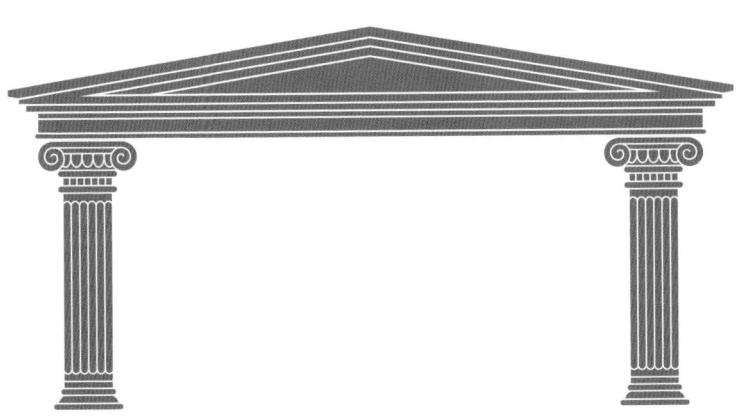

『겨울 이야기』를 읽다. 셰익스피어가 1611년 즈음에 썼으니 지금부터 4백여 년 전에 씌어진 희곡인 셈이다.

플로리젤은 중반부에 등장하는 남자 주인공 이름이다. 그런데 이 보헤미아 왕자 플로리젤이 왕궁을 떠나 양치기 마을을 찾는 일이 날이 갈수록 잦아진다. 양치기의 딸 페르디타에게 흠뻑 빠졌기 때문이다. 플로리젤은 왕위를 이을 왕자이니, 신분으로 말하자면 그 나라에서 왕 다음으로 높다. 페르디타는 산골짜기에서 양을 치는 처녀이니, 신분으로 말하자면 거의 바닥 수준이다. 플로리젤은 왕자인 만큼 그 나라에서 가장 수준 높은 교육을 받았을 것이다. 페르디타는 어땠을까? 페르디타는 양을 치는 데 필요한 교육, 양고기를 손질하고 양젖을 발효시키는 데 필요한 교육밖에는 받지 못했을 것이다.

이 왕자와 양치기 처녀의 사랑이 나의 눈길을 확 잡아당긴다. 처녀 총각의 신분 차이로 말하자면 거의 하늘과 땅 차이다. 신분이 다르니 살아온 방식도 다르고 사는 환경도 다르다. 플로리젤의 집안인 왕가에서 이 결혼을 저지할 것이다. 왕자와 결혼하는 여성은 장차 왕비가 된다. 왕가에서는 양치기 처녀를 그런 자리에 앉힐 수는 없다고 주장할 것이다. 결혼을 통한 신분 상승의 욕구는 누구에게나 있다. 상승하려는 자와 이를 저지하려는 자들 사이의 갈등. 어디서 많이 듣던 소리 같다. 플로리젤과 페르디타 역시 이 갈등에 직면해야 한다. 처녀 총각이 공유하고 있는 것은 서로에 대한 사랑뿐이다. 이 사랑은 이루어질 수 있을까?

양치기 처녀 페르디타와 왕자 플로리젤
신분이 하늘과 땅만큼 다른 이 둘의 사랑이 이루어질 수 있을까? 셰익스피어의 『겨울 이야기』 삽화. 18세기 영국 화가 윌리엄 해밀턴의 작품.

플로리젤은 잘생긴 청년이다. '플로리젤Florizel'이라는 이름이 벌써 '꽃미남 왕자' 냄새를 물씬 풍긴다. 로마 신화에 나오는 꽃과 봄의 여신 '플로라Flora'의 이름이 그의 이름 속에 숨어 있다. 하지만 '페르디타Perdita'라는 이름은 처음부터 나를 울적하게 만든다. '잃어버린 아이'라는 뜻이어서 그렇다. 꽃미남 왕자와 버려진 처녀의 사랑은 이루어질 수 있을까? 플로리젤은 페르디타가 양치기 처녀 이상도 이하도 아니라는 것을 알고 있다. 그런데도 그는 페르디타에게 이렇게 말한다.

"그렇게 차려입으니, 양치기 아가씨가 아니라 4월에 그 모습을 드러내시는 플로라 여신 같아요."

마침 축제 기간이라서 두 사람은 변장하고 있다. 왕자 플로리젤은 평범한 양치기 차림을 하고 있고, 양치기 처녀 페르디타는 공주처럼 잘 차려입고 있다. 그런데 플로리젤은, 양치기 처녀 페르디타의 모습에서 꽃과 봄의 여신 플로라를 보아내고 있다. 플로리젤의 이 과분한 칭송에 페르디타는 이렇게 화답한다.

"지체 높으신 도련님께서는 허름한 옷으로 신분을 감추고 계신데, 보잘것없는 소녀는 꼭 여신처럼 꾸며놓으셨군요."

이 사랑은 이루어진다고 나는 믿었다. 셰익스피어는 나의 믿음을 배반하지 않았다.

미국 작가 아이작 아시모프가 쓴 책 『셰익스피어 길잡이』에 따르면, 셰익스피어 이후 '플로리젤'이라는 말은, 가난한 시골 처녀와 결혼해서 아내를 왕궁으로 데려가는 '꽃미남 왕자'의 대명사가 된다.

1780년대 초 영국의 여배우 메리 로빈슨은 한 청년으로부터 편지를 받는다. 구혼하는 편지다. 그 편지에서 청년은 자신을 '플로리젤', 메리를 '페르디타'라고 부른다. 메리는 여배우였다니, 당시에 대한 우리의 통념상 매우 아름다웠을 것이다. 그 아름다운 모습으로, 무대에 오른 셰익스피어 『겨울 이야기』의 페르디타 역을 연기했을지도 모른다. 자신을 '플로리젤'이라고 부른 청년은 당시의 영국 왕 조지 3세의 맏아들이었다. 영국 왕의 맏아들은 '웨일스 공公'을 겸한다. 실제로 이 청년은 1820년에 왕위에 오르기도 했다. 하지만 그에게 '플로리젤'이라는 이름은 신분에서만 일치할 뿐, 인간적인 측면에서 보면 당치도 않은 것이었다. 자신을 '플로리젤'이라고 부를 당시 이 왕자는 허랑방탕한 청년이었다. 그의 탐욕과 낭비벽은 체중과 더불어 걷잡을 수 없이 늘어나고 불어갔다. 그는 메리 로빈슨과 끝내 결혼하지 못했다. 가짜 플로리젤이었던 것이다.

진짜 플로리젤과 가짜 플로리젤은 어떻게 다른가?

진짜 플로리젤은 가난한 양치기 처녀의 모습에서 꽃과 봄의 여신을 보아냈다. 이런 사랑에는 힘이 있다.

가짜 플로리젤은 당시 절정의 인기를 누리던 아름다운 여배우의 모습에서 양치기 처녀를 보아냈다. 이런 사랑에는 힘이 없다.

영화 〈마이 페어 레이디My Fair Lady〉를 보다. 제목을 번역하면 '나의 귀부인'쯤 될 터이다. 여기에도 플로리젤과 페르디타가 전혀 다른 얼굴로 등장하는 것 같다. 제작 연도가 '1964년'으로 되어 있으니 지금부터 40년 전의 영화인 셈이다.

음성학자 히긴스는 사람들이 하는 말에 관심이 많은 사람이다. 그는 말이야말로 신이 인간에게 내린 매우 특별한 선물이라고 믿는다. 그래서 그는 말을 함부로 함으로써 말을 모욕하는 사람들은 교수형에 처해야 한다고 주장한다. 썩 좋은 집안 출신인 히긴스의 신분은 대학교수다. 아무나 함부로 넘볼 수 없는 자리다. 그래서 플로리젤 왕자 같다.

그런 그가 한 처녀를 만난다. 극장 부근에서 꽃을 파는 처녀다. 한밤중 극장에서 몰려나오는 사람들에게 꽃을 팔아 겨우 몇 푼 벌어봐야 주정뱅이 아버지에게 번번이 털리고 마는 초라하고 가엾은 처녀

퓌그말리온과 〈마이 페어 레이디〉
오드리 헵번과 렉스 해리슨이 출연한 〈마이 페어 레이디〉는 음성학자 히긴스 교수가 일라이자의 기괴한 발음을 교정할 수 있느냐를 두고 친구와 내기하는 데서 시작한다. 이 영화의 원작은 조지 버나드 쇼의 희곡 『퓌그말리온』이다.

다. 이 처녀는 교육을 받아본 적이 없다. 그래서 표준말을 할 줄 모른다. 이 처녀가 영화에서 속사포처럼 쏘아대는 비속어卑俗語는 영어를 웬만큼 하는 사람 귀에도 설다. 억양도 설고 발음도 설다. '사투리 찍찍 내뱉는다'는 말은 이 처녀에게 너무나도 잘 어울린다. 그래서 양치기 처녀 페르디타 같다.

히긴스 교수가 이 처녀의 비속어와 발음을 듣고는 질겁한다. 꽃 파는 소녀 일라이자의 비속어는 천박하고 발음은 엉망진창이다. 히긴스 교수는 이 '괴성을 지르는 예쁜 처녀'의 발음을 바로잡고 억양을 가다듬어 숙녀로 행세할 수 있게 해주기로 한다. 될 수 있을까? 이제부터 히긴스 교수는 발음과 억양을 가다듬어주려면, 한 번도 절도 있는 삶을 살아본 적이 없는, 야생 암말 같은 일라이자를 다독거려야 한다. 이제부터 꽃 파는 처녀 일라이자는 숙녀의 언어를 배우려면 히긴스 교수의 온갖 냉소와 모욕을 견뎌야 한다. 히긴스 교수는 "어째서 여자는 남자 같을 수 없을까"라는 말을 입에 달고 다닐 정도로 지독한 남성 우월주의자다.

많은 시행착오와 우여곡절 끝에 히긴스 교수는 일라이자의 발음 교정에 성공한다. 귀한 가문 숙녀의 말투를 완벽하게 배운 일라이자는 상류사회로 진출한다. 상류사회로 진출한 일라이자를 대할 때마다 히긴스 교수는 마음이 불편하다. 발음을 바로잡아주는 동안 일라이자를 사랑하게 된 것이다. 하지만 히긴스 교수는 일라이자를 숙녀로 대접하지 않는다. 사랑하는 마음을 숨기는 것이다. 그런 히긴스 교수를 대할 때마다 일라이자도 마음이 불편하다. 발음을 배우면서,

냉소와 모욕을 견디면서 어느덧 히긴스 교수를 사랑하게 된 것이다.

신분의 차이를 뛰어넘는 이 사랑은, 플로리젤과 페르디타의 사랑이 그랬듯이 아름답게 마무리된다.

원래 뮤지컬 드라마로 무대에 오르다 영화로 만들어진 〈마이 페어 레이디〉의 원작자, 즉 원작 희곡을 쓴 사람은 따로 있다. 영국의 극작가 조지 버나드 쇼가 바로 그 사람이다. 버나드 쇼는 독설로 유명하다. 〈마이 페어 레이디〉의 남자 주인공인 히긴스 교수가 일라이자에게 독설을 자주 퍼붓는 것은 우연이 아니다. 머리 좋은 극작가인 버나드 쇼에게 한 아름다운 무용가가 이런 농담을 한 적이 있다.

"선생님과 제가 결혼해서 아이를 낳을 수 있었다면 얼마나 좋았을까요? 두뇌는 (머리 좋으신) 선생님을, 외모는 (아름다운) 저를 닮는다면요?"

그러자 버나드 쇼가 독설을 퍼부었다.

"그렇게 끔찍한 말씀을 하시다니. 외모는 (쭈그렁바가지가 다 된) 나를 닮고 두뇌는 (거의 돌머리 수준인) 당신을 닮는다고 생각해보시오."

미국의 전 대통령 존 F. 케네디가 이 독설가를 영국에서 만난 적이 있었다. 거드름을 피우지는 않았겠지만 케네디는 이 노대가(老大家)에게 약간 부적절한 질문을 했던 모양이다. 미국이 장차 세계를 주름잡을 수 있을까요, 이런 질문이었던 것 같다. 노대가에게는 케네디의 미국식 영어 발음이 짜증스러웠던 모양이다. 그는 천천히 대답했다.

"그럼요, 미국인들이 영어를 제대로 한다면 말입니다."

원작자가 이런 사람이었던 것을 감안한다면 〈마이 페어 레이디〉

장 앙투안 바토의 〈조각하는 원숭이〉
'퓌그말리온'이라는 이름은 '퓌그마이오이(난쟁이)'를 연상시킨다. 퓌그말리온은 그림에 그려지고 석상에 새겨진 것 같은, 키가 훤칠한 미남자는 아니었을 것 같다.

의 히긴스 교수가 일라이자의 영어 발음에 그렇게 신경질적인 반응을 보였던 것도 우연이 아니다.

영화의 원작인 버나드 쇼의 5막 희곡 제목은 놀랍게도 『퓌그말리온Pygmalion』이다. 퓌그말리온……. 퓌그말리온 이야기는 음유시인이 들려주는 노랫말 형식으로 오비디우스의 『변신 이야기』에 실려 있다. 그 음유시인의 이름은 바로 트라키아의 절창絶唱 오르페우스다.

오비디우스는 지금부터 2천여 년 전 로마에서 활동하던 시인이다. 그 시인이 받아 적은 퓌그말리온 이야기가, 그로부터 1천 9백 년 뒤인 20세기 초에는 버나드 쇼에 의해 희곡으로 거듭나고, 그로부터 또 50여 년 뒤에는 뮤지컬 드라마로, 영화로 확대 재생산된 것이다. 그뿐만 아니다. 셰익스피어는, 앞에서 소개한 희곡 『겨울 이야기』의 마지막 부분에 퓌그말리온 이야기를 거꾸로 고스란히 이용하고 있기도 하다. 신화의 목숨은 어찌 이리도 끈질긴가.

몇몇 신화 사전에서는 퓌그말리온을 '퀴프로스(지금의 사이프러스) 섬의 왕'이라고 풀이하고 있다. 하지만 왕이었던 것 같지는 않다. 신화는 대수롭지 않은 인물도 왕, 왕비 혹은 왕자, 공주로 그려내기를 좋아한다. 그의 이름은 '퓌그마이오스Pygmaios', 즉 '난쟁이족'과 밀접한 관계가 있는 것 같다. 왜소한 종족을 일컫는 영어 단어 '피그미 pygmy'는 여기에서 나온 말이다. 그의 직업은 조각가다. 신화의 시대는 전쟁의 시대이기도 했다. 건장한 남성은 모조리 전쟁터로 내몰리던 시절이었다. 그렇다면 공업이나 예술에 종사하는 사람들은 대부분 전쟁터로 내몰리기에는 적합하지 않은 사람들이었을 가능성이 있다. 대장장이 신 헤파이스토스가 종종 올륌포스 제일의 키 작은 추남 혹은 절름발이로 그려지는 까닭도 여기에 있는 것 같다. 퓌그말리온도 그런 사람이었던 듯하다.

오비디우스의 『변신 이야기』에 나오는 이 이야기는 퓌그말리온이 '사악한 삶을 사는 여자들을 본다'는 문장으로 시작된다. 아프로디테 여신을 섬기던 섬 퀴프로스는 풍기가 문란한 것으로 유명했다. '퀴프로스 사람'을 뜻하는 영어 단어 '사이프리언Cyprian'은 지금도 '음란한 자'라는 뜻으로 종종 쓰인다. 퓌그말리온으로서는 정숙한 여자를 찾아내기가 몹시 어려웠던 모양이다. 오비디우스는 퓌그말리온이 정교한 솜씨로 상아象牙를 깎았다고 쓰고 있지만 아무래도 대리석상 같다. 상아로써 실물 크기의 여성을 깎기는 어려울 것이기 때문이다. 오비디우스를 인용하되, '상아상'은 '석상'으로 바꾸었다. 큰 차이가 없을 것 같아서다.

이렇게 사악한 삶을 사는 여자들을 본 퓌그말리온은 자연이 여성들에게 지워놓은 수많은 약점이 역겨웠던 나머지 오랫동안 여자를 집 안으로 들이지 않고 독신으로 살았다. 그러나 정말 혼자 산 것은 아니고 더할 나위 없이 정교한 솜씨로 깎은, 눈같이 흰 여인의 석상과 함께 살았다. 퓌그말리온 자신이 깎은 그 석상은 세상의 어떤 여자보다도 아름다웠다. 그래서 그랬겠지만 퓌그말리온은 자기 손으로 깎은 그 석상을 사랑했다. 석상은 살아 있는 여인이 가진 모든 것을 갖추고 있었다. 석상은 언제 보아도 살아 있는 것 같았고, 언제 보아도 금방이라도 움직일 것 같았다. 석상을 깎은 솜씨는 실로 인간의 솜씨로는 믿어지지 않을 만큼 신묘했다.

퓌그말리온은 틈만 나면 석상을 정신없이 바라보았다. 그의 가슴에서는, 인간의 형상을 본떠 깎아 만든 석상에 대한 사랑이 샘솟았다. 그는 자주, 그것이 정말 돌로 되어 있는지, 아니면 인간의 살갗인지 확인하고 싶어 쓰다듬어 보고는 했다. 그러고는 그것이 석상이라는 것을 확인할 때마다 쓸쓸해했다. 퓌그말리온은 석상에 입을 맞출 때면 석상이 입맞춤에 화답하기를 바랐다. 그는 대리석상에게 말을 걸기도 하고, 석상을 껴안기도 했으며, 어쩌면 눌렸던 자국이 생길지도 모른다는 생각에서 손가락으로 석상의 살갗을 꼭 눌러보기도 했다. 그러나 혹 상처가 생길지도 모른다는 생각에서 너무 세게 누르지는 않았다.

 석상을 상대로 아첨 섞인 말을 할 때도 있었다. 때로는 처녀들이 좋아할 만한 것들, 가령 조개껍데기나 반짝거리는 조약돌, 예쁜 새, 갖가지 색깔의 꽃, 색칠한 공, 호박 구슬 같은 것들을 선사하기도 했다. 석상에다 옷을 입혀주는가 하면 손가락에는 반지를 끼워주고, 목에는 긴 목걸이를 걸어주기도 했다. 석상의 귀에는 귀고리, 목에는 목걸이가 젖가슴 위로 늘어져 있기도 했다. 모든 장신구는 아름다운 석상 처녀에게 잘 어울렸다. 그러나 가장 아름다울 때는 역시 아무것도 걸치고 있지 않을 때였다. 퓌그말리온은 튀로스 물감으로 염색한 보라색 천을 씌운 긴 의자에 이 석상 처녀를 눕히고, 그렇게 하면 처녀가 고마워하기라도 할 것처럼 머리 밑에는 베개를 받쳐주기도 했다. 그렇게 해놓고 석상 처녀를 자기의 반려라고 짐짓 불러보기도 했다.

 온 퀴프로스섬이 다 떠들썩해지는 아프로디테 축제 때의 일이다. 꽃다발을 뿔에다 건 백설 같은 송아지들은 제단 앞에서 흰 목으로 도낏날을 받고 무수히 쓰러졌다. 제단에서 향 연기가 오르자 퓌그말리온은 제 몫의 제물을 드리고 제단 앞에서 더듬거리는 어조로 기도했다.

 "신들이시여, 기도하면 만사를 순조롭게 하신다는 신들이시여, 바라건대 제 아내가 되게 하소서, 저⋯⋯."

제단 앞에서 기도하는 퓌그말리온
중앙에 오비디우스가 묘사한 것과 비슷한 번제단燔祭壇, 즉 제물을 불사르는 제단이 있다. 16세기 이탈리아 화가 브론치노의 그림.

  퓌그말리온은 '처녀의 석상을……' 하려다 차마 그럴 용기가 없어 '석상 같은 여자를……', 이런 말로 기도를 끝냈다.
  축제를 맞아 그 제단으로 내려와 제물을 흠향하고 있던 아프로디테 여신은 그 기도의 참뜻을 알아차리고, 그 기도를 알아들었다는 표적으로 불길이 세 번 하늘로 치솟게 했다.
  집으로 돌아온 퓌그말리온은 곧바로 석상에 다가가 그 긴 의자에 몸을 기대고 석상의 입술에다 자기 입술을 대었다. 그런데 퓌그말리온의 입술에 닿은 석상의 입술에 온기가 있는 것 같았다. 그는 화들짝 놀라 입술을 떼었다가는 다시 입술을 대고 손으로는 가슴을 쓰다듬어보았다. 놀랍게도 그의 손가락 끝에서, 그 딱딱하던 대리석이 부

아프로디테 여신에게 기도하는 퓌그말리온
장 바티스트 르뇨의 그림. 프랑스 베르사유 미술관.

드러워지기 시작했다. 대리석에는 그의 손가락 자국이 선명하게 찍히기 시작했다. 흡사 태양의 열기에 부드러워져, 사람의 손끝에서 갖가지 모양이 빚어지는 휘메토스산의 밀랍같이.

깜짝 놀란 퓌그말리온은 그 자리에서 벌떡 일어섰다. 자기가 무슨 착각을 하고 있다고 생각한 것이다. 기뻐하기에는 믿어지지 않는 구석이 너무 많기도 했다. 그래서 그는 몇 번이고, 아내 삼기를 바라던 석상 처녀의 살갗을 만져보았다. 그러나 사실이었다. 석상 처녀의 몸은 분명히 인간의 몸이 되어 있었다. 그가 손가락을 대자 처녀의 몸속에서 뛰는 맥박이 선명하게 손가락 끝으로 느껴졌던 것이다. 파포

퓌그말리온과 갈라테이아
갈라테이아의 윗몸에 핏기가 돈다. 하지만 다리는 희다. 생명이 종아리까지는 아직 미치지 못한 것 같다. 에로스가 화살로 둘을 겨냥하고 있다. 19세기 프랑스 화가 장 레옹 제롬의 그림.

스 사람 퓌그말리온은 수다스럽게 아프로디테 여신에게 감사 기도를 드렸다. 한동안 감사 기도를 드리던 퓌그말리온이 그래도 믿어지지 않았던지 석상 처녀에게 다시 입을 맞추자 석상 처녀는 입맞춤에 화답하면서 얼굴을 붉혔다. 처녀는 수줍은 듯이 눈을 뜨고는 사랑하는 사람과 날빛을 동시에 올려다보았다. 이들의 혼례식에는, 그 혼례식을 있게 한 아프로디테 여신이 친히 내려왔다. 달이 아홉 번을 차고 기울자 퓌그말리온의 신부(갈라테이아)는 아기를 낳았다. 둘은 아기 아버지의 고향 땅 이름인 '파포스'를 아기의 이름으로 삼았다.

2004년 4월 12일 서울 한복판에 있는 세종문화회관 앞을 지나다 나는 내 눈을 의심했다. 서울시 극단이 정기 공연 작품으로 『퓌그말리온』을 무대에 올리고 있었기 때문이다. 그러니까 2천 년 전 오비디우스가 받아 적었고, 1백여 년 전 영국의 극작가 버나드 쇼가 패러디한 『퓌그말리온』이 21세기의 서울 한복판에서 무대에 오르고 있었던 것이다. 신화에 끈질긴 생명력이 있다는 것을 진작 알고 있던 나에게도 그것은 충분히 놀라운 일이었다.

나는, 신화를 믿느냐는 질문을 많이 받는다. 이런 질문을 받으면 나는 믿는다고 대답함으로써 많은 사람을 당혹스럽게 만들고는 한다. 나는 신화를 믿는다. 신화를 믿는다고 해서 대리석으로 아름다운 여자를 깎아놓고 내 색시가 되게 해달라고 아프로디테에게 비는 식으로 믿는 것은 아니다. 내가 믿는 것은 신화의 진실이다. 퓌그말리온의 진실과 그가 기울이는 정성이다. '퓌그말리온 효과Pygmalion effect'라는 말은, 스스로를 돌아보되 희망과 기대를 버리지 않을 경우에 나타나는 효과를 뜻하는 말로 지금도 줄기차게 쓰이고 있다.

약 30년 전에 출간되어 세계의 교육계에 큰 반향을 불러일으킨 책이 있다. 『교실의 퓌그말리온Pygmalion in the Classroom』이라는 이 책은 『퓌그말리온 효과』라는 제목으로 우리나라에 번역되었다. '기대와 칭찬의 힘'이라는 부제가 붙어 있는 이 책은 교사의 기대 심리가 학생의 능력에 어느 정도 영향을 미치는가를 밝혀낸 책이다. 교사가 학생을 억압하지 않고 학생을 긍정적으로 평가하고 칭찬해주면 그 '칭찬은 고래도 춤추게 한다'는 것이다.

나는 새로운 사람을 만날 때마다 퓌그말리온을 떠올리며 그 만남이 유쾌한 만남이 될 수 있게 만들려고 애쓰는 편이다. 이렇게 해서 만난 사람이 나를 불쾌하게 만드는 경우는 거의 없다. 유쾌한 상상은 내 삶을 늘 유쾌하게 한다. 나는 아프로디테를 믿는 것이 아니라 퓌그말리온의 꿈과 진실을 믿는다.

19세기 영국 화가 에드워드 번 존스의 〈퓌그말리온〉 4부작
바깥에서 기웃거리는 여성들을 외면하는 퓌그말리온, 석상 같은 여성을 염원하는 퓌그말리온, 아프로디테의 축복을 받아 생명을 얻는 석상, 드디어 좌대에서 내려온 갈라테이아와 그 앞에 무릎을 꿇은 퓌그말리온.

2장
오만은 인간을
돌로 만들기도 한다

GREEK
AND
ROMAN
MYTHOLOGY

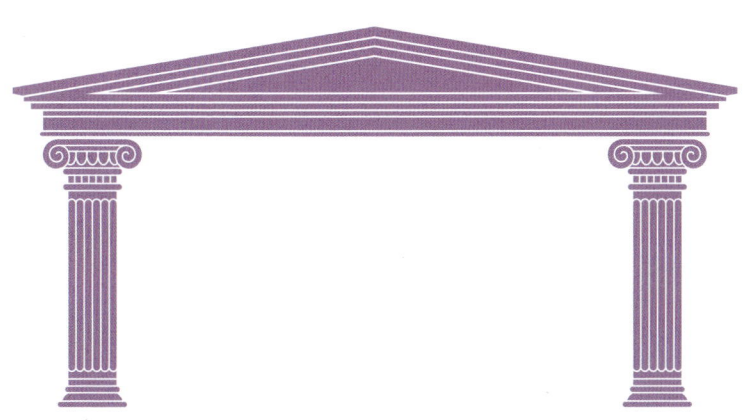

　오비디우스의 『변신 이야기』는 '몸 바꾸는 이야기' 책이다. 이 책에는 꽃이나 나무나 짐승이 사람으로 몸이 바뀌는 이야기, 사람에서 꽃이나 나무나 짐승이나 돌로 몸이 바뀌는 이야기가 무수히 실려 있다. 돌로 빚어졌던 갈라테이아는 퓌그말리온의 믿음 덕분에 사람으로 몸을 바꾸었다. 돌이 된 인간은 없었을까? 있다. 바토스 노인이다.
　아폴론이 애인 코로니스를 잃은 직후의 일이다. 그는 슬픔을 목신의 피리로 달래며 소일하고 있었다. 이러니 가축을 제대로 돌볼 수 있었을 리 없다. 가축 무리는 아폴론이 목신의 피리나 불고 있는 틈을 타서 퓔로스 벌판으로 넘어갔다. 제우스와 마이아 사이에서 난 아들 헤르메스는 이 가축 무리를 보고는 손을 써서 이들을 모두 숲속에다 감추어버렸다. 이를 본 사람은, 근처에 꽤 이름이 알려져 있던 바토스 노인을 제외하면 아무도 없었다. 바토스는 재산가 넬레우스의 풀밭을 지키면서 혈통 좋은 종마를 건사하던 자였다. 이 바토스의 입이 무서웠던 헤르메스는 그를 한쪽으로 불러 이렇게 꼬드겼다.

의술의 신 아스클레피오스
아폴론의 애인 코로니스가 죽임을 당할 당시 뱃속에는 아폴론의 아들이 잉태되어 있었다. 죽은 코로니스의 몸에서 꺼내진 아이가 의술의 신 아스클레피오스다. 의술은 죽음과 삶 사이에 있음을 의미하는 듯하다. 아스클레피오스는 뛰어난 의술로 죽은 사람을 살렸다가 제우스의 벼락을 맞아 죽은 것으로도 유명하다. 아스클레피오스는 인간의 몸에서 태어나 신이 되었고, 불사의 신인데도 죽어야 했던 모순된 존재였다. 그리스 델포이 박물관.

 "여보, 노인장. 노인장이 누구인지 모르겠으나, 혹시 누가 노인장에게 가축 무리를 못 보았느냐고 하거든 못 보았다고 대답하시오. 그리고 여기 잘생긴 소 한 마리가 있으니, 내가 베푸는 성의로 여기고 거두어주시오."

 노인은 그 소를 받고는, 가까이 있던 돌 하나를 가리키면서 말했다.

 "걱정 마시오. 그대 뜻대로 될 것이니. 저 돌이 고자질하는 일이 있으면 있었지, 내가 고자질하는 일은 없을 것이오."

 헤르메스는 짐짓 그 자리를 떠났다가 다른 사람으로 둔갑하고는 원래 자리로 되돌아와 전혀 다른 목소리로 노인에게 물었다.

개를 돼지로 꾸며 신전에 바치려는 헤르메스
헤르메스의 사기 행각에 견주면 '닭 잡아먹고 오리발 내밀기'는 속임수 축에도 들지 못한다. 오스트리아 빈 예술사 박물관.

"여보세요, 할아버지, 이곳을 지나가는 내 가축을 못 보셨습니까? 보셨다면 공연히 입을 다물었다가 도둑의 패거리로 몰리지 말고 내게 일러주세요. 일러주시면 황소 한 마리에다 암소 한 마리를 덤으로 붙여서 할아버지께 드리겠습니다."

사례가 곱절이 되었으니 노인의 생각이 달라졌을 수밖에. 그래서 노인은 이 변장한 헤르메스에게 말했다.

"저기 저 언덕 밑으로 가면 찾을 수 있을 게요."

헤르메스가 아폴론의 가축을 훔쳐 숨겨둔 곳이 바로 언덕 밑이었다. 헤르메스는 기가 막혔던지 웃으면서 노인을 꾸짖었다.

"이런 사기꾼, 면전에서는 그러마고 해놓고 돌아서서는 딴소리를 해? 영감은 내 앞에서 나를 배신했소."

헤르메스는 이 노인을 단단한 돌로 만들어버렸다. 오늘날 '시금석'이라고 불리는 돌이 바로 이 돌이다.

아폴론의 소를 훔치는 헤르메스
상업의 신이자 돈놀이의 신, 소매치기의 수호신인 헤르메스는 태어난 지 닷새 만에 아폴론의 소 50마리를 훔친 것으로 전해진다. 17세기 프랑스 화가 클로드 로랭의 그림.

바토스는 사례금 때문에 거짓말하다가 헤르메스에 의해 돌이 되었다. 오만 때문에 돌이 된 것은 아니다. 메두사의 머리 때문에 돌이 된 인간도 무수하다. 하지만 역시 오만 때문에 돌이 된 것은 아니다. 오만하게 굴다가 돌이 된 사람이 하나 있다. 오비디우스는 니오베 이야기를 아주 극적으로 그려내고 있다.

(테바이의 왕비) 니오베는 오만했다. 니오베는 오만했기 때문에, 신들을 가볍게 여기면 무서운 벌을 받는다는 교훈을 새기려 하지 않았다. 사실 니오베에게는 자랑거리가 많았다. 수금을 어찌나 잘 탔던지 수금 소리만으로 돌을 들어 성벽을 쌓은 것으로 유명한 암피온이 지아비이니 지아비의 재능도 자랑거리였고, 지아비와 자신이 함께 다스리는 나라의 영광도 니오베에게는 큰 자랑거리였다. 그러나 니오베가 정말 자랑거리로 여겼던 것은 아들딸들이었다. 아닌 게 아니라 스스로 이렇듯이 자랑만 하지 않았던들 니오베만큼 자랑스럽고 행복한 어머니도 없을 터였다.

그즈음, 예언자 테이레시아스의 딸 만토가 미래를 예견하는 능력을 얻고는 무아지경에 빠진 채, 길을 막고 이런 예언을 하고 다녔다.

"테바이 여자들아, 모여라. 모여서 레토 여신과 그분의 아드님이신 아폴론, 따님이신 아르테미스 앞에 월계관 단정히 쓰고 향을 사르고 경배하라. 내 입을 빌려 말씀하시는 분은 바로 레토 여신이시다."

테바이 여자들은 이 말을 듣고는 월계수 잎으로 만든 관을 쓰고 여신의 신전으로 나아가 성화에다 향을 던져 넣으며 기도를 올렸다.

도시국가 테바이의 건설자 카드모스
많은 그리스 영웅들처럼 카드모스 역시 거대한 뱀을 죽이고 그 자리에 테바이를 세웠다.

 테바이 여자들이 이러고 있을 즈음 왕비인 니오베가 많은 하녀를 거느리고 나타났다. 금실로 짠 프뤼기아풍 옷으로 단장한 니오베는 참으로 아름다웠다. 니오베가 머리를 흔들자 그 아름다운 금발이 어깨 너머로 출렁거렸다. 니오베는 몸을 한껏 부풀리고 자신만만한 시선으로 주위를 둘러보면서 꾸짖었다.

 "이게 대체 무슨 미친 수작이냐? 눈앞에 있는 여신은 마다하고, 하늘에 있다는 소문으로만 들은 여신을 섬기다니, 이게 대체 무슨 미친 수작이냐? 내 신성神聖은 머리 둘 곳이 없는데 어째서 레토만 그 이름에 봉헌된 신전에서 섬김을 받아야 한다는 말이냐? 내 아버지 탄탈로스는 신들의 식탁에 드는 것을 허락 맡은 유일한 인간이었고, 내 어머니는 아틀라스의 따님이 아니시더냐? 어깨로 하늘의 축을 떠받치고 계신 분이 나의 외조부이시다. 그뿐이냐. 제우스께서는 외가 쪽으로는 나의 조부이시고, 내 지아비 암피온이 그분의 아드님이니 곧 나의 시아버지이시기도 하다. 내가 얼마나 대단한 핏줄을 타고난 여자인가?

프뤼기아의 온 백성이 나를 섬기고 테바이 도성이 내 치하에 있다. 내 남편이 수금 하나로 쌓아 올린 그 성벽, 그 안에 사는 백성이 나

고대의 항아리에 그려진 탄탈로스
사실 탄탈로스의 딸이라는 것은 별로 자랑거리가 아니다. 탄탈로스가 신들의 식탁에 초대받은 것은 사실이지만, 그 자리에서 보고 들은 것을 누설하여 저승에서 영원한 갈증에 시달리게 된다.

황금 사과를 따온 아틀라스
니오베는 아틀라스의 외손녀라는 것을 자랑했지만 이 또한 큰 자랑거리는 못 된다. 아틀라스는 힘은 세지만 약간 멍청한 구석이 있어서 페르세우스에게 한 번, 헤라클레스에게 한 번, 두 차례나 속임수에 걸려 그들의 일을 대신한다. 사진에서 왼쪽은 아테나 여신, 중앙은 아틀라스 대신 하늘을 떠받치는 헤라클레스, 오른쪽은 헤라클레스를 대신해 황금 사과를 따 온 아틀라스. 그리스 올림피아 박물관.

행운의 여신 튀케
로마 신화에서는 '포르투나Fortuna'라는 이름으로 등장한다. 행운을 뜻하는 영어 단어 'fortune'은 여기서 유래했다.

와 내 남편의 권세 아래에 있다. 내가 사는 성의 방이라는 방은 모두 재물로 그득그득하다. 자식만 해도 그렇지. 내게는 아들 일곱 형제와 딸 일곱 자매가 있다. 머지않아 이 아이들이 내 집을 며느리와 사위로 가득 채울 것이다. 이런 나를 두고, 아무도 돌아다보지 않는 레토 같은 여신을 섬겨? 레토가 어떤 레토더냐? 델로스섬이 불쌍히 여겨, '그대는 대지를 떠돌고 나는 정처 없이 바다를 떠도는군요', 이러면서 자리를 빌려주는 바람에 겨우 자식을 낳을 수 있었던 레토 아니더냐?

 이렇게 견주는 것이 옳지 않다면 낳은 자식 수로 따져보자. 레토가 낳은 자식은 아폴론과 아르테미스뿐이다. 내가 낳은 자식 수의

7분의 1에 지나지 않는다. 내가 누리는 행복은 요컨대 보름달 같아서 한 군데도 빈 데가 없다. 이것을 누가 부정할 것이냐? 나는 앞으로도 행복할 것이다. 이것 또한 아무도 부정하지 못하리라. 무슨 까닭이냐? 내게는 행운의 여신 튀케도 해칠 수 없을 만큼 막강한 힘이 있다. 내게서 많은 것을 빼앗아 간다고 하더라도 나에게 남는 것은 그 여신이 빼앗아 갈 수 있는 것보다 많을 것이기 때문이다. 나는 행복하기 때문에 아무것도 두려워하지 않는다. 내 자식 중 한둘이 없

빈첸초 단디니의 〈경배받는 니오베〉
때가 되면 죽음을 맞는 인간은 절대로 신이 될 수 없다. 하지만 니오베는 자신을 여신으로 착각한다. '신이 싫어하는 인간'이 된 것이다.

어진들 어떠냐? 한둘이 없어져도 자식이 둘밖에 없는 레토 꼴은 되지 않는다. 자식이 둘밖에 없다는 것은 하나도 없는 것이나 마찬가지다. 자, 어떠냐? 이래도 레토를 섬길 테냐?

가거라. 제사는 그 정도로 끝내고 어서들 가거라. 어서 머리에서 그 월계수 관을 벗고 이 자리를 떠나거라."

테바이 여자들은 이런 말을 듣고는 제사를 중도에 작파하고 레토 여신에게 올리는 기도를 입안에다 넣고 모두 그 자리를 떠났다.

이를 내려다본 레토 여신은 노발대발, 퀸토스 산정에 선 채로 아들과 딸인 아폴론과 아르테미스를 불러 이렇게 푸념했다.

신들의 어머니 헤라
제우스 신의 부인이자 '신들의 어머니'로 불리던 여신 헤라. 레토 여신이 '꿇린다'라고 말한 유일한 여신이다. 로마 바티칸 박물관.

"너희 둘 낳은 것을 자랑으로 여기는 이 어미는, 저 헤라 여신을 제외하고는 어떠한 여신에게도 꿀려본 적이 없다. 그런데 지금은 어찌 되었느냐? 내 신성이 웃음거리가 되지 않았느냐? 이제는 너희가 도와주지 않으면 오랜 세월 내가 섬김을 받던 내 제단에서 젯밥 얻어먹기도 어렵겠구나.

내가 섭섭하게 여기는 것은 이것뿐만이 아니다. 너희도 들었다시피 저 탄탈로스의 딸년은 내게 상처를 입히고 모욕하기까지 했다. 제 문벌이 나보다 나은 것을 자랑했고 나보다 자식 많은 것을 자랑했다. 내 이년에게 당한 것을 이년에게 돌려주고 말아야겠다. 이년은 제 아비처럼 신들을 업신여겼다. 탄탈로스는 신들의 잔치에 초대를 받고 갔다가 거기에서 들은 것을 인간에게 전해 천기를 누설함으로써 신들을 업신여겼다."

레토는 니오베를 향하여 욕지거리를 더 퍼부으려 했다. 그러자 아들 아폴론이 어머니의 말을 가로막았다.

"그만 하세요. 불평하시면 불평하시는 만큼 저 여자가 벌을 받는 시각이 지체될 뿐입니다."

그의 누이 아르테미스도 오라비와 의견이 같았다. 남매 신은 구름으로 몸을 가리고 카드모스가 건설한 테바이성으로 내려갔다.

성벽 가까이에 수많은 사람이 말을 타고 노는 넓은 공터가 있었다. 공터에는 수레바퀴 자국과 말발굽 자국이 무수히 나 있었다. 니오베의 아들 중 몇몇도 거기에서, 튀로스산産의 산뜻한 보라색 안장을 걸친 힘 좋은 말에 올라 황금 징이 박힌 고삐로 말을 다루고 있었다. 말

쌍둥이를 낳는 레토
제우스의 본처 헤라는 레토가 아기를 낳는 땅을 저주하겠다고 맹세한다. 때문에 레토는 뿌리 없이 떠도는 섬 델로스에서 아폴론과 아르테미스 쌍둥이를 낳는다. 제우스는 이를 치하하여 델로스섬이 바닷속 깊숙이 뿌리 내리게 해주었다. 이 그림은 레토의 해산 장면을 그린 것인데, 맨 오른쪽의 아폴론과 맨 왼쪽의 아르테미스는 이미 활은 든 신과 여신으로 장성해 있다.

아들 이스메노스는 말고삐를 단단하게 틀어쥐고 원을 그리며 돌다가 갑자기 외마디 소리를 질렀다. 화살이 가슴에 꽂힌 것이었다. 고삐는 그의 손에서 풀려나와 말의 오른쪽 어깨 옆으로 떨어져 내렸다. 그다음으로, 허공에서 나는 시위 소리를 들은 것은 시퓔로스였다.

 시퓔로스는 말을 몰아서 있는 힘을 다해 도망쳤다. 검은 구름을 보고는 폭풍이 몰아칠 것을 예감하고, 한 점 바람도 놓치지 않으려는 듯이 돛이라는 돛은 모두 올리고 도망치는 뱃사람과 비슷했다. 한참을 달리던 시필로스는 잠시 고삐를 늦추었다. 그러나 빗나가는 법이 없는 신들의 화살은 어느새 그를 따라잡아 그의 목에 박혀 부르르 떨었다. 살촉이 목을 꿰뚫어버린 것이었다. 앞으로 엎어지면서 잠시 말갈기에 몸을 싣던 그는 곧 질풍같이 땅을 차며 달리는 말발굽 사이로 떨어져 뜨거운 피로 대지를 적셨다.

파이디모스와, 외조부의 이름을 그대로 물려받은 탄탈로스는 기마 연습을 끝내고 온몸이 땀투성이가 된 채 소년이라면 누구나 좋아하는 씨름 연습을 하고 있었다. 이 니오베의 아들 형제가 가슴을 맞대고 서로 버티고 서 있는데 화살이 날아와 이 둘을 한 살에다 꿰어버렸다. 이들은 한 입이 되어 외마디 소리를 지르고는 한 덩어리가 되어 땅바닥에 쓰러졌다. 이 둘은 쓰러진 채로 마지막으로 주위를 한 번 둘러보고는 마지막 숨을 함께 몰아쉬었다. 알페노르가 이들을 보고 달려가서는 슬픔을 이기지 못해 제 가슴을 쳤다. 그러나 형제의 죽음을 애도하던 그 역시 그 자리에 쓰러졌다. 아폴론이 쏜 화살이 그의 옆구리에다 맞창을 내어버린 것이었다. 다른 한쪽으로 나온 화살촉에는 허파의 한 조각이 묻어 있었다. 그의 몸에서 피와 생명이 동시에 쏟아져 나왔다.

장발의 다마식톤은 다른 형제들과는 달리 화살을 하나 더 맞았다. 정강이 힘줄을 맞고는 이 화살을 뽑으려 하는데 다른 화살 하나가 더 날아와 궁깃이 묻히기까지 목에 박힌 것이었다. 그 자리에서 솟구치는 피가 공중에다 피의 기둥을 세운 것 같았다. 마지막으로 남은 일리오네우스는 신들에게 빌어보려고 두 팔을 벌리고 외쳤다.

"신들이시여, 신들께 기도하오니 저를 살려주소서."

그러나 그는 신들에게 기도할 때가 아니라는 사실을 알지 못했다. 활의 신 아폴론은 그 기도에 마음이 움직였던지 잠시 망설였지만 이미 화살은 시위를 떠난 뒤였다. 아폴론의 이런 마음이 화살에도 전해졌던지 이 화살은 심장을 꿰뚫어 그를 죽이기는 하였으되 그리 깊이 꽂히지는 않았다.

날아든 소식을 듣고, 울부짖는 백성과 눈물짓는 왕족들을 보고서야 니오베는 그토록 갑작스럽게 자기에게 재앙이 닥쳤다는 사실을

왕뱀 퓌톤을 화살로 쏘아 죽이는 아폴론
아폴론은 태양신, 의술의 신, 예언의 신인 동시에 활의 신이기도 하다.

알았다. 니오베는 신들이 그런 일을 할 수 있다는 데 놀라는 한편, 그들에게 그런 권능이 있고 그들이 그 권능을 자기에게 퍼부었다는 사실에 분개했다. 설상가상으로 아이들의 아버지 암피온은 이 비보를 듣더니 칼로 자기 가슴을 찔렀다. 그는 이로써 삶을 마감하는 대신, 자식 잃은 아버지로서 앓아야 하는 모진 가슴앓이를 면했다.

니오베는 조금 전의 니오베가 아니었다. 이때의 니오베는, 조금 전까지만 하더라도 레토의 신전에서 테바이 여자들을 몰아내던 니오베, 도도하게 도시 한복판을 걸으면 도성의 모든 여자에게 선망의 과녁이 되던 니오베가 아니었다.

니오베는 이제 선망의 과녁이기는커녕 연민의 대상이었다. 심지어 저 자신의 적으로부터도 가엾게 여겨져야 마땅한 존재였다. 니오

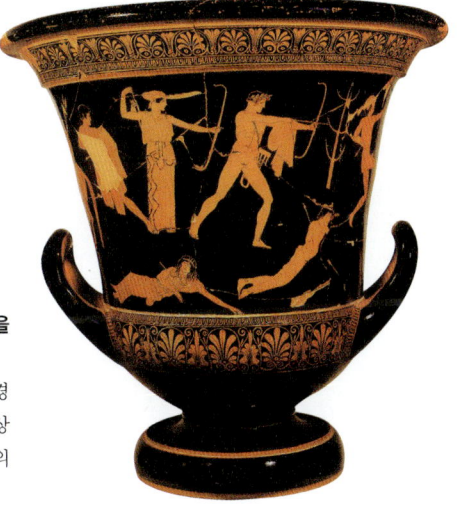

고대 항아리에 그려진 '니오베의 아들딸들을 쏘아 죽이는 아폴론과 아르테미스'
그리스인들은 신에게 무례한 인간들을 경계하고자 이런 이미지들을 끊임없이 일상생활로 끌어들였다. 이것이 서양 미술의 시작이다.

베는 싸늘하게 식은 자식들의 주검을 내려다보면서 하나하나와 마지막 작별의 입맞춤을 나누었다. 이윽고 이들에게서 고개를 돌린 니오베는 피 묻은 손을 들고 하늘을 향하여 외쳤다.

"무정한 레토 여신이시여, 후련하시겠습니다. 이제 내 불행을 즐기시려거든 마음껏 즐기세요. 당신의 그 탐욕스러운 가슴, 이제 뿌듯하시겠지요? 내 아들 일곱과 함께 나 역시 죽은 것이니까요. 이제 적으로 여기던 나를 이겼으니 날뛰면서 춤이라도 추시지요. 하지만 내가 왜 당신을 승리자라고 불러야 하지요? 내 꼴 비록 이렇듯이 비참하게 되었지만 살아 있는 내 자식들 수가 기뻐 날뛰는 당신의 자식들

리처드 윌슨의 〈니오베의 슬픔〉
왼쪽에는 활을 쏘는 아폴론이 있고, 오른쪽으로 테바이성이 보인다.

수보다 많은데 왜 내가 당신을 승리자라고 해야 하지요? 당신의 손에 그렇게 많이 잃었어도 아직 내 자식 수는 당신의 자식 수보다 많답니다."

니오베가 이 말을 채 끝내기도 전에 시위 소리가 났다. 다른 사람들은 모두 두려워 어쩔 줄 모르고 우왕좌왕했지만 니오베만은 태연했다. 불행이 오히려 니오베를 대담하게 만든 것이었다.

니오베의 딸들은, 싸늘하게 식은 니오베의 아들 칠 형제의 관 앞에 서 있었다. 니오베의 딸들은 모두 머리를 풀어 헤친 채 상복을 입고 있었다. 이때 화살 한 대가 날아와 니오베의 딸 중 하나의 가슴을 꿰뚫었다. 니오베의 딸은 가슴에서 이 화살을 뽑아내고는 앞으로 쓰러져 죽은 제 오라비의 뺨에다 제 뺨을 댄 채로 숨을 거두었다. 또 한 딸은, 상심하는 어머니를 위로하다가 이번에는 보이지 않는 손으로부터 받은, 곱절이나 큰 상처에 저 자신이 상심해야 했다. 치명적인 상처를 입은 이 처녀는 입을 꼭 다물었다. 그러나 이미 때늦은 다음이었다. 생명이 이미 그 입을 통하여 모두 빠져나가버린 뒤였기 때문이다.

또 하나는 그 자리에서 도망치려고 했으나 그런 노력도 하릴없이 그 자리에 쓰러졌다. 이어서 또 하나가 쓰러진 언니의 시신 위로 무너졌다. 넷째는 몸을 숨겼고 다섯째는 사람들이 보는 앞에서 떨고 서 있었다. 그러나 이들 모두 각기 다른 곳을 화살에 맞아 치명상을 입고는 숨을 거두었다. 마지막으로 남은 것은 막내딸 하나뿐이었다. 니오베는 옷자락으로 이 딸을 감추면서 부르짖었다.

"이 아이는 14남매의 막내이니 이것 하나만이라도 남겨주세요. 죽

니오베의 아들
등에 박힌 화살을 뽑으려는 니오베의 아들.
파리 루브르 박물관.

은 아이들이야 죽었으니 그뿐, 이 어린것 하나만 부탁합니다."

그러나 니오베의 호소도 보람 없이 이 아이 역시 땅바닥에 꼬꾸라졌다. 니오베는, 이제 아무도 돌보아주는 이 없는 혈혈단신이 되어 죽은 자식들 사이로 무너져 내렸다. 참을 길 없는 슬픔은 이 니오베의 몸을 돌로 바뀌게 했다. 산들바람도 이때부터는 니오베의 머리카락을 흩날리지 못했다. 피가 빠져나간 니오베의 얼굴은 창백했다. 니오베의 눈은 슬픔에 감긴 채로 허공을 향하고 있었다. 살아 있는 사람의 모습은 어디에도 남아 있지 않았다. 이제 니오베는 고개를 돌릴 수도 없었고, 팔이나 다리를 움직일 수도 없었다. 몸속에서도 같은 변화가 일어났다. 니오베의 혀는 입천장에 달라붙어 침묵하는 돌이 되었고 핏줄에서는 맥박이 사라졌다. 몸속의 내장도 남김없이 돌

니오베의 딸
화살을 뽑으려 두 손을 등으로 가져가는 바람에 옷이 흘러내려도 걷어 올릴 길이 없다. 그래서 이 '니오베의 딸'은 나체 석상을 제작하는 고대의 조각가들에게 좋은 빌미가 되었다고 한다. 로마 국립 미술관.

이 되었다. 그런데도 니오베는 여전히 울고 있었다. 문득 일진광풍이 불어와 돌이 된 니오베를 감아 올려서는 고향 땅으로 데려갔다. 돌이 된 니오베가 내린 곳은 산꼭대기였다. 돌이 된 니오베는 오늘날까지도 여기에서 눈물을 흘리고 있다.

1993년, 나는 장기간 일본을 여행했다. 1945년에 침몰한 거대한 여객선 '우키시마마루호'와 관련된 자료를 입수하기 위해서였다. 당시 일본을 출항한 이 배는 2천여 명(재일교포들의 주장) 혹은 5백여 명

(일본 측 주장)의 한국인이 탄 귀국선이었다. 이 귀국선이 침몰하면서 대부분의 한국인이 목숨을 잃었던 것이다. 일본에 살고 있던 동포들 사이에서는, 일본이 고의적으로 침몰시켜 우리 동포의 귀국을 봉쇄했다는 주장이 지배적이었다. 교토에서 자료를 수집하고 조그마한 항구도시 마이즈루에 들렀다. 일본 정부의 발표를 믿는다고 하더라도 5백 명이 넘는 동포가 목숨을 잃은 곳, 공정하게 말해서 목숨을 잃은 동포보다 더 많은 수의 동포를 구출해낸 마이즈루 시민의 자손이 사는 곳, 사망자의 대부분이 남쪽 사람들이었는데도 불구하고 조총련계 동포들이 세운 추도비가 있는 곳이었다.

나는 마이즈루만의 바다 냄새를 좀 맡아보고 싶었다. 그 냄새는 48년 전, 동포들이 우키지마마루를 타고 입항하면서 맡은 냄새와 크게 다르지 않을 터였다.

추도비는 바로 우키시마마루호가 침몰된 해역이 내려다보이는 언덕에 서 있었다. 동판에 돋을새김된 추도비의 정확한 이름은 '우키시마마루 순난자(희생자) 추도비'. 벽돌색 타일을 박은 옹벽을 배경으로 높이 150센티미터 정도 되는 대좌 위에는 250센티미터 높이의 치마저고리 차림의 부인이 왼손으로 목이 뒤로 꺾인 아기를 안고, 오른손으로는 앉은 채로 하늘을 향해 울부짖는 사내의 손을 잡고 서 있었다. 부인의 뒤에는 여남은 살 된 사내아이가 부인의 허리를 안은 채 역시 울부짖고 있고 부인의 발치에는 사내들이 쓰러진 채 고통으로 몸부림치고 있었다. 흡사 폼페이 화산의 화산재 속에서 발굴된 유해들 같았다.

나는 그 추도비 한가운데 서 있는 여인을 보면서 '니오베' 바위와, 폼페이 유적에서 출토된 니오베상을 생각했다. 아들딸의 주검 한가운데 서서 막내 하나만은 살려달라고 하늘을 우러러 애원하는 니오베를 생각했다.

갸름하면서도 당차 보이는 여인의 얼굴에는 슬픔과 분노와 결의

하나 남은 딸만은 살려줄 것을 간청하는 니오베
아폴론과 아르테미스가 신들을 모독한 니오베의 간청을 들어줄 것 같지는 않다. 18세기 프랑스 화가 자크 루이 다비드의 〈니오베의 자녀들을 공격하는 아폴론과 아르테미스〉.

가 복잡하게 어우러져 있었다. 여인은 입술을 굳게 다문 채로 시모사바카 앞바다를 내려다보고 있었다. 여인에게 손을 잡힌 사내는 하늘을 향해 절규하고 있었고, 여인의 앞에 앉은 사내는 쓰러진 다른 사내를 안은 채 여인의 왼쪽을 응시하고 있어서, 흡사 만에 정박해 있는 일본의 자위대 군함을 노려보고 있는 것 같았다.

니오베와 여인 사이에 다른 점이 있다면, 니오베에게는 레토 여신을 비아냥거린 잘못이라도 있지만, 추도비의 조선 여인에게는 지아비를 따라와 일본의 전쟁 수발을 들어준 죄밖에 없다는 것이다. 그래서 그런지 돌이 된 니오베의 눈에서 마르는 일 없이 눈물이 떨어졌다고 하는데도 여인의 눈에는 눈물이 보이지 않았다.

추도비 앞으로는 산보 길이 잘 손질되어 있었다. 앞을 지나가던 한 일본인 부인이 남편에게 속삭였다.

"'쪼고리(저고리)'상像이 잔뜩 화가 나 있네요?"

그날 밤, 나는 희생자들을 생각하면서 많이 마시고 많이 울었다.

3장
은총, 그 자루 없는 칼

GREEK
AND
ROMAN
MYTHOLOGY

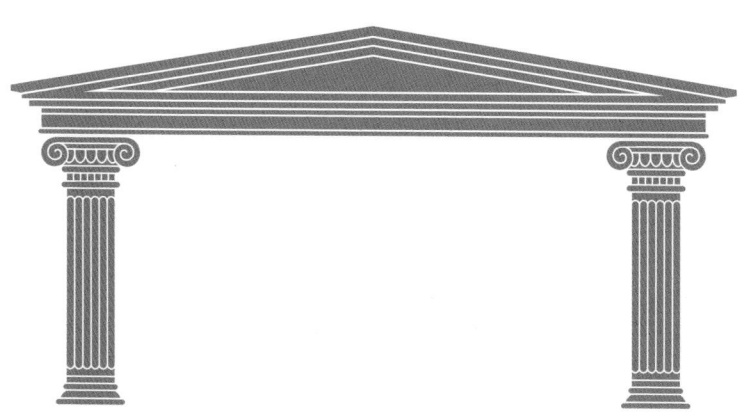

 잘생긴 케팔로스는 씩씩한 운동(사냥)을 좋아하는 사내다운 미남 청년이었다. 그는 날이 채 밝기도 전에 잠자리에서 일어나 사냥감을 쫓아 나가곤 했다. 새벽의 여신 에오스는 이 지상에 얼굴을 나타낼 때마다 눈에 띄는 이 청년을 자주 보다가 그만 반한 나머지 그를 납치하고 말았다. 이것은 케팔로스가 아름다운 아내를 맞아들여 서로 깨가 쏟아지는 사랑에 맛을 들이고 있을 즈음의 일이었다. 아내 이름은 프로크리스였다.

 프로크리스가 아르테미스 여신의 요정으로 일하면서 여신 눈에 들어 두 가지 선물을 받은 것은 그 무렵의 일이다. 아르테미스가 프로크리스에게 준 선물은, 여신의 은총을 받아 어떠한 사냥감보다 빨리 달릴 수 있는 사냥개와 절대로 과녁을 빗나가는 법이 없는 창이었다. 아르테미스로부터 받은 이 선물이 프로크리스에게는 결혼 예물 노릇을 했다. 프로크리스가 이 두 가지를 남편 케팔로스에게 주었기 때문이다.

새벽의 여신 에오스
새벽의 여신 에오스는 로마에서 '아우로라Aurora'라고 불렸다. 남극이나 북극 지방에서 나타나는 극광 현상 '오로라aurora'는 여기에서 온 것이다. 귀도 레니의 그림.

    중국의 고대 사상가인 한비자가 쓴 『한비자』라는 책에는 '뻥'이 무지 센 장사꾼 이야기가 나온다. 그 장사꾼은 창을 들고나와 큰소리를 뻥뻥 친다.
    "이 창으로 말할 것 같으면, 천하에 뚫지 못할 방패가 없습니다."
    많은 사람이 그 창을 샀다.
    이 장사꾼은 다른 데 가서는 방패를 들고나와 또 큰소리를 뻥뻥 친다.
    "이 방패로 말할 것 같으면, 천하에 막지 못할 창이 없습니다."
    물론 그 방패도 여러 개 팔아먹을 수 있었을 것이다.
    하지만 그의 사기 행각은 곧 들통이 났다. 그의 소행을 괘씸하게 생각한 사람이 그에게 물은 것이다.

"당신이 팔아먹은, 뚫지 못할 방패가 없는 창을, 역시 당신이 팔아먹은, 막지 못할 창이 없는 방패를 향해 던지면 어떻게 되오?"

모순 아니오? 그는 이렇게 말하고 있다. '모순矛盾'이라는 말은 바로 이 옛이야기에서 나온 말이다. '모'는 창이라는 뜻, '순'은 방패라는 뜻이다.

케팔로스 이야기에도 이와 비슷한 절대로 빗나가지 않는 창이 등장한다. 그리고 풀어놓으면 사냥감을 절대로 놓치지 않는 사냥개가 등장한다. 이런 창과 이런 사냥개가 있을 수 있다는 말인가? 신화에

니콜라 푸생의 〈케팔로스와 에오스〉
그림 속 날개 달린 백마가 새벽빛을 상징하는 듯하다.

는 얼마든지 등장할 수 있는 소도구들이다. 하지만 신화나 옛이야기 읽기를 좋아하는 사람들은 이 대목에서 아연 긴장한다. 신화를 좋아하는 사람들은 '절대로'라는 말에서 비극의 냄새를 맡는다.

케팔로스에게, 사냥감을 절대로 빗나가지 않는 창을 준 여신이 누구던가? 바로 아르테미스 여신이다. 아르테미스 여신이 어떤 여신이던가? 절대 스스로 순결을 잃지 않는 여신일 뿐 아니라 자신을 섬기는 50명의 요정에게도 절대로 순결을 잃지 못하게 하는 여신이다.

칼리스토는 아르테미스를 섬기던 요정이었다. 제우스는 이 칼리스토에게 군침을 흘렸지만 아무래도 칼리스토가 완강하게 저항할 것 같았다. 제우스는 딸 아르테미스로 몸을 바꾸고 칼리스토에게 접근했다. 칼리스토는 자신이 섬기는 아르테미스 여신인 줄만 알고 접근을 허락했다. 그제야 제우스는 본모습을 드러내고 칼리스토를 훔쳤다.

몇 달이 흐르자 칼리스토의 배가 불러오기 시작했다. 시냇물에서 요정들과 함께 옷을 벗고 목욕하던 아르테미스는 칼리스토의 배가 유난히 부른 것을 보고 까닭을 물었다. 순결을 잃었다는 사실을 안 아르테미스는, 순결을 빼앗은 장본인이 자기 아버지 제우스인 것을 알고도 무자비하게 칼리스토를 벌했다. 칼리스토를 곰으로 변신하게 한 것이다. 아르테미스는 그토록 표독스러운 여신이다.

그러므로 아르테미스로부터 두 가지 선물을 받은 것은 프로크리스가 순결을 잃은 직후의 일로 보인다. 아르테미스가 선물을 준 것은 프로크리스가 여신의 곁을 떠나기 직전의 일일 것이다. 그렇다면 아르테미스로부터 선물을 받았다는 것 자체가 불길하다. 여신이, 순

딸 아르테미스로 변신해 칼리스토에게 접근한 제우스
아르테미스는 제우스에게 순결을 잃은 요정 칼리스토를 냉혹하게 벌한다. 프랑수아 부셰의 그림.

결을 잃고 자기 곁을 떠나는 프로크리스에게 썩 좋은 선물을 준 것 같지는 않기 때문이다.

케팔로스는 이러한 아내에게 더없이 만족하고 있었기 때문에 에오스가 아무리 꾀어도 그 유혹에 넘어가지 않았다. 에오스는 화가 나서 케팔로스를 집으로 돌려보내면서 이렇게 소리쳤다.

"그렇게 가고 싶거든 가거라, 이 배은망덕한 것아. 가서 여편네 치마폭에서 실컷 놀아라. 그러나 내 예언이 틀리지 않는다면 네가 네 여편네에게 돌아간 걸 후회할 날이 있을 게다."

칼리스토를 벌하는 아르테미스
아르테미스가 칼리스토의 유난히 부른 배를 가리키고 있다. 티치아노의 그림.

 집으로 돌아온 케팔로스는 그 전까지 그래왔듯이 날마다 숲으로 들어가 짐승을 사냥하며 아내와 행복하게 살았다.
 그런데 이즈음 이 나라 일로 기분 상한 적이 있는 신들이 이 나라를 괴롭히려고 걸신들린 여우 한 마리를 보냈다. 어떤 사냥개든 따돌릴 수 있는 여우였다. 사냥꾼들은 여우를 잡으려고 백방으로 손을 썼다. 그러나 여우는 사냥꾼들을 비웃으며 이 나라 산천을 누볐다.

사냥꾼들에게는 이 여우를 따라잡을 만한 사냥개가 없었다.

 사냥꾼들은 케팔로스를 찾아와 그 이름난 개를 좀 빌려달라고 부탁했다. 케팔로스의 개 이름은 '레일라프스(질풍)'였다. 레일라프스는 사슬에서 풀려나자 눈에 보이지 않을 만큼 쏜살같이 내달았다. 모래에 발자국이 남지 않았더라면, 하늘을 날아간 것이라고 우길 사람이 있을 정도였다. 케팔로스와 사냥꾼들은 나지막한 산꼭대기에 서서 쫓는 사냥개와 쫓기는 여우를 내려다보았다. 여우는 갖은 재주를 다 부리며 사냥개를 따돌렸다. 빙글빙글 도는가 하면 갔던 길을 되짚어 오기도 했다. 개는 여우를 바짝 뒤쫓아 입을 벌리고 여우의 뒷다리를 물었다. 하지만 번번이 물리는 것은 허공일 뿐이었다. 그것을 보고 있던 케팔로스는 투창을 던지려 했다. 그러나 바로 그 순간 쫓던 개도, 쫓기던 여우도 그 자리에 우뚝 섰다. 이 두 마리의 동물을 만든 하늘의 신들이, 어느 쪽도 패자가 되는 걸 원하지 않았다. 그래서 신들은 이 두 마리 동물을 움직이던 자세 그대로 산 채 돌로 만들어 버렸다. 돌이 되어버린 사냥개와 여우의 모습은 살아 움직이던 모습 그대로여서 실로 자연스러워 보였다. 따라서 혹 독자 여러분이 그것을 보았다고 하더라도 짖으며 쫓는 개와 그 자리를 박차고 도망치려는 여우의 모습을 알아볼 수 있었을 것이다.

 소중하게 여기던 개를 잃기는 했으나 케팔로스는 변함없이 사냥을 즐겼다. 그는 아침 일찍 집을 나와 곧잘 산과 들을 헤매고는 했다. 그는 누구를 데리고 다니지도 않았고, 누구의 도움을 구하지도 않았다. 어느 때건 던지기만 하면 정확하게 사냥감을 꿰뚫는 투창이 있

요정들과 함께 있는 아르테미스
푸른 겉옷에 팔을 괴고 있는, 중앙의 여신이 아르테미스다. 이마에 초승달 장식을 달고 있다.

었기 때문이다. 해가 중천에 떠오르고 사냥에 싫증이 나면 케팔로스는 시원한 물이 흐르는 개울가 나무 그늘을 즐겨 찾곤 했다. 그곳에서 입고 있던 옷을 벗어버리고는 풀 위에 누워 서늘한 바람을 맞는 것이었다. 그러나 때때로 이런 혼잣말을 하곤 했다.

"오라, 감미로운 아우라여, 와서 내 가슴을 쓰다듬어다오, 와서 뜨거운 내 가슴을 식혀다오."

그러던 어느 날의 일이다. 그 옆을 지나가던 어떤 사람이 케팔로스의 은근한 목소리를 들었다. '아우라'는 '미풍'이라는 뜻이다. 이 어리석은 작자는 케팔로스가 어떤 처녀에게 속삭이고 있는 것으로 지

레짐작하고 프로크리스에게 달려가 이를 고자질했다. 사랑은 사람의 귀를 얇게 만드는 법, 프로크리스는 이 말에 충격을 받은 나머지 기절하고 말았다. 이윽고 다시 정신을 차린 프로크리스는 이렇게 중얼거렸다.

"그럴 리가 없어요. 내 눈으로 확인하기 전에는 믿을 수가 없어요."

프로크리스는 마음을 졸이면서도 다음 날 아침까지 기다렸다. 아침이 되자 케팔로스는 여느 때처럼 사냥을 나갔다. 프로크리스는 남편의 뒤를 밟아, 고자질했던 자가 가르쳐준 곳으로 가서 몸을 숨겼다. 사냥하다 지친 케팔로스는 늘 그렇듯이 그곳으로 와서는 풀 위에 몸을 눕히고 중얼거렸다.

"오라, 감미로운 미풍이여, 내 가슴을 부쳐다오. 그대는 알리라, 내가 얼마나 그대를 사랑하는지. 내가 숲을 좋아하는 것, 홀로 즐겨 이 숲을 헤매는 것은 다 그대가 있음이니라."

케팔로스는 이렇게 중얼거리다 덤불 속에서 무엇인가가 흐느끼는 소리를 들었다. 아니, 들은 것 같았다. 그러나 케팔로스는 그것을 들짐승이거니 하고 생각했다. 그래서 그 덤불을 향해 창을 던진 것이었다.

케팔로스가 던진 창이 어떤 창인가? 과녁을 절대로 빗나가는 법이 없는 창이다. '절대로'는 절대 비극의 무대 장치다. 그러므로 우리는 이 이야기를 끝까지 읽지 않고도 내용을 알 수 있다. 하지만 읽어보자.

케팔로스는 프로크리스의 비명을 듣고, 자기가 던진 창이 분명히

새벽의 여신 에오스와 잘생긴 케팔로스

'케팔로스'는 '잘생긴 머리'라는 뜻이다. 새벽의 여신 에오스는 어둠을 배경으로 새벽빛 너울을 쓰고 있다. 18세기 프랑스 화가 피에르 나르시스 게랭의 〈에오스 여신과 케팔로스〉.

과녁을 꿰뚫었음을 알았다. 케팔로스는 후닥닥 일어나 그쪽으로 달려갔다. 그곳에는 사랑하는 아내가 피를 흘리며 사위어가는 힘을 두 손에 모으고, 자기가 남편에게 선사했던 창을 뽑으려 하고 있었다. 케팔로스는 아내를 부둥켜안고는 피를 멎게 해보려고 애를 썼다.

"정신 차려요, 나를 이 꼴로 남겨두고 가면 안 되오, 이대로 떠나 내 가슴에 내 허물의 못을 박아서는 아니 되오."

케팔로스는 울부짖었다. 그러자 프로크리스도 겨우 눈을 뜨고 이렇게 말했다.

"당신이 저를 사랑해주셨다면, 제가 당신의 사랑을 받을 자격이 있다면, 바라건대 저의 마지막 소원을 들어주소서. 저 알미운 아우라와는 혼인하지 말아주소서."

두 사람 사이의 오해가 풀리는 데는 이 말만으로도 넉넉했다. 하지만 오해가 풀린들 무슨 소용이 있으랴! 프로크리스는 숨을 거두었다. 그러나 얼굴은 평온했다. 케팔로스가 자초지종을 이야기했을 때, 프로크리스는 그랬느냐는 듯이, 용서하는 듯이 남편의 얼굴을 바라보는 것 같았다.

나는 신들의 은총이 내려 불가사의한 힘이 주어진 물건에 관한 여러 나라 신화를 읽을 때마다 이런 비극이 되풀이되는 것을 본다. 케팔로스와 프로크리스 이야기와는 조금 다른 이야기 유형도 있다. 신들의 특별한 은총, 또는 인간이 지어낸 불가사의한 시설물들이 그 나라 공주에 의해 유린되는 경우다. 나는 한 나라의 영웅이 등장하고, 이웃 나라 공주가 등장하면 아연 긴장한다. 이웃 나라 왕이 신들로부터 특별한 은총을 받았을 경우, 그 은총이 나라의 안위와 밀접한 관계가 있을 경우 나는 그 왕에게 경고한다. 왕이여, 딸을 조심하시오 하고 경고한다. 나는 니소스왕에게도 경고한다. 니소스왕이여, 딸을 조심하세요!

크레타 왕국의 미노스왕이 니소스왕의 영토를 공격했다. 니소스왕의 정수리에는, 백발 가운데 섞인 보라색 머리카락이 한 올 있었다. 그에게 이 머리카락이 남아 있는 한 어떤 정복자도 그 왕국을 무너뜨릴 수 없었다.

전쟁이 시작된 이래 초승달은 그 뿔을 여섯 번째로 드러내어 보이고 있었으나 양국의 전세는 어느 한쪽으로도 기울지 않은 채 소강 상태를 보이고 있었다. 날개 달린 승리의 여신이 마음을 정하지 못해 양쪽 진영의 상공을 번갈아가면서 날아다니고 있었기 때문이었.

니소스의 왕국 성벽에는 탑이 하나 있었다. 전하는 바에 따르면 음악의 신 아폴론이 황금으로 만든 수금을 건 이후로 그 벽돌 하나하나에 신묘한 음악이 스며들어 있다는 성벽이다. 니소스의 딸 스퀼라에게는 틈날 때마다 이 성벽 위의 탑으로 올라가 이 성벽에다 돌멩이를 던지며 거기에서 나는 소리를 즐기는 버릇이 있었다. 스퀼라는

사모트라케섬에서 출토된 승리의 여신 니케
고대 그리스인들은 이 승리의 여신이 머무는 쪽이 승리한다고 믿었다. '승리의 여신이 미소 짓는다'라는 상투적인 표현은 여기에서 비롯된 것이 아닐까? 파리 루브르 박물관.

미노스왕과 자기 아버지의 군대 사이에 전투가 벌어지고 있을 동안에도 이곳으로 올라가 가까이서 벌어지는 전투 상황을 구경하고는 했다. 스퀼라는 이러는 동안 적군의 장수 이름, 그들의 무기, 그들이 타고 다니는 말, 그들의 차림새, 그리고 그 유명한 크레타 활에 대해서도 알게 되었다. 스퀼라가 이 중에서도 가장 관심을 가지고 살펴서 자세하게 알게 된 것은 적장 미노스왕이었다. 스퀼라는 이 미노스왕에 대해서라면 모르는 것이 없었다.

　스퀼라의 눈에 비친 미노스는 한마디로 완벽한 인간이었다. 스퀼라가 보기에, 미노스가 깃털 장식이 달린 투구를 쓰고 있으면 투구

제우스에게 납치되는 에우로페
소로 둔갑한 제우스가 에우로페를 납치, 크레타섬 쪽으로 가고 있다. 미노스왕은 에우로페에게서 태어난 제우스의 아들이다. '유럽Europe'이라는 말은 에우로페의 이름에서 유래했다. 프란체스코 알바니의 그림.

가 미노스에게 그렇게 잘 어울려 보일 수가 없었고, 미노스가 번쩍거리는 청동 방패를 들면 그 방패가 미노스에게 그렇게 잘 어울려 보일 수가 없었다.

미노스가 힘살을 부풀리고 창을 던질 때면 스퀼라는 멀리서 그의 힘과 재간을 침묵으로 찬양했고, 미노스가 시위에다 화살을 메기고 시위를 당겨 활대를 반달 모양으로 구부리면 스퀼라는 활의 신 아폴론도 활시위를 당길 때는 저런 모습이시겠지, 이런 생각을 하고는 했다. 어쩌다 미노스가 투구를 벗어 맨얼굴을 드러내고 보랏빛 갑옷 차림으로 백마의 잔등에 올라 술 장식이 치렁치렁한 안장을 깔고 앉은 채로, 입으로 흰 거품을 뿜는 말의 고삐를 잡아채는 것을 보면 스킬라는 그만 현기증을 느끼고는 했다. 이게 모두 미노스를 향한 불타는 듯한 사랑 때문이었다.

스킬라는, 미노스왕의 손에 잡히는 저 창은 얼마나 행복할까, 미노스왕의 손에 잡히는 저 고삐는 얼마나 행복할까, 이런 생각까지 했다. 스킬라는 나이 어린 공주에 지나지 않았으나 할 수만 있다면 용감하게 적진을 뚫고 들어가 미노스왕을 만나고 싶었다. 높은 탑루에서 크레타 진영 한가운데로 뛰어내리든, 청동 빗장이 단단히 걸린 성문을 열어주든, 미노스왕이 좋아할 만한 일이면 무엇이든 하고 싶었다. 그래서 스킬라는 미노스의 호화찬란한 야영 막사를 내려다보며 혼자 이렇게 중얼거렸다.

"이 전쟁이 터진 것을 다행으로 여겨야 할지, 아니면 불행으로 여겨야 할지 모르겠구나. 사랑하는 미노스왕이 우리의 적이라는 것이 애석하구나. 하지만 이 전쟁이 터지지 않았다면 나는 저분의 모습을 뵐 수가 없었을 것이니 어쩌면 전쟁이 잘 터진 것인지도 모르지. 저분이 전쟁을 이 정도 선에서 끝내고 나를 평화를 보증할 볼모로 잡아 고국으로 돌아가신다면 얼마나 좋을까.

오, 사랑하는 나의 영웅이시여. 만일에 그대의 어머니께서 그대만큼 아름다운 분이었다면, 제우스 신께서 사랑을 느끼신 것도 무리는 아닐 터입니다. 내게 날개가 있어서 하늘을 날아 크레타 왕의 군막 앞에 내려 미노스왕께 내 사랑과 내 느낌을 고백하고, 나를 아내로 맞아주시는 대신 지참금으로 무엇을 원하느냐고 물을 수 있다면 나는 세 번 복을 받은 여자인 것을…….

미노스왕이 지참금으로 요구한다면, 내 아버지의 왕국만 빼고 이 세상에 무엇이 아까우랴. 그래, 아버지의 왕국만은 안 된다. 아버지의 왕국을 버려야, 아버지를 배신해야 이룰 수 있는 사랑이라면, 내 비록 꿈은 간절하나 이 혼인이 내게 무슨 뜻이 있으랴. 관대한 승리자의 온정이 나라를 잃은 사람들에게 미치는 수가 있기는 하다더라만…….

아니, 미노스왕은 아들의 죽음을 복수하려고 이 의로운 전쟁을 일으켰다지. 그에게는 든든한 명분도 있고, 이 명분을 지킬 막강한 군대도 있다. 우리는 이 전쟁에서 지고 말 것이 분명하다. 그래, 우리가 이 전쟁에서 지게 되어 있다면, 우리의 운명이 이미 정해져 있다면, 사랑을 위하여 내가 성문을 열어주어선 안 된다는 법도 없지 않은가. 가만히 있으면 저분의 군대가 성문을 깨뜨리고 들어올 텐데, 그럴 바에는 차라리 성문을 열어주는 것이 낫지 않은가.

저분으로 하여금, 더 빨리 이 전쟁을 승리로 이끌게 해주는 편이 낫지 않은가. 더 이상의 살육을 막고, 저분이 피를 흘리는 일이 없게 하는 편이 낫지 않은가. 이렇게만 하면, 나는 저분이 다칠까 봐 마음 졸이지 않아도, 누가 저분의 가슴을 찌를까 마음 졸이지 않아도 되지 않겠는가. 하기야 저분이 누구인지 안다면야, 감히 저분의 가슴을 겨누고 창을 던질 만큼 심장이 강한 인간이 있을 리 없을 테지만……."

 스퀼라의 마음은 이런 쪽으로 기울기 시작했다. 오래지 않아 결국 스퀼라는 아버지의 왕국을 미노스에게 바치고 전쟁을 끝내기로 마음먹었다. 그러나 이를 실행에 옮기자면 용기가 필요했다. 그래서 스퀼라는 다시 고민했다.

 "……성문에는 성문 수비대가 있고, 성문의 열쇠는 아버지에게 있다. 아, 이 일을 어쩔꼬. 슬픈 일이다. 내게 두려운 존재는 아버지뿐이고, 내 소원의 앞을 막는 이 역시 아버지뿐이라는 것은…… 아버지만 안 계신다면…… 하지만 인간은 누구나 제 자신의 신이 되어 자신의 운명을 집행하지 않으면 안 된다. 운명의 여신은 행동하는 인간을 돌보실 뿐, 기도만 하고 있는 인간은 돌보시지 않는다. 누군들 나와 같이 하려 하지 않겠는가. 욕망이 내 욕망만큼 강렬하다면 누군들 사랑의 앞길을 막는 장애물을 깨뜨리지 않겠는가. 그래, 깨뜨리려 할 것이다.

 기꺼이 깨뜨리려 할 것이다. 남들은 용감하게 그것을 깨뜨리는데 나는 왜 하지 못한다는 말인가? 나는 할 수 있다. 불길 사이로도 지날 수 있고, 칼의 숲 사이로도 지날 수 있다.

 그러나 지금은 그럴 필요가 없다. 내 아버지의 머리카락에서 단 한 올의 머리카락만 잘라내면 된다. 내게는 황금보다 더 소중한 단 한 올의 머리카락. 이 보랏빛 머리카락이 나를 행복하게 할 것이므로. 이 머리카락이 그토록 바라 마지않던 것을 나에게 베풀어줄 것이므로……."

스퀼라가 이런 생각을 하고 있을 동안, 인간의 근심을 치료하는 전능한 의사가 찾아왔다. 밤이 찾아온 것이다. 어둠은 스퀼라를 담대하게 했다. 잠이 인간의 가슴에 깃든 모든 근심과 걱정을 재우는 이 평화로운 시간을 틈타, 스퀼라는 살며시 아버지의 침실로 숨어들어 가 그 끔찍한 짓을 저질렀다. 딸이 아버지의 머리로부터, 아버지의 목숨과 운명이 걸린 머리카락을 훔친 것이다.

머리카락을 손에 넣은 스퀼라는 똑바로 적진을 뚫고 들어가 미노스왕 앞으로 나아갔다. 왕은 스퀼라가 온 것을 보고는 놀랐다. 스퀼라는 왕에게 말했다.

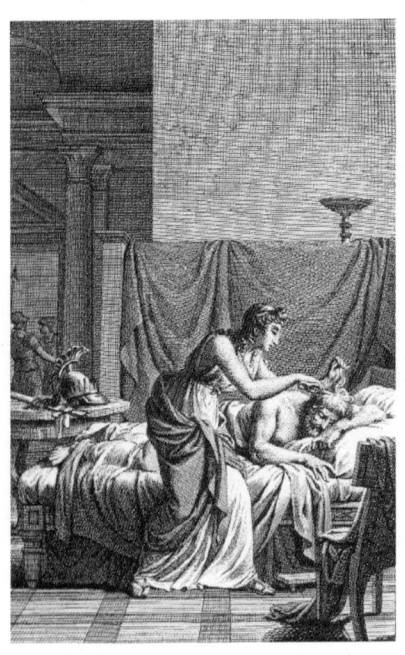

아버지의 보랏빛 머리카락을 자르는 스퀼라
오비디우스의 『변신 이야기』에 수록된 삽화로, 니콜라 앙드레 몽시오의 작품.

"사랑이 저에게 죄를 짓게 했습니다. 저 스퀼라는 제 왕국의 수호신과 제 집안을 왕께 드리는 바입니다. 저는 전하밖에는 원하는 것이 없습니다. 제가 드리는 사랑의 맹세와 이 보랏빛 머리카락을 받으시고, 이 머리카락이 사실은 한 오라기의 머리카락이 아니라 제가 바치는 제 아버지의 머리인 줄 알아주소서."

스퀼라는 이러면서 그 죄 많은 손으로 아버지의 머리카락을 바쳤다.

우리는 "니소스왕의 정수리에는 백발 가운데 섞인 보라색 머리카락이 한 올 있는데, 그에게 이 머리카락이 남아 있는 한 어떤 정복자도 그 왕국을 무너뜨릴 수 없다"는 대목을 읽을 때 벌써 다 알아봤다. 니소스왕이 신들로부터 받은 이 특별한 은총 때문에 왕국이 위험해지겠구나 싶었다. 스퀼라는 번민하다가 결국은 아버지의 보랏빛 머리카락을 잘라 미노스왕에게 바친다.

미노스는 어떻게 나올 것인가? 미노스는 제우스 신의 아들이다. 그는 매우 공정한 사람이어서 '공정왕'이라고 불리기까지 했다. 얼마나 공정했는가 하면, 죽어서도 저승에서 재판관 노릇을 할 정도로 공정했다. 아직도 저승에서 공정한 재판관 노릇을 하고 있는지 그만두었는지 그것은 잘 모르겠다. 공정한 미노스는 공정하지 못한 스퀼라를 맞아 잘 먹고 잘 살 것인가? 그러면 이야기는 끝나버리는데 그리스 신화는 어찌 된 셈인지 이야기를 좀체 끝내주지 않는다. 이야기는 이렇게 계속된다.

미노스왕은 스퀼라가 저지른 이 전대미문의 죄악에 기겁을 하고는 스퀼라를 꾸짖었다.

 "우리 시대에 너같이 더러운 것이 있었구나. 신들이시여, 대지는 저것을 내치게 하시고, 어떤 땅, 어떤 바다도 저것에게는 깃들일 자리를 주지 않게 하소서. 그리고 스퀼라, 너 잘 들어라. 나는 내 아버지 제우스 신의 요람이었던 크레타섬에 너같이 더러운 것이 들어오는 것을 용납하지 않겠다."

 공정한 정복자 미노스왕은 정복당한 적들에게 갖가지 합당한 조

아버지 크로노스를 피해 크레타섬에서 자란 제우스
제우스의 아버지이자 시간의 신 크로노스는 자식을 낳는 족족 삼켜버리는 아주 못된 버릇이 있었다. 제우스의 어머니 레아는 크로노스가 삼키지 못하도록 어린 제우스를 크레타섬으로 보냈다. 미노스왕이 '내 아버지 제우스 신의 요람이었던 크레타섬'이라고 말한 것은 바로 이 때문이다. 니콜라 푸생의 〈제우스 기르기〉.

치를 취한 연후에, 노잡이들에게는 닻을 올리고 이물에 청동갑을 댄 군함에 오르라고 명령했다.

스퀼라는 먼 바다로 나가는 군함을 바라보았다. 스퀼라는 군함들이 파도를 타는 것을 본 다음에야, 적장 미노스에게 자신이 세운 공로에 상을 내릴 생각이 없다는 것을 알았다. 이제 스퀼라에게는 빌 것이 없었다. 스퀼라의 마음은 분노로 차오르기 시작했다. 분을 참지 못한 스퀼라는 제 머리카락을 쥐어뜯으면서, 미노스의 함대 쪽으로 빈 주먹질을 하면서 외쳤다.

"어디로 가느냐? 내가, 내 조국보다 내 아버지보다 내가 더 사랑하던 그대가 나를 두고 어디로 가느냐? 그대에게 승리를 안겨준 나를 두고, 그대를 정복자로 만들어준 나를 두고 어디로 가느냐? 무정한 이여, 나로 인하여 승리를 얻고, 조국을 배신한 죄업을 나에게만 떠넘기고 대체 어디로 떠난다는 말이냐? 내가 바친 것들이 그렇게도 마음에 들지 않던가? 내 사랑도 그대에게는 아무것도 아니었더라는 말인가? 내가 온 마음을, 온 소망을 다 바쳤는데도 그대에게는 그것이 아무것도 아니었다는 말인가? 그대가 나를 버리면 나는 어쩌라는 말인가?

내 조국은 이제 망하고 말았다. 설사 망하지 않았다고 하더라도 배신자인 내 앞에서는 그 문이 닫혀 있다. 나더러, 내 손으로 그대 앞에다 무릎을 꿇린 내 아버지에게 가라는 말이냐? 나를 증오할 권리가 있는 내 나라 백성은 그 권리에 따라 나를 증오하고, 이웃 나라 백성들은 내가 보인 본보기를 경계하여 나를 두려워한다. 온 세상의 문이 내 앞에 닫혀 있는 지금, 내가 피하여 몸 붙일 곳은 크레타뿐이다. 그대가 나를 크레타에 받아주지 않는다면, 그대가 나를 버릴 만큼 배은망덕한 인간이라면 제우스의 자식일 리 없으니, 그대의 출생을 둘러싼 이야기는 모두 거짓이다.

 오, 아버지 니소스왕이시여, 저에게 벌을 내리소서. 내가 들어 적국의 왕에게 바친 성이여, 내 불행을 위안으로 삼으시라. 나는 그대로부터 죄를 얻었으니 죽어야 마땅하다. 그러나 나는 죽되, 나로 인하여 고통을 당한 이의 손에 죽고 싶다. 미노스여, 그런데 왜 그대가 승리를 들어 바친 나를 벌하는가? 내가 내 아버지와 내 조국에 지은

크레타섬에 있는 크노쏘스 궁전
미노스왕의 궁전도 이 자리에 있었던 것으로 보인다.

죄는, 그대에게는 곧 은혜가 아니던가? 배은망덕한 자여, 내 말이 귓구멍으로 들어가지 않느냐? 아니면 그대의 함대를 몰고 가는 바람이 내 말을 네 귓전으로 흘려버리는 것이냐?

아, 미노스는 제 부하들을 재촉하는구나. 파도는 물결을 일으키며 노 끝으로 밀려나고, 나와 내 조국은 이로써 뒤편으로 밀려나는구나. 그러나 그래봐도 소용없다. 미노스여, 내가 그대를 위해 해준 일 같은 것은 이제 기억해주지 않아도 좋다. 그대가 아무리 나를 증오해도 나는 그대를 따라갈 것이다. 나는 그대가 탄 배의 뱃전에 붙어서라도 넓고 넓은 바다를 건너고 말 테다."

스퀼라는 이 말과 함께 바다로 뛰어들어 함대 쪽을 향하여 헤엄쳐 가기 시작했다. 스퀼라는 증오에 찬 열정의 힘을 빌려 단숨에 크레타의 뱃전까지 헤엄쳐 가, 불청객으로 거기에 달라붙었다. (보라색 머리카락을 잘리고 물수리로 변신한) 스퀼라의 아버지 니소스가 이를 내려다보고는 그 뾰족한 부리로 뱃전에 매달린 딸의 손을 찍었다. 스퀼라는 그 순간 놀라움과 고통에 못 이겨 뱃전을 잡았던 손을 놓았다. 그러나 스퀼라는 물 위로 떨어지지 않았다. 뱃전을 놓는 순간 미풍이 스퀼라를 하늘로 감아올린 것이다. 하늘로 오른 스퀼라는 그제야 제 몸에 깃털이 돋아난 것을 알았다. 새가 된 것이다.

무사히 크레타로 돌아온 미노스왕은 함대를 항구에 정박시키고, 떠날 때 했던 서약에 따라 1백 마리의 소를 제우스 신에게 제물로 바쳤다. '헤카톰베', 즉 1백 마리의 소를 잡아 드리는 제사는 제우스에게만 드릴 수 있는 최고의 제사였다. 그리스 신화에는 이 '100'이라는 숫자가 유난히 자주 나온다. 팔이 1백 개인 거인 헤카톤케이레스, 눈이 1백 개인 아르고스, 머리가 1백 개인 레르네의 물뱀, 크레타에 있었다는 1백 개의 도시 같은 예에서 그렇다.

이제 이야기는 끝났는가?

우리 민담과는 달리 그리스 신화는 '잘 먹고 잘 살았다'로 끝나는 법이 거의 없다. 하나의 갈등이 끝나면 또 하나의 갈등이 시작되고, 이 갈등조차도 다른 갈등과 미궁의 통로처럼 이어져 있다.

이제 공정왕 미노스는 크레타로 돌아왔다. 조금 전에 나는 '미궁의 통로처럼 이어져 있다'라고 썼는데, 이 '미궁 labyrinthos'이라는 말을 처음 쓴 사람이 바로 미노스였던 것 같다. 이 '미노스의 미궁 Minoan labyrinth'을 지은 사람은 손재간 좋기로 유명한 다이달로스다. 미노스는 다이달로스에게, 한번 들어가면 '절대로' 나올 수 없는 미궁, 나오는 꿈조차도 꾸지 못하게 할 미궁을 지으라고 명했다. 다이달로스는 그런 미궁을 지었다. 미노스왕은 왜 그런 미궁을 짓게 했을까? 괴물 미노타우로스를 가두기 위해서였다. 괴물 미노타우로스는 왜 태어났을까? 왕비 파시파에가 황소와 부정한 짓을 저질렀기 때문이다. 거슬러 올라가자면 한도 끝도 없다.

그런데 아테나이의 영웅 테세우스가 이 미궁에 갇히게 된다. 테세

크레타의 왕 미노스와 딸 아리아드네
아리아드네가 들고 있는 화관은 사실 뒷날 디오뉘소스에게서 받는 것이다. 따라서 크레타섬에 살고 있을 당시에는 가지고 있지 않았다. 하지만 이 화관은 아리아드네의 상징으로 자리잡는다. 고대 그리스 항아리의 그림.

우스는 이 미궁에서 나올 수 있을까? 미노스왕에게 딸이 없으면 좋을 텐데. 하지만 그에게는 딸이 있다. '아리아드네'가 바로 그 딸의 이름이다. 나는 그래서 미노스왕에게, '미노스왕, 딸을 조심하세요' 하고 싶어진다.

토머스 불핀치의 신화집에서 인용한다.

당시 아테나이인들은 크레타 왕 미노스의 강권에 못 이겨 해마다 조공으로 바쳐야 하는 산 제물 때문에 크게 난처한 입장에 처해 있었다. 미노스왕이 요구하는 조공이란 총각 일곱과 처녀 일곱, 도합 열네 명의 선남선녀였다. 미노스왕은 괴물 미노타우로스에게 이 선남선녀들을 먹이로 제공하고 있었다. 이 괴물은 힘이 무지막지하게 세고 성질이 난폭하여 다이달로스가 특별히 설계 시공한 미궁에 갇혀 살았다. 이 미궁은 실로 교묘하게 만들어져 누구든 이 안으로 들어가면 혼자서는 빠져나오지 못하게 되어 있었다. 미노타우로스는 이 미궁을 헤매며 인간이라는 산 제물을 잡아먹고 있었던 것이다.

테세우스는 이러한 재앙으로부터 백성을 구하되, 구하지 못하면 산 제물이 되어 제 나라 백성들과 함께 죽기로 마음먹었다.

이윽고 조공을 보낼 때가 되어 산 제물이 될 처녀 총각의 제비뽑기가 시작되었다. 테세우스는 부왕이 말리는데도 불구하고 자진해

미노타우로스를 죽이는 테세우스
파리 루브르 미술관에서 콩코드 광장으로 가는 길에 있는 튀를리 공원에 이 조각상이 서 있다.

서 산 제물로 희생자 무리에 끼어들었다. 배는 여느 때처럼 검은 돛을 올리고 출항했다. 테세우스는 출항하기 직전에, 자신이 승리하고 귀국할 때는 검은 돛 대신 흰 돛을 올리겠노라고 부왕과 약속했다. 배가 크레타에 이르자 처녀 총각들은 미노스왕 앞으로 끌려 나갔다. 그런데 그 자리에 나와 있던 미노스왕의 딸 아리아드네는 테세우스의 모습을 보고는 첫눈에 반하고 말았다. 테세우스 역시 마찬가지였다. 아리아드네는 테세우스에게 칼 한 자루를 주며 그것으로 미노타우로스와 싸우라고 했고, 실 한 타래를 주면서는 실을 이용하면 미궁에서 빠져나올 수 있다고 했다. 덕분에 테세우스는 (실을 풀면서 미궁으로 들어가) 미노타우로스를 죽이고 (그 실을 따라) 미궁에서 나오는 데 성공했다. 그는 아리아드네와, 자기 손으로 구한 처녀 총각들을 데리고 배에 올라 닻을 올리고 아테나이로 향했다.

  테세우스는 출항하기 직전에, 자신이 승리하고 귀국할 때는 검은 돛 대신 흰 돛을 올리겠노라고 부왕과 약속했다. 하지만 테세우스는 이 약속을 지키지 못했다. 서둘러 귀국하느라고 경황이 없어서 그랬을 것이다. 아이게우스왕은 테세우스가 크레타에서 죽은 것으로 여기고 바다에 몸을 던졌다. 그래서 이때부터 이 바다는 '아이가이온(아이게우스의 바다)'이라고 불린단다. 우리에게는 '에게해'라는 말이 익숙하다.
  그리스의 수도 아테네에서 남쪽으로 자동차로 약 한 시간 반 거리에 '수니온곶'이 있고, 이 곳의 가장 높은 곳에는 포세이돈 신전이

아테네 남쪽 수니온곶에 있는 포세이돈 신전
테세우스의 아버지 아이게우스가 투신한 바다. 아이게우스가 투신했다고 해서 '아이가이온(아이게 우스의 바다)'이라고 불린다. 우리에게는 '에게해'라는 이름으로 더 익숙하다.

있다. 포세이돈 신전 뒤편으로 돌아가면 에게해가 한눈에 들어온다. 아이게우스가 투신한 곳으로 여겨지는 절벽에는 다가설 수가 없다. 바닷바람이 어찌나 거센지 금방이라도 사람을 쓰러뜨릴 것 같기 때문이다. 포세이돈 신전에서 10분 정도 걸어 내려오면 '호텔 아이게우스'가 있다. 고급 호텔은 아니지만 수블라키(양고기 구이)가 일품이다. 아이게우스의 바다에 발을 담그고 포세이돈 신전을 올려다보면서 수블라키를 먹던 일, 어제 일같이 생생하게 기억나기도 하고 꿈을 꾼 것처럼 아련하기도 하다.

자, 테세우스는 귀국길에 올랐다. 아버지 미노스왕과 조국을 배신

하고 아테나이의 왕자를 도운 아리아드네의 운명은 어떻게 될까? 테세우스와 '잘 먹고 잘 살았다'는 말과 함께 이 이야기는 끝나는 것일까? 이상하게도 그리스 신화는 끝날 것 같은데도 좀체 끝나지 않는다. 인용을 계속한다.

테세우스 일행은 귀국하는 도중에 낙소스섬에 기항했다. 그런데 테세우스는 아리아드네가 잠들어 있을 때를 이용해서 아리아드네를 놓아둔 채 낙소스섬을 떠나버렸다. 생명의 은인에 대해 이 같은 배은망덕한 짓을 한 것은 그렇게 하라는 아테나 여신의 현몽이 있었기 때문이다.

(불편치는, 테세우스가 '생명의 은인에 대해 이 같은 배은망덕한 짓을 한 것은 아테나 여신의 현몽이 있었기 때문'이라고 쓰고 있다. 하지만 오비디우스는 '여신의 현몽'이라는 말을 쓰고 있지 않다.)

괴물을 죽이고 미궁을 무사히 빠져나온 테세우스는 미노스왕의 딸과 함께 그곳을 떠나 낙소스섬으로 갔다. 그러나 공주 아리아드네는 이 섬에서 아테나이로 가지 못했다. 테세우스가 공주를 이 섬에다 남겨두고 떠나버렸기 때문이었다. 공주가 홀로 섬에 남아 팔자를 한탄하고 있는데 디오뉘소스 신이 나타나 공주를 도와주었다. 디오뉘소스 신은 공주의 머리에서 사랑의 선물로 준 화관을 벗겨 하늘로 던져 올렸다. 영원한 영광의 징표인 별자리로 박아주기 위해서였다. 화관이 하늘로 날아오르자 거기에 박혀 있던 진주는 별이 되었다. 별들은 곧 하늘에 화관 모양으로 자리를 잡았다. 무릎을 꿇은 헤라클레스자리와 뱀을 쥐고 있는 오피우코스자리 사이에 있는 별자리가 바로 이 왕관자리다.

 아리아드네가 아버지를 배신했듯이 테세우스는 아리아드네를 배신한 것일까? 조국과 아버지 미노스왕을 배신한 죄를 물어 아테나 여신은 테세우스로 하여금 아리아드네를 낙소스섬에다 버리고 가게 한 것일까? 아테나 여신은 이로써 정의를 곧추세우고 싶어 했던 것일까? 나는 이 이야기를 이렇게 읽는다.

잠든 아리아드네
테세우스의 배는 낙소스섬을 떠나고 있다. 하지만 디오뉘소스를 상징하는 표범들이 벌써 아리아드네 옆에 모여 있다. 화가도 테세우스가 아리아드네를 디오뉘소스에게 빼앗긴 것 같다고 생각하는 모양이다. 존 윌리엄 워터하우스의 그림.

별자리가 된 아리아드네의 화관

디오뉘소스가 하늘로 던져 올린 아리아드네의 화관이 별자리로 변하고 있다. 16세기 화가 틴토레토의 〈디오뉘소스와 아리아드네〉.

머리에 화관을 쓰고 있는 아리아드네

아리아드네가 묘한 미소를 짓고 있다. 아무래도 버림받은 여성이 지을 법한 미소는 아닌 것 같다. 카사르 반 에베르딩언의 〈낙소스섬의 디오뉘소스와 아리아드네〉.

죽음의 신 타나토스와 가장 가까운 신은 잠의 신 휘프노스다. 그래서 잠의 신 휘프노스는 종종 '작은 타나토스'로 불리기도 한다. 신들 중에서 해마다 죽었다가 부활하는 신이 있다. 바로 디오뉘소스다. 디오뉘소스는 포도의 수확이 끝나면 죽었다가 포도 싹이 돋으면 부활한다는 신이다. 술에 취하면 사람은 곯아떨어진다. 곯아떨어진다는 것은 곧 잠든다는 뜻이다. 테세우스가 기항한 섬이 낙소스섬이라는 것에 유념해야 한다. 낙소스섬은 디오뉘소스의 신전이 있는 디오뉘소스의 거룩한 섬이다. 나는 아무래도 테세우스가 디오뉘소스에게 아리아드네를 빼앗긴 것 같다.

나는 앞의 두 이야기에서 니소스왕과 미노스왕에게, 딸을 조심하세요 하고 말하고 싶다고 썼다. 그렇게 써놓고 보니 여성들에게 퍽 미안하다. 공주들만 왕자들에게 홀딱 반해 아버지와 조국을 배반한다는 인상을 주고 있기 때문이다. 그러나 내가 여기에서 문제 삼는 것은 여성의 도덕성이 아니다. 인간으로서는 '절대로' 범접할 수 없는 것들이 여성들의 도움에 의해 유린되는 사태다. 신들의 영역에 속하는 초월적인 것들이 고대인들의 여성관에 따라 가장 연약한 것으로 치부되던 여성에 의해 사정없이 유린되고 있다는 점이다.

금양모피, 즉 황금 양털가죽 이야기를 기억하는지. 이아손이 북방의 나라 콜키스에서 찾아온 그리스의 자존심이 바로 이 금양모피였다.

영웅 이아손이 조상이 빼앗긴 금양모피, 즉 황금 양의 털가죽을 찾아 콜키스 왕국에 갔을 때도 같은 일이 일어난다. 그 나라 왕 아이에테스는 이아손에게 까다로운 조건을 내건다. 불을 뿜는 황소에 쟁기를 메워 전쟁신 아레스의 밭을 갈아줄 것을 요구한 것이다. 하지만 인간은 '절대로' 불 뿜는 황소에게 접근할 수 없다. 순식간에 타 죽기 때문이다. 이아손은 금양모피를 손에 넣자면 어떻게 하든 전쟁신 아레스의 밭을 갈고도 무사해야 한다. 어떻게 될 것인가?

미노스에게는 스퀼라가, 테세우스에게는 아리아드네가 있었듯이 이아손에게는 메데이아가 있다. 메데이아는 아이에테스왕의 딸이다.

금양모피를 손에 넣은 이아손
메데이아가 조국과 부왕을 배신해준 덕분에 이아손은 금양모피를 손에 넣을 수 있었다. 에라스무스 켈리누스 2세의 그림.

메데이아는 약초에 눈이 밝다. 메데이아가 손수 고약을 만들어 이아손의 몸에 발라주면 이아손은 불 뿜는 황소를 잡도리할 수 있다. 하지만 그것은 아버지와 조국에 대한 치명적인 배신 행위다. 메데이아 역시 스퀼라처럼, 아리아드네처럼, 이것과 저것 사이에서 고민한다. 메데이아 이야기를 읽어본다.

이 나라 공주 메데이아는 이 이아손을 보는 순간 첫눈에 반하고 말았다. 메데이아는, 낯선 청년 이아손을 도와주려면 아버지를 배신해야 할 터라 이아손을 향하는 자신의 마음과 싸웠다. 그러나 메데이아의 이성이나 감성은 이 뜨거운 사랑의 불길 앞에서는 너무나도 미약했다. 메데이아는 이런 생각을 하면서 혼자 고민했다.
"메데이아야, 저항해도 소용없다. 어느 신인지는 모르나 어느 신인가가 너의 마음을 다스리고 있다. 아, 이런 것을 사랑이라고 하는 것일까? 그렇지 않다면, 불 뿜는 황소로 밭을 갈라는 아버지의 요구가 지나친 요구라고 생각될 까닭이 없지. 아니다, 지나친 요구임에 틀림없어. 만난 지 얼마 되지도 않는데, 나는 왜 이아손의 파멸을 이다지도 두려워하는 것일까? 내가 이렇게 두려워하는 까닭이 무엇일까?
아, 이 어리석은 계집아, 네 어리석은 가슴에 붙은 불을 꺼버리면 되지 않으냐? 그렇지, 끌 수만 있다면 얼마나 나다우랴. 하지만 아무리 마음을 다져 먹어도 까닭을 알 수 없는 짐이 나를 짓누르니 이 일을 어쩌지? 욕망은 나더러 이렇게 하라고 하고 이성은 나더러 저렇게 하라고 하니 이 일을 어쩌지? 어느 길이 옳은 길인지 나는 알고 있다. 분명히 알고 있는데도 나는 옳지 않은 길을 따르려 하고 있다. 콜키스의 공주여, 너는 왜 이방인에 대한 사랑의 불길에 타고 있는가? 왜 이방인과의 결혼을 꿈꾸고 있는가? 이 땅에도 사랑할 만한 사람들은 얼마든지 있는데……. 이아손이 죽든 살든, 그것은 신들의 뜻이다. 그런데도 이아손을 걱정하는 것은 또 무슨 까닭일까? 하기야 사랑하는 마음이 없어도 걱정할 수는 있는 법. 죄 없는 이아손이 왜 그렇게 모진 고초를 겪어야 한다지?

아, 저 젊음, 저 문벌, 저 무용에 반하지 않을 못난 계집도 있을까? 젊음, 문벌, 무용이 하잘것없다고 하더라도 그 뛰어난 언변에 반하지 않을 못난 계집도 있을까? 확실히 저분은 내 마음을 휘저어놓았구나. 하지만 내가 도와주지 않으면 저분은 불 뿜는 황소의 숨결에 죽거나 치명적인 화상을 입지 '절대로' 무사할 수 없다. 요행히 이 시련을 이겨낸다고 하더라도 저 탐욕스러운 용의 먹이가 되는 것은 피하기 어렵다. 내가 호랑이 새끼가 아닌 다음에야, 내 심장이 돌이나 쇠로 되어 있지 않은 다음에야 어찌 이것을 구경만 하고 있을 수 있단 말인가? 왜 나는 저 들판으로 가서 저분이 죽어가는 것을 보아야 하지? 왜 나는 저분과 맞서는 황소를 충동질하면 안 되고, 땅에서 돋아난 무사들과 잠들지 않는 용을 편들면 안 되는 거지?

그래, 안 된다. 하지만 신들이시여, 저분을 도우소서. 아니다, 아니다. 기도만 하고 있을 것이 아니라 손을 써야겠다. 하면 나는 내 아버지의 왕국을 배반해야 하는 것이 아니냐? 다행히 내 도움에 힘입어 이 미지의 용사가 승리한다면? 승리를 얻고는 나를 버리고 떠나

다른 여자의 지아비가 되어버리고, 나 메데이아만 홀로 남아 왕국이 내게 내리는 벌을 받아야 한다면? 안 된다. 저 사람이 만일에 그런 사람이라면, 나를 버리고 다른 여자를 취할 만큼 배은망덕한 위인이라면, 파멸하게 내버려두어야 한다. 하지만 아니다. 저 용모, 저 고결한 성품, 저 참한 사람 됨됨이를 보라. 저런 사람이 나를 속일 것이라고, 내가 베푼 은혜를 잊을 것이라고 두려워할 필요는 없다. 더구나 나는 손을 쓰기 전에 저 사람으로부터 나를 배신하지 않겠다는 약속을 받아내고, 신들을 우리 약속의 증인으로 내세울 것이다.

이제 두려워할 것은 하나도 없는데 메데이아여, 왜 두려워하느냐? 이제 손을 쓸 준비나 하자. 지체해서 득 될 것이 없다. 이아손은 영원히 나에게 목숨을 빚졌다고 생각할 게다. 그는 신성한 혼인을 서약할 것이고, 온 그리스 땅 여자들은 하나같이 나를 구세주로 칭송할 것이다.

그러면? 내 형제자매와 아버지와 신들과, 심지어는 내 모국을 버리고 바다를 건너가야 할 테지? 못 갈 게 뭐 있어? 내 아버지는 잔인한 분이고, 내 모국은 아직 미개한 나라, 내 동생은 아직 어리다. 자매들은 나를 위해서 기도할 것이고, 신들 중에서 가장 위대하신 신은 내 가슴에 계시다. 내가 이 땅에다 남겨두어야 할 것들은 모두 하찮은 것, 내가 좇는 것들은 모두 고귀한 것들이다. 그리스 영웅을 구하는 영예, 이 땅보다 훨씬 나은 나라, 먼 바다 해변에까지 그 이름이 두루 알려진 나라에 대해 내가 얻을 새로운 견문…… 이것이 어찌 고귀한 것들이 아닐까 보냐.

그래, 그런 도시의 예술과 문화를 몸에 익히는 것이다. 이 세상의 온 금은보화를 주고도 바꿀 수 없는 이아손을 차지하는 것이다. 이아손을 지아비로 섬기면 온 세상 사람들은 나를, 하늘의 사랑을 입은 여자라고 부르겠지. 내 권세가 하늘의 별을 찌를 만큼 드높아질 테지. 그리스로 가는 길이 험하다고 한들 이아손의 가슴에 안겨 있는데 무엇이 두려우랴. 그분의 품 안에만 있으면 두려울 것이 없다. 내게 두려운 것이 있다면 오직 그분뿐. 하지만 메데이아여, 너는 이것을 결혼이라고 부를 수가 있느냐? 너는 울림이 좋은 이 말로 네 죄를 씻을 수 있다고 여기느냐? 네가 하려는 짓이 얼마나 무서운 짓인지 아느냐? 알면, 다시 한 번 생각해보아라. 잘 생각해보고, 때가 너무 늦기 전에 사악한 길에서 비켜서거라."

이렇게 중얼거리는 메데이아의 눈앞에 '미덕', '효심', '순결' 같은 것들의 환영이 나타났다. 이들에게 쫓겨 사랑의 신 에로스는 이미 저만치 날아가고 있었다(메데이아의 마음이 아버지와 조국을 지키자는 쪽으로 돌아섰다).

그러나 이아손을 다시 보는 순간 메데이아의 뺨은 붉게 물들었다가 다시 새하얗게 변했다. 흡사 얼굴에서 피가 한 방울도 남김없이 빠져나가버린 것 같았다. 꺼져 있던 정열의 불길도 되살아났다. 잿더미에 묻혀 있던 불씨가 문득 불어온 바람에 다시 타오르면서 원래의 그 왕성한 생명력을 되찾는 것처럼, 메데이아의 식어 있던 사랑도 이 청년 앞에서 되살아나 맹렬하게 타오르는 것 같았다.

메데이아가 그렇게 보아서 그랬겠지만 이아손의 모습은 이날따라

귀스타브 모로의 〈이아손과 메데이아〉

더욱 늠름해 보였다. 그랬으니, 메데이아가 어떤 대가를 치르든 이 청년의 사랑을 얻어야겠다고 생각한 것은 당연했다. 메데이아는 청년을 정신없이 바라보았다. 처음 보는 것처럼 바라보았다. 메데이아의 시선은 이 청년에게서 떨어질 줄 몰랐다. 메데이아는 청년의 얼굴을 바라보면서 아무래도 여느 인간의 얼굴 같지 않다고 생각했다. 그래서 더욱 눈을 뗄 수 없었던 것이었다.

이 미지의 나라 청년이 손을 잡고, 자기를 도와주면 은혜를 잊지 않고 아내로 삼아 고향으로 데려가겠다고 말했을 때, 메데이아는 울음을 터뜨리면서 이렇게 말했다.

허버트 제임스 드레이퍼의 〈금양모피〉
메데이아의 뒤로 금양모피가 보인다. 이아손 일행이 금양모피를 수습하여 귀항하는 장면이다.

"내가 무슨 짓을 하고 있는 것이지요? 내가 이러는 것은 어떻게 해야 좋은 것인지 몰라서가 아닙니다. 사랑이 나를 이렇게 만들고 있는 것이랍니다. 내가 그대의 안전을 보장하겠습니다. 그러니 이곳에서 위업을 이루시고 돌아가시게 되거든 나와의 약속을 잊지 말아주세요."

메데이아는 결국 이아손의 몸에다 화상을 방지하는 약을 발라줌으로써 아버지와 왕국을 배신한다. 이아손은 메데이아 덕분에 아이에테스왕이 내거는 까다로운 시험을 이겨내고 금양모피를 찾아 귀로에 오른다. 메데이아도 동행이었다. 아버지가 함대를 몰고 추격하자 메데이아는 두 동생을 찢어 바다에 버리기까지 했다. 아버지의 추격 속도를 늦추기 위해서였다. 아이에테스왕은 두 아들을 장사 지낸 뒤 다시 이아손을 추격했지만 이미 때늦은 다음이었다. 자, 이렇게까지 도운 메데이아는 과연 이아손의 아내가 될 수 있었을까?

이아손은 메데이아를 두고 아내를 새로 맞아들인다. 메데이아는 손수 제조한 독약으로 이아손의 새 아내를 독살한 다음, 궁전에는 불을 지르고 자기가 낳은 자식을 둘이나 죽인 뒤에 이아손의 분노를 피하여 도망친다. 스퀼라가 그랬듯이, 아리아드네가 그랬듯이, 메데이아도 끝내 이아손의 아내로 남지 못한다.

자식을 죽이고 도망친 메데이아가 이른 곳은 아테나이다. 아테나이 왕 아이게우스는 메데이아를 환대하는 데 만족하지 않고 아내로 맞기까지 했다. (아이게우스의 아들 테세우스가 크레타로 떠나기 전의 일이다.)

분노한 메데이아
메데이아가 이아손의 아내가 되긴 했다. 하지만 이아손이 새 아내를 얻자 자신이 낳은 두 아이를 죽이고 아테나이로 도망친다. 들라크루아의 그림.

　자, 어떤 나라에 신들의 특별한 은총이 내려 인간은 '절대로' 범접할 수 없는 어떤 물건이 있다. 이웃 나라의 왕자가 접근을 시도한다. 하지만 왕자 혼자의 힘으로는 거기에 접근할 수도, 그것을 파기할 수도 없다. 그런데 그 나라의 공주가 왕자에게 홀딱 반한다. 공주는 아버지와 조국을 배신하고 문제의 물건을 파기함으로써 왕자의 뜻을 따른다. 하지만 공주는 왕자와의 사랑을 이루지 못한다…….

스퀼라, 아리아드네, 메데이아 이야기는 이런 구조로 짜여 있다. 그리스 신화에만 이런 이야기가 나오는 것일까? 그렇지 않다. 거의 모든 문화권이 이런 신화를 보유하고 있다. 우리에게도 이런 이야기가 있을까? 있다. '호동왕자와 낙랑공주 이야기'가 그것이다.

호동왕자를 향한 낙랑공주의 애절한 사랑 때문에 시대가 새로워질 때마다 다시 쓰여지는 이 이야기는 『삼국사기』 '고구려본기 제2, 고구려 제3대 대무신왕' 편에 실려 있다. 더하기 빼기를 하지 않고 그대로 옮겨본다.

대무신왕 15년 여름, 왕의 아들 호동이 옥저를 유람 다니고 있었다. 낙랑 왕 최리가 그곳을 다니다가 호동을 보고 말했다.
"그대의 얼굴을 보니 여느 사람이 아니로구나. 북쪽 나라 대무신왕의 아들인 것 같다."
낙랑 왕 최리는 마침내 그를 데리고 돌아가서 자기의 딸 낙랑공주를 아내로 삼게 하려고 했다. 그 직후 호동이 본국으로 돌아와서 남몰래 낙랑공주에게 사자를 보내 사연을 전했다.
"그대가 그대의 나라 무기고에 들어가 북과 나팔을 부숴버릴 수 있다면 내가 예를 갖추어 그대를 맞이할 것이요, 그렇게 하지 못한다면 나는 그대를 맞을 수 없소."
예로부터 낙랑에는 신통한 북과 나팔이 있었다. 북과 나팔은 적군이 쳐들어오면 저절로 소리를 내어 알렸다. 호동왕자는 낙랑공주로 하여금 이 북과 나팔을 부숴버릴 것을 권한 것이다.

이제부터 낙랑 왕 최리는 딸을 조심해야 한다. 내가 앞에서 들려주었던 세 이야기 구조에 따르면 최리의 딸 낙랑공주는 신통한 북과 나팔을 파기하게 되어 있다. 최리의 나라 낙랑은 무너지게 되어 있다. 하지만 낙랑공주는 호동왕자의 아내가 되지 못한다. 신통한 북이 무엇인가? 자명고(스스로 울리는 북)다. 자명고가 무엇인가? 오늘날의 조기 경보 체제다. 나라의 안위가 걸려 있는 이 자명고를 둘러싸고 대체 어떤 일이 벌어질 것인가? 우리는 벌써 이것을 알고 있다. 인용을 계속한다.

최리의 딸(낙랑공주)은 예리한 칼을 들고 몰래 무기고에 들어가서 북을 찢고 나팔의 주둥이를 베어버린 후, 이를 호동에게 알려주었다. 호동왕자의 권고를 받고 (고구려) 왕이 낙랑을 침공하였다. 최리는, 북과 나팔이 울지 않으므로 방비를 하지 않았다. 그는 고구려 군사들이 소리 없이 성벽 밑까지 이르게 된 뒤에야 북과 나팔이 모두 훼손되고 만 것을 알았다. 낙랑 왕 최리는 마침내 자기 딸을 죽이고 나와서 항복했다.

4장
소원 성취,
그 돌아오지 못하는 다리

GREEK
AND
ROMAN
MYTHOLOGY

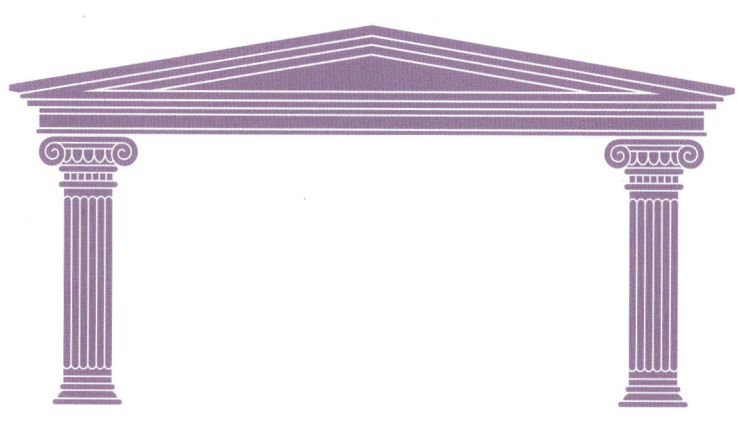

　브라질 출신 작가 파울로 코엘료는 1947년생이니 나와 동갑이다. 나는 남의 나라 신화를 전하기만 하는데 그는 벌써 신화(우화)를 쓰고 있다. 미국의 전 대통령 빌 클린턴이 휴가 중에 제일 하고 싶은 일이 코엘료의 책을 원 없이 읽는 일이라고 했다니 대단하다. 그의 우화는 읽기 쉬운데도 전하는 메시지는 무겁다. 내용을 간추리면 이렇다.

　일본의 홋카이도에 '후미'라는 사람이 있다. 그는 돌을 쪼는 사람, 즉 돌쪼시다. 한자 말로는 석수라고 한다. 후미는 체격이 좋고 몸이 건강하다. 그런데도 그는 사는 일에 조금도 행복을 느끼지 못한다. 그래서 늘 불평불만이다.
　후미는 기독교인은 아니지만 크리스마스가 어떤 날인가 하는 정도는 알고 있다. 어느 크리스마스 날 밤에 후미는 기도라는 것을 해보았다. 뜻밖에도 천사가 나타났다. 천사는, 건강한 젊은이가 어째서 불평불만만 일삼느냐고 후미를 꾸짖었다.

후미를 꾸짖고 돌아왔지만 천사는 마음이 편치 않았다. 그래서 하느님을 찾아가 후미의 영혼이 타락하지 않도록 좀 도와주자고 했다. 하느님은 그러라고 했다.

후미는 어느 날 으리으리한 귀족의 마차 행렬을 보게 되었다. 돌을 쪼느라고 땀투성이에 돌가루투성이가 되어 있던 후미가, 귀족이 되었으면 좀 좋겠느냐고 투덜거렸다.

천사가 이 소리를 듣고는 후미를 귀족으로 만들어주었다. 후미는 넓은 땅과 많은 말과 많은 하인을 거느린 귀족이 되었다. 그런데 어느 날이었다. 도무지 더워서 견딜 수 없었다. 땀이 어찌나 많이 흐르는지 돌쪼시 노릇 할 때와는 비교도 되지 않았다. 머리 위의 태양 때문이었다. 후미가 귀족이라고는 하나, 그 위에는 왕들이 있고, 또 왕들 위에는 황제가 있고, 황제 위에는 태양이 있었다. 귀족 따위는 태양에 견주면 아무것도 아니었다. 후미는, 태양이 되었으면 좀 좋겠느냐고 투덜거렸다.

천사가 이 소리를 듣고는 후미를 태양으로 만들어주었다. 태양은 아닌 게 아니라 막강했다. 곡식을 무르익게 할 수도 있었고, 까맣게 태울 수도 있었다. 그런데 구름이 눈앞에서 알짱거리는 게 보기 싫었다. 구름이 앞을 가리면 태양은 아무 짓도 할 수 없었다. 후미는, 구름이 될 수 있으면 좀 좋겠느냐고 투덜거렸다.

천사가 이 소리를 듣고는 후미를 구름으로 만들어주었다. 이제 후미는 태양을 가려버릴 수도 있었고, 파도를 일으킬 수도 있었다. 그런데 후미가 파도를 일으켜 땅을 쓸어버리려고 해도 자꾸만 앞을 가로막는 것이 있었다. 해변의 바윗덩어리였다. 후미는, 바윗덩어리가 될 수 있으면 좀 좋겠느냐고 투덜거렸다.
 천사가 이 소리를 듣고는 후미를 바윗덩어리로 만들어주었다. 후미는 이 세상에서 가장 강한 존재가 된 것이 자랑스러웠다. 그런데 어느 날 단단한 쇠가 자기 등을 찌르고 있는 것을 느꼈다. 가만히 보니 바로 돌쪼시의 정이었다. 후미는 비명을 지르면서 돌쪼시가 되면 좀 좋겠느냐고 투덜거렸다. 천사가 이 소리를 듣고는 후미를 다시 돌쪼시로 만들어주었다. 돌쪼시로 되돌아온 것이었다.
 소원을 계속 들어주고 계속 이루지게 해주는 천사가 있으니 후미는 좋겠다. 하지만 무엇이 달라졌는가? 후미는 돌쪼시로 되돌아왔다. 신들은 원래 여러 가지 소원을 들어주지 않는다. 딱 한 가지, 딱 두 가지, 딱 세 가지, 이런 식이다. 가장 위험한 것은 딱 한 가지의 소원이다. 신들이 들어주는 딱 한 가지 소원은 위험하다. 까딱 잘못하면 돌아올 수 없는 다리를 건너는 것과 다름이 없기 때문이다. 딱 한 가지의 소원이 이루어지는 것이 얼마나 위험한 일인지는 '임금님 귀는 당나귀 귀'로 유명한 미다스왕 이야기가 가장 잘 보여준다. 불핀치의 신화집을 인용한다.

 디오뉘소스의 스승이자 양아버지인 실레노스가 실종된 적이 있다. 디오뉘소스는 이 스승을 찾아 헤맸다. 실레노스는 사실 술 취해 비틀거리다 농부들 손에 이끌려 미다스왕의 궁전에 가 있었다.
 미다스는 노인이 저 유명한 실레노스라는 걸 알고는 따뜻이 맞아

디오뉘소스와 미다스
디오뉘소스의 왼쪽에 실레노스가 곯아떨어져 있다.

들이고 자그마치 열흘간에 걸쳐 밤이고 낮이고 술잔치를 베풀어 노인을 대접했다. 그러고는 열하루째가 되어서야 노인을 무사히 그 제자에게 돌려보냈다. 다시 스승을 맞은 디오뉘소스는 미다스왕의 환대에 대한 답례로 한 가지 소원을 들어줄 터이니 무엇이든 소원이 있으면 말해보라고 했다. 미다스는, 정히 그렇다면 자기 손으로 만지는 것은 모조리 '황금'으로 변하게 해달라고 부탁했다. 디오뉘소스는 미다스가 좀 더 좋은 것을 선택하지 못한 소원을 마땅치 않게 생각하면서도 그 소원이 이루어질 수 있게 해주었다.

 미다스는 새로 얻은 권능을 몹시 자랑스러워하면서, 집으로 돌아가는 대로 한번 그 권능을 시험해보고 싶어 했다. 가는 도중에 그가

왼손에는 술잔을, 오른손에는 포도송이를 든 실레노스
파리 루브르 박물관.

참나무 가지를 하나 꺾자 그 가지는 곧 손안에서 황금 가지로 변했다. 도무지 믿어지지가 않을 정도로 놀라운 권능이었다. 미다스는 조약돌을 하나 들어보았다. 그것도 곧 황금으로 변했다. 잔디에도 손을 대어보았다. 역시 마찬가지였다. 다음에는 사과나무에서 사과를 한 알 따보았다. 사과는 황금으로 변했다. 사정을 잘 모르는 사람이 이를 보았더라면 헤스페리데스의 뜰에서 훔친 것으로 오해했을 터였다. 미다스의 기쁨은 이루 말할 수 없을 정도였다. 집으로 돌아오자마자 그는 시종들에게 명하여 진수성찬을 차리게 했다. 그런데 놀랍게도 그가 빵에 손을 대자 빵이 딱딱하게 굳어버렸고, 음식을 한 술 입에 떠 넣어도 씹을 수가 없었다. 그는 할 수 없어서 포도주를 마셨다. 그러나 그것도 흡사 녹은 황금처럼 목구멍을 따라 흘러들어갔다.

 이 일찍이 듣도 보도 못한 재난에 기절초풍한 미다스는 어떻게 하든지 이 마법에서 벗어나려고 애썼다. 그리고 기껏 욕심을 부려 얻은 권능을 지긋지긋하게 여기기 시작했다. 그러나 아무리 지긋지긋하게 여겨도, 무슨 짓을 해도 소용없었다. 오직 굶어 죽을 날만 다가오고 있었다. 그래서 그는 금빛 찬란한 두 팔을 벌리고 디오뉘소스

페테르 파울 루벤스의 〈술 취한 실레노스〉
루벤스는 실레노스를 어떤 존재로 보았을까?

페테르 파울 루벤스의 〈승리자의 대관〉
승리의 여신으로부터 관을 받아 쓰는 이 승리자는 오른발로 실레노스를 밟고 서 있다. 승리자는 오른쪽 아래의 여인도 극복한 것 같다. 둘을 합하면 '주색'이다.

에게 기도했다. 이 파멸에서 구해주십사고 애원한 것이었다. 디오뉘소스는 자비로운 신이었기에, 그 소리를 듣자 그 소원도 들어주겠노라면서 이렇게 말했다.

"하면 팍톨로스강으로 가되, 그 강의 원천까지 거슬러 올라가, 거기에 그대의 머리와 몸을 담그고 그대의 죄와 벌을 씻도록 하여라."

미다스가 시키는 대로 하자, 황금을 만드는 힘이 강물로 옮아가 강바닥 모래를 황금으로 바꾸어놓았다. 이 금모래는 지금도 그대로 남아 있다.

몸을 씻고 있는 미다스
팍톨로스강에서 몸을 씻는 미다스를 디오뉘소스가 바라보고 있다. 니콜라 푸생의 그림.

만지는 물건은 모두 황금으로 만드는 능력은 '도루묵'이 되었지만 미다스는 그래도 평생 고생하지는 않았다. 하지만 신들에 의해 이루어진 소원 때문에 평생 갖은 고생을 다 한 인간들도 있다. 둘 다 무녀(점치는 여자)였다. 그중의 하나가 바로 트로이아의 공주 카싼드라다.

트로이아 공주 카싼드라는 예언의 신 아폴론이 사랑하던 처녀였다. 아폴론은 카싼드라에게 소원을 물었다. 카싼드라는 예언하는 능력을 원했다. 아폴론이 그 소원을 이루어준 것은 물론이다. 하지만

아무도 믿어주지 않는 예언자 카싼드라
19세기 독일의 화가 겸 조각가 막스 클링거의 작품.

카싼드라는 아폴론이 원하는 사랑을 받아들이지 않았다. 그래서 아폴론은 카싼드라의 예언하는 능력 중에서 '설득력'을 뽑아버렸다. 이때부터 카싼드라는 미래를 정확하게 예언하는데도 불구하고 어떤 사람도 설득할 수 없었다.

카싼드라가 조국 트로이아의 멸망을 예언하고, 멸망에서 구하는 길이 무엇인지 일러주려고 했지만 그 예언에 귀를 기울이는 사람은 아무도 없었다. 카싼드라는 트로이아 전쟁 중 갖은 고통을 다 겪다가 결국 아가멤논의 애인이 되었고, 뒷날 아가멤논의 조국 뮈케나이에서 아가멤논과 함께 피살되었다.

봉변당하는 카싼드라
트로이아 전쟁 당시 그리스 장군 아이아스에게 봉변을 당하는 카싼드라. 기원전 4세기의 돋을새김.

4월은 가장 잔인한 달.

미국의 시인 T. S. 엘리엇의 시집 『황무지』의 유명한 첫 구절이다. 이 시집에는 다음과 같은 머리말이 실려 있다.

쿠마이 땅에서 나는 독 안에 든 시뷜레를 분명히 보았는데.
아이들이 시뷜레에게, 정말 바라는 것이 무엇이냐고 물으니.
시뷜레는 그리스 말로 '죽고 싶다'고 대답하더라.

이 구절은 엘리엇이 쓴 것이 아니고 1세기의 로마 시인 페트로니우스가 쓴 시의 한 구절이다. 페트로니우스가 '분명히' 본 것이 사실이라면 시뷜레는 1세기까지도 쿠마이 땅에 살아 있었던 모양이다. 사실이라면 이것은 예삿일이 아니다. 시뷜레는 예언의 신 아폴론보다 먼저 태어난 여자이기 때문이다.

아폴론이 태어날 당시 파르나쏘스산 기슭 마을 델포이에는 시뷜레라는 무녀(점쟁이)가 살고 있어서 사람들의 발길이 잦았다. 델포이는 '대지의 자궁', '세계의 배꼽'으로 믿어지던 마을이다. 당연히 찾는 사람이 많았을 법하다. 그러나 사람들은 마음 놓고 그 '대지의 자궁'인 델포이를 출입할 수 없었다. 산기슭의 카스탈리아 샘 곁에, 대지의 여신 가이아의 자식인 엄청나게 큰 왕뱀이 아내를 거느리고 살고 있었기 때문이다. 수컷의 이름은 '퓌톤', 암컷 이름은 '퓌티아'였다. 각각 '드라코(수용)', '드라키나(암용)'로도 불렀던 것을 보면 이들

그리스인들의 거룩한 산 파르나쏘스
그리스 중부에 있는 파르나쏘스산 중턱에는 아폴론 신전이 자리 잡고 있다. 산 앞에 보이는 이 작은 교회는 그리스인들이 '이코노스타시온'이라고 부르는 것인데, 대개 죽은 사람의 명복을 비는 장소로 쓰인다.

은 용dragon이었을 수도 있다.

 용에 대한 우리 동북아시아인들의 생각과 그리스 및 유럽 사람들의 생각은 매우 다르다. 우리에게 용은 물 및 하늘과 밀접한 관계가 있는 매우 상서로운 동물이다. 그러나 유럽인들에게 용은 불과 밀접한 관계가 있는 악의 화신이다. 퓌톤 부부는 델포이의 무녀를 만나러 오는 인간들에게 공포의 대상이었다.

 아폴론은 장성하기가 무섭게 활을 들고 달려가 사람들에게 공포의 대상이었던 수컷 퓌톤을 쏘아 죽였다. 로마의 바티칸 박물관에 있는 〈벨베데레의 아폴론〉이라고 불리는 유명한 아폴론상은 퓌톤을 정복한 직후의 당당한 모습을 새긴 것이다. 아폴론은 암컷 퓌티아로 하여금, 죽이는 대신 인간으로 몸을 바꾸게 하고, 무녀 시뷜레를 대신해서 제우스 신의 뜻, 아폴론 자신이 맡긴 뜻(신탁)을 전하게 하니,

아폴론 신전 바로 앞에 있는 시뷜레 바위
아폴론 신전이 세워지기 전 시뷜레는 이 바위 위에 앉아 예언을 했던 것으로 전해진다.

비에 젖은 델포이
극장의 좌석 너머로 아폴론 신전 기둥이 보인다. 멀리 도로 아래로 보이는 것은 기둥 세 개만 남은 아테나 여신의 신전이다.

4장 소원 성취, 그 돌아오지 못하는 다리

이로써 그 유명한 델포이 신탁이 시작된다.

무녀 퓌티아는 독 없는 뱀들이 우글거리는 대지의 틈에 몸을 눕히고, 그곳에서 솟아오르는 유황을 마시고 무아지경의 상태에 든다. 다른 무녀들이 퓌티아를 안아다 삼각대에 앉히면 퓌티아는 혼수상태에서 매우 포괄적이라 다양한 해석이 가능한 말로 아폴론의 뜻을 전하는데, 이것이 바로 신이 맡긴 신의 뜻이 된다. 상징의 시대는 이렇게 시작된다.

그런데 2003년 8월 25일자《한겨레신문》에서 흥미로운 기사를 발견했다. 「과학, 델포이 신화를 증명하다」라는 제목의 이인식 선생(과학문화연구소장)이 쓴 글이었다. 그 글을 인용한다.

> 델포이 신탁의 예언적 영감이 땅 밑의 증기와 관련됐다는 주장은 옛 그리스의 지식인들, 예컨대 철학자 플라톤, 지리학자 스트라본, 역사학자 플루타르코스 등의 지지를 받았다. 그러나 1900년경 이러한 설명은 완전히 허구라는 반론이 제기되었다. 고고학자들이 아폴론 신전의 옛터에서 갈라진 틈이나 증기를 찾아내지 못했기 때문이다. 하지만 1996년 상황이 반전된다. 델포이 신전 아래에서 발견된 단층을 통해 지하에서 발행하는 에틸렌 등 여러 기체가 땅 위로 솟아나오는 사실이 확인된 것이다. 에틸렌을 마시면 물론 퓌티아처럼 무아경에 빠질 수 있다. 과학이 신화의 입지를 강화해준 보기 드문 사례가 아닌가 싶다.

신화가 과학의 임상적 증거를 빌릴 필요는 없지만 퍽 흥미로운 일이다 싶었다. 그렇다면 인간의 몸이었던 시뷜레의 운명은 어떻게 되는가?

예언의 신이 등장하고, 새 무녀 퓌티아가 무신의 뜻을 전하기 시작할 때까지 델포이에서 예언자의 자리를 지키던 시뷜레는 신화의 무대에서 일단 사라진다. 그러다 트로이아 전쟁이 끝난 직후 다시 신화의 무대로 복귀한다. 아이네이아스가 아버지 안키세스를 만나러 저승으로 내려갔을 때의 길라잡이가 바로 시뷜레였다. 저승에서 이승으로 험한 길을 되짚어 나오면서 아이네이아스가 시뷜레에게 이런 말을 했다.

"여신이시든, 신들의 총애를 받는 인간이시든, 나는 앞으로 당신을 섬길 것입니다. 지상에 이르는 대로 당신의 신전을 세우겠습니다. 그리고 나 자신의 손으로 제물을 드릴 것입니다."

그러자 시뷜레가 고개를 가로저으며 말했다.

"나는 여신이 아닙니다. 따라서 제물을 바치면 안 됩니다. 나는 인간입니다. 그러나 내가 아폴론의 사랑을 받아들일 수 있었다면 여신이 될 수 있었을지도 모릅니다. 아폴론 신께서는 내가 그분의 사랑을 받아들인다면 무엇이든 내 소원대로 이루어주시겠다고 했습니다. 나는 모래를 한 움큼 집어 내밀면서 '제 생일이 이 손 안의 모래알 수만큼 되게 하소서' 하고 말씀드렸습니다.

하나 큰 실수를 저질렀습니다. 청춘이 내게 그대로 머물게 해달라고 했어야 하는 것인데 그걸 잊었던 것입니다. 내가 그분의 사랑에 응할 수 있었다면 그분은 나에게 청춘을 덤으로 베푸는 것도 마다하시지 않았을 것입니다. 그러나 결국 나는 그런 소청을 드리지 않았습니

베네데토 디아나의 〈시빌레〉
무녀, 여성 예언자, 마귀 할멈을 뜻하는 영어 단어 '시빌 sibyl'은 시빌레의 이름에서 유래했다.

다. 이 때문에 기분이 상하셨던지 그분은 내가 나이를 먹게 내버려두셨습니다. 그래서 이제는 내 젊음도, 내 힘도 옛날 같지가 않습니다.

나는 지금까지 7백 년을 살아왔습니다만 그 모래알 수만큼의 생일이 차려면 아직 3백 번의 봄과 3백 번의 가을걷이를 더 보아야 합니다. 내 몸은 나이를 먹을수록 쪼그라들다가 마침내 보이지 않게 될 것입니다만 내 목소리는 영원히 남을 것입니다. 후세 사람들도 내 목소리만은 존경하는 마음으로 들을 것입니다."

시빌레가 한 이 마지막 말 한마디는 자신의 예언력을 가리키고 있다. 시빌레는 동굴에 앉아, 숲에서 뜯어 온 나뭇잎 한 장 한 장에 사람의 이름과 그 운명을 기록했다. 이런 나뭇잎은 동굴 안에 잘 정리, 배열되어 있었다. 시빌레는 자기를 섬기는 사람이 찾아올 때마다 나뭇잎에 적힌 운명을 읽어주었다. 그러나 누가 문을 열 때 바람이 동굴 안으로 불어 들어와 나뭇잎을 흩어버리면 시빌레는 두 번 다시 그것을 정리, 배열하려 하지 않는다. 시빌레의 예언은 그것으로 끝나는 것이다.

아우구스투스와 티볼리의 시빌레
아우구스투스(기원전 63~기원후 14)가 시빌레로부터 그리스도의 시대가 올 것이라는 예언을 듣고 있다. 시빌레가 가리키는 곳에 아기 그리스도를 안은 성모 마리아가 그려져 있다. 16세기 프랑스 화가 앙투안 카롱의 그림.

시빌레에 관한 전설 중 후대 사람들 입에 자주 오르내리던 전설에 이런 것이 있다. 로마의 타르퀴니우스 왕가의 한 왕이 나라를 다스리던 시절에, 한 여인이 나타나 아홉 권의 책을 사라고 했다. 왕이 거절하자 여인은 물러가서 세 권을 불태워버리고는 돌아와, 남은 여섯 권을 아홉 권 값으로 사라고 했다. 왕이 다시 거절하자 여인은 물러가서 또 세 권을 불태워버리고는 돌아와, 남은 세 권을 아홉 권 값으로 사라고 했다. 슬며시 호기심이 동했던 왕이 그 책을 사서 읽어보았다. 그 책에는 로마 제국의 운명이 소상하게 기록되어 있었다. 나중에 이 책은, 로마의 일곱 언덕 중 하나인 카피톨리움에 있는 유피테르(제우스) 신전의 석궤에 보관되었다. 이 책은 특별히 임명된 관리가 아니면 열람할 수 없었다. 이 관리는 국가에 중대 사건이 있을 때마다 이 책을 읽고 그 뜻을 해석하여 국민에게 설명했다.

시빌레라는 이름을 가진 사람은 여럿이지만 오비디우스나 베르길리우스가 말하는 '쿠마이의 시빌레Cumaean Sibyl'가 가장 유명하다. 오비디우스는 시빌레가 1천 년을 살았다고 기록하고 있다. 시빌레의 수가 많다고 하는 주장도 있다. 그러나 이는 어디까지나 동일한 성격을 지닌 동일 인물이 여러 차례 되풀이해서 태어났다는 뜻인 듯하다. 미켈란젤로는 시스티나 성당 천장에 다섯 명의 시빌레를 그린 바 있다.

토머스 불핀치는 시빌레 이야기 끝에 영국 시인 에드워드 영의 시 한 구절을 소개하고 있다.

미켈란젤로의 〈쿠마이의 시뷜레〉
미켈란젤로가 이탈리아 로마의 시스티나 성당에 그린 다섯 시뷜레 그림 중 일부.

> 이 세상 일이 시뷜레의 나뭇잎 같듯이
> 곧은 마음으로 사는 나날은 시뷜레의 책 같은 것.
> 수가 작아질수록 값이 높아지므로.

 미다스는 소원 성취했다가 혼이 났고, 카싼드라는 예언하는 능력을 얻었지만 설득력을 잃어 트로이아 전쟁 중, 그리고 끝난 뒤에 온갖 고생을 다 하다가 죽었다. 시뷜레도 그렇다. 영생 비슷한 것을 내려달라고 하면서 청춘까지 빌 수는 없는 일이다. 그렇다면 방법이 없는 것일까? 전지전능하신 분이 소원을 들어주겠다고 하는데 거절하기도 뭣하고.

아폴론과 함께 있는 쿠마이의 시빌레
쿠마이는 그리스가 아닌 옛 그리스의 식민지였던 이탈리아 남부에 있는 지역의 이름이다. 살바토르 로사의 그림.

폐허가 된 신전에서 예언하는 시빌레
폐허에 선 시빌레의 모습에서 한물간 듯한 분위기가 느껴진다. 18세기 이탈리아 화가 조반니 파니니의 그림.

다음의 글은, 지금은 미국에서 대학을 졸업하고 프랑스 유학을 준비 중인 나의 딸아이가 미국에서 중학교 2학년 때 쓴,「최상의 소원은 최악의 소원 The best but the worst wish」이라는 에세이(수필)의 내용이다. 당시에는 영어로 씌어진 것인데 내가 기억을 더듬어 한글로 옮겼다.

열두 살배기 착한 소녀가 있습니다. 이 소녀는 눈에 번쩍 띄게 예쁜 것은 아니지만 귀엽습니다. 집안도 그런대로 살림을 꾸려갈 정도는 됩니다. 아버지는 지위가 높지는 않아도 늘 열심히 일을 하는 분입니다. 어머니는 체중이 조금씩 늘어가는 걸 걱정하지만, 그래도 건강이 나빠지는 것보다는 낫다면서 지나치게 짜증스러워하는 빛은 보이지 않습니다. 소녀는 꽤 행복합니다. 행복하게 살고 있는 소녀에게 어느 날 천사가 와서 말합니다.

"착하게 사는 네가 기특하다. 반드시 들어줄 터이니 소원을 한 가지만 말해라. 딱 한 가지만 말해야 한다. 내일 밤에 다시 올 테니까 잘 생각했다가 소원이 무엇인지 말해다오. 딱 한 가지라는 걸 잊지 말아라."

소녀는 그러겠노라고 대답합니다. 하기야, 천사가 소원 한 가지를 이루어준다는데 싫다고 할 사람이 어디 있겠어요.

"나를 무지하게 예쁘게 만들어달랠까? 공부를 무지하게 잘하게 만들어달랠까? 입학시험을 없애달랠까……."

그러나 이걸 말하자니 저게 걸리고, 저걸 말하자니 이게 걸립니다.

"······아버지가 돈을 아주 많이 벌게 해달랠까? 엄마의 체중이 불어나지 않게 해달랠까? 커다란 집을 한 채 지어달랠까? 좋은 자동차를 한 대 달랠까······. 아니, 그러고 보니······."

소녀는 천사에게 말할 소원을 생각하다가 깜짝 놀랍니다. 소원을 생각하다 보니, 넉넉하고 행복하게 여겨지던 자기 주위가 초라하게 보이기 시작한 것입니다.

밤새 고민하던 소녀는 천사가 나타났을 때 결국 이렇게 말하고 맙니다.

"소원이 이루어진다고 해서 지금보다 더 행복해지는 것은 아니겠어요. 그러니까 약속을 거두어 가셔요. 지금이 좋아요. 행복해요. 천사님께 말씀드릴 소원을 생각하다 보니 제가 막 불행해지는 느낌이었어요. 덕분에 한 가지를 깨달았어요. 처음에는 천사님이 이루어지게 해주겠다고 한 약속이 이 세상에서 가장 좋은 약속인 줄 알았더니, 나중에 가만히 생각해보니까 이 세상에서 가장 심술궂은 약속이더라고요. 그러니까 약속을 거두어 가셔요."

이만하면 어린 나이에 현명함을 얻었다고 할 수 있지 않은가? 나는 이 글을 읽고, '어떤 사람의 소원이 무엇인지 알면 그 사람이 어떤 인간인지 알 수도 있겠구나', 이런 생각을 하게 되었다. 소원이 없는 삶, 더 바랄 것이 없는 삶이 반드시 양질의 삶일 리야 없겠지만, 삿된 소원, 삿된 꿈이 우리를 누추하게 하는 것은 분명하다.

나의 어머니도 현명한 분이셨다. 결혼하기 전에는 어머니의 보살

픔을 받았다. 나를 위하여 밥도 지으셨고 빨래도 해주셨다. 어느 날 어머니는 빨랫감으로 내놓은 내 바지의 주머니를 뒤지면서 이렇게 말씀하셨다.

"네 바지 주머니 뒤질 때마다 나는 조마조마하다. 복권 같은 게 나올까 봐."

나는 이런 어머니, 이런 딸 때문에 로또 복권 같은 것은 사지 않는다. 우리 집 식구들은 아무도 그런 것을 사지 않는다.

5장
인간과의 약속은
신들과의 약속

GREEK
AND
ROMAN
MYTHOLOGY

시모니데스는 초기 그리스 시인들 중에서 가장 많은 작품을 쓴 시인의 한 사람이었으나 지금까지 전해지는 것은 몇 개의 단편뿐이다. 그가 쓴 작품에는 찬가, 경기의 승리자에게 바치는 축가, 그리고 애가(슬픈 노래)가 있다. 그의 장기는 특히 이 애가에서 돋보였다. 그의 진수는 감상적인 데 있었으니, 사람들의 심금을 울리는 데 이 시인만큼 정확하고 능한 사람은 일찍이 없었다.

「다나에의 비가」는 오늘날까지도 남아 있는 그의 시편 가운데서

상자에 갇혀 버려진 다나에와 아들 페르세우스
다나에와 아들 페르세우스가 상자 배에 실린 채 바다에 버려지고 있다. 다나에가 낳은 아들이 장차 외조부를 죽일 것이라는 신탁 때문이었다.

도 가장 중요한 단편으로 손꼽힌다. 이 시에서 시모니데스는 다나에 모자가 친정 아버지 아크리시오스의 명으로 상자에 갇혀 바다에 버려졌다는 전설을 다루고 있다. 다나에가 낳은 아들이 장차 외조부를 죽일 것이라는 신탁 때문이었다. 상자는 세리포스섬으로 떠내려갔는데, 딕튀스라는 어부가 이 두 사람을 구하여 폴뤼덱테스왕에게로 데려갔다. 왕은 이 모자를 거두어 보호하였으니, 아들 페르세우스는 자라서 유명한 영웅이 되었다.

안드로메다를 구출하는 페르세우스
다나에와 페르세우스는 어부 딕튀스의 보호를 받아 생존한다. 페르세우스는 훗날 메두사의 머리를 베고, 안드로메다를 구출하는 영웅이 된다. 샤를 쿠아펠의 그림.

시모니데스는 생애의 대부분 동안 이 궁전 저 궁전을 떠돌아다니며 그 좋은 솜씨로 송가나 축가를 지었다. 그는 또 왕의 공적을 노래로 지어 후한 보수를 받기도 했다. 이 시절에는 시인으로서의 이러한 삶은 부끄러운 것이 아니었다. 초기 시인들은 대부분 이와 비슷한 길을 걸었기 때문이다. 가령 호메로스가 소개하는 데모도코스도 그랬고 호메로스 자신도 그랬다는 기록이 있다.

시모니데스가 테쌀리아 왕 스코파스의 궁전에 머물 때의 일이었다. 왕은 시모니데스에게 자기 위업을 찬양하는 시를 지어 술자리에서 낭독해달라고 부탁했다. 시모니데스는 신들에 대한 믿음이 지극한 사람인지라 주어진 시제를 다채롭게 할 생각으로 이 시에다 쌍둥이 형제 카스토르와 폴뤼데우케스의 위업을 인용했다. 이것은 다른

고대 그리스의 음유시인 데모도코스
호메로스의 「오뒷쎄이아」에 등장하는 음유시인. 바다를 떠돌다 파이아케아인들의 나라에 도착했을 때 오뒷쎄우스는 기억상실증에 걸려 있었다. 데모도코스는 트로이아 전쟁에서 보여준 오뒷쎄우스의 활약상을 노래하여 그의 기억을 되찾게 해준다.

서사시인이자 음유시인인 호메로스
병이나 항아리에 그려졌던 투박한 그림이 이토록 미려한 대리석상으로 바뀌었다. 파리 루브르 박물관.

시인들도 곧잘 쓰는 기법이어서 그렇게 희한할 리도 없었다. 여느 사람 같으면 레다의 쌍둥이 아들(곧 카스토르와 폴뤼데우케스)과 나란히 칭송을 받으면 크게 영광스러워했을 터였다. 그런데 허영심이란 역시 끝이 없는 것인 모양이다. 술자리에서도 아첨꾼들에게 둘러싸인 스코파스는 그들의 부추김 때문에 그랬겠지만, 자기 아닌 레다의 쌍둥이 형제에 대한 칭송을 달갑지 않게 여겼다. 그래서 시모니데스가 약속한 보수를 받으러 가까이 가자 스코파스는 약속했던 금액의 반만 주면서 말했다.

"자, 그대 시에 나오는 내 이름 몫이다. 카스토르와 폴뤼데우케스 이름 몫은 카스토르와 폴뤼데우케스가 치러야 하지 않겠는가."

자, 그렇다면 카스토르와 폴뤼데우케스가 누구인가? 이 쌍둥이 형제는 레다와 백조 사이에서 태어난 아들인데, 이 백조는 다른 이가 아니라 바로 둔갑한 제우스였다. 뒷날 트로이아 전쟁의 씨앗이 되었을 정도로 유명한 헬레네는 이 형제의 누이동생이었다.

카스토르는 거친 말을 길들이는 솜씨가 좋은 것으로 유명했다. 폴뤼데우케스는 권투를 썩 잘했다. 이 둘은 우애가 어찌나 좋았던지 무슨 일을 하건 꼭 함께했다. 저 아르고대의 모험 원정 때도 함께 갔다. 항해 도중 폭풍이 일었을 때 오르페우스가 수금 반주에 맞추어

백조로 둔갑하여 레다에게 접근하는 제우스
레다는 제우스를 만난 후 두 개의 알을 낳았다. 한 알에서는 카스토르와 폴뤼데우케스, 다른 한 알에서는 클뤼타임네스트라와 헬레네가 나왔다.

사모트라케섬 신들에게 기도하자 폭풍이 멎으면서 이 형제의 머리 위에 별이 나타났다. 이 일로 이 형제는 뒷날 뱃사람이나 배로 여행하는 사람들의 수호신으로 믿어졌다. 어떤 대기 상태에서 배의 돛이나 돛대 주위에서 불빛이 번쩍거리면 뱃사람들은 그것을 이 형제의 이름으로 불렀다.

　원정이 끝나자 이 형제는 이다스와 륀케우스를 상대로 일전을 벌인다. 이 싸움에서 카스토르가 죽자 폴뤼데우케스는 그 죽음을 몹시 슬퍼한 나머지 제우스에게 자기가 대신 죽을 터인즉 카스토르를 살려달라고 간청했다. 제우스는 이 소원의 일부만을 들어주었다. 말하자면 이 형제가 생명을 번갈아 누리게 한 것이다. 즉 형제 중 하나가 하루를 지하(죽음의 나라)에서 보내면 나머지는 하루를 천상의 집에서 보내는 것이다. 다른 설에 따르면, 제우스는 이들의 우애를 높이 사서 '게미니 Gemini', 곧 쌍둥이자리로 별자리 사이에다 박아주었다고 한다.

　이 둘은 '디오스쿠로이(제우스의 아들들)'라는 이름으로 불리면서 신들의 예우를 받았다. 사람들의 믿음에 따르면, 이 형제는 격전이 벌어지는 전장에 더러 나타나 어느 한쪽 군사를 편든다. 이럴 때마다 그들은 백마를 타고 다니는 것으로 전해진다. 고대 로마의 역사책에는 이 형제가 레길루스 호숫가에서 벌어진 전투(기원전 96년)에서 로마군을 편들었으며, 이 전투가 로마군의 승리로 끝난 뒤 로마인들은 두 형제가 모습을 나타냈던 곳에다 이 두 형제의 신전을 세운 것으로 전해진다.

로마의 카피톨리움 언덕을 지키는 디오스쿠로이
왼쪽은 카스토르, 오른쪽은 폴뤼데우케스.

 아, 스코파스왕이 이렇게 거룩한 영웅들을 조롱하고 있다. 신들을 믿고 안 믿고는 사람들의 자유다. 하지만 신들을 조롱하는 것은 아니다. 이 스코파스왕, 어떻게 될 것인가?

 당혹한 시인은 왕의 시시껄렁한 재담 끝에 쏟아지는 웃음소리에 얼굴을 붉히며 제자리로 돌아왔다. 그리고 나서 얼마 안 되어 시종 하나가 시인에게 다가와 밖에 말을 탄 두 젊은이가 잠깐 뵙고 싶어 한다는 소식을 전했다. 시모니데스는 급히 밖으로 나가보았으나 와 있다던 두 젊은이는 보이지 않았다.

그런데 그가 술자리를 빠져나간 직후, 지붕이 굉음과 함께 내려앉아 스코파스왕과 술손님 전부가 하나도 빠짐없이 그 지붕에 깔려 죽었다. 자기를 불러낸 두 젊은이가 대체 누굴까 하고 곰곰이 생각하던 시모니데스는 틀림없이 카스토르와 폴뤼데우케스였을 것이라고 확신했다.

6장
신들과의 약속은
인간과의 약속

GREEK
AND
ROMAN
MYTHOLOGY

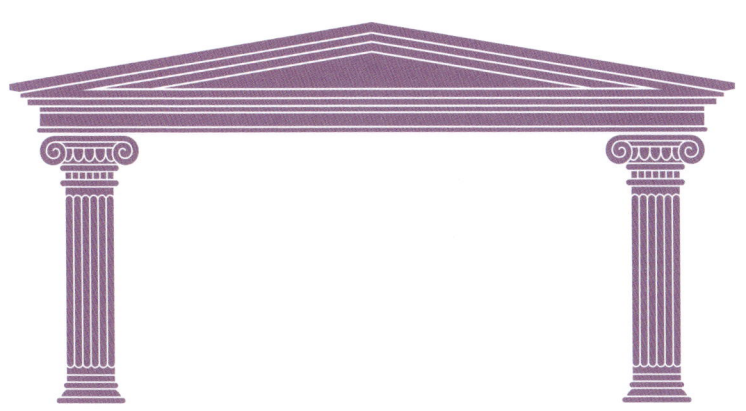

 인도 출신의 명상가 오쇼 라즈니쉬의 『하얀 연꽃 - 달마대사의 선화』라는 책에 퍽 재미있는 이야기가 실려 있다. 그 이야기를 풀어서 내가 다시 한 번 해보겠다.

 옛날 어느 곳에 성질머리 고약한 마누라와, 그 마누라에게 시달리느라고 몹시 피곤하게 사는 사람 좋은 서방이 하나 있었다. 오죽했으면, 서방이라는 사람이 아내 몰래 한숨을 내놓으면서 이런 혼잣말까지 했을까.
 "악처 시하에 지옥이 따로 없다더니 옛말 그르지 않구나."
 그러나 그런 서방에게도 오래간만에 좋은 날이 올 모양이었다. 마누라가 이름 모를 병으로 몸져눕더니, 아무리 약을 써도 백약의 보람이 뒤쪽으로 나는 바람에 내일을 기약할 수 없게 된 것이다.
 영영 이별하는 마당인데 덕담 좀 해주면 좋으련만, 마누라는 마지막 숨을 모으면서도 베갯머리에 쭈그리고 앉아 있는 서방을 몰아세웠다.

"나 죽는 것은 서러울 것 하나 없어도, 어느 년 좋은 일 시킬 생각을 하니 발이 떨어지지 않소. 하지만 나 죽는다고 당신 좋아할 것 하나도 없을 것이니 그리 알아요. 귀신이 되어 당신 발꿈치에 묻어 다닐 테니까, 행여 나 없다고 술집이나 노름방을 기웃거리거나, 다른 여자에게 한눈팔 생각은 아예 마세요."

그러고 나서 아내가 세상을 떠났다. 서방은, 밖으로 드러내놓고 그러진 않았겠지만 속으로는 쾌재를 부르면서 이렇게 중얼거렸음 직하다.

"더러운 아내, 악한 마누라가 빈방보다는 낫다고 한 놈이 어느 놈이여."

말하자면 서방은 참으로 오래간만에 홀가분해진 터라 가슴도 한번 마음껏 펴보고, 하늘도 한번 올려다보며 자유라는 것을 누려보았으리다.

그랬다. 서방은 아내 세상 떠난 지 한 달이 채 되지 않고부터 슬금슬금 노름방도 기웃거리고, 친구들로부터 공술도 더러 얻어 마시고, 여자들 엉덩이도 더러 곁눈질했다. 아내가 살아 있을 동안에는 생각에 머물 때만 겨우 용서받을 수 있는 짓들이었다.

덤불 속에 있는 메추리를 튀겨내는 것은 사냥개요, 마음속에 들어 있는 말 튀겨내는 것은 술이라는 옛말이 있다. 술을 마시면 바른말을 잘하게 된다는 뜻이다. 그래서 서양에는, 뻣뻣한 인간의 혀를 부드럽게 만들어주기 위해서 술의 신이 술을 발명했다는 농담도 있다.

서방은 술에 취할 때면 바른말도 곧잘 했다. 세상 떠난 아내도, 술에 취해 있을 때만은 별로 두렵지 않았다. 그래서 한번은 취한 김에 이렇게 중얼거려보았다.

"무엇이 어째? 귀신이 되어 내 발꿈치에 묻어 다녀? 아나, 뒤꿈치 여기 있다. 어디 묻어 다녀봐라."

아내가 살아 있을 동안에는 하고 싶어도 할 수 없던 말이었다.

그러나 좋은 날은 오래가지 않았다. 뜻밖에도 어느 날 밤 꿈에 아내가 나타났다. 아내는 꿈속에서도 아주 종주먹까지 들이대면서 서방을 볶았다.

"잘한다, 잘해. 생각이야 어떻게 했든, 내가 살아 있을 때는 겉으로는 안 그러더니 이제 아주 막 가는구나. 세상에, 노름판을 기웃거리지를 않나, 술에 취하지를 않나, 남의 여자를 기웃거리지를 않나. 무엇이 어째? 아나, 뒤꿈치? 어디 당신의 그 잘난 발뒤꿈치 좀 구경합시다."

꿈에서 깨고 잠에서 깨어난 서방은 식은땀을 흘리며, 꿈속에서 아내가 붙잡았다 놓았던 발꿈치를 만져보았다. 아닌 게 아니라 발뒤꿈치가 몹시 아팠다.

서방의 자유는 그것으로 끝이었다. 그때부터, 세상 떠난 아내는 남편의 꿈에 밤마다 고정 출연하다시피 했다. 어쩌다 공술 몇 잔 얻어먹은 날 밤, 노름판 기웃거린 날 밤이면 아내는 어김없이 꿈속에 나타나 한바탕 들볶고 갔다. 길 묻는 아낙네 길 가르쳐주었다고 꿈속에 나타나 타박하지를 않나, 씨 뿌리고 김매고 거두는 일을 제때 못하면 그것도 못 한다고 또 꿈속에 나타나 다그치지를 않나, 죽은 아내가 정말 '귀신같이' 알고 들볶는 바람에 서방으로서는 검은 머리가 하룻밤 사이에 모시 바구니가 될 노릇이었다.

 견디다 못한 서방은, 사람의 일을 잘 아는 것으로 소문난 도사를 찾아갔다. 그는 아내 생전에 구박받던 이야기, 사후에는 꿈속에서 시달리는 이야기를 도사에게 모조리 하고 나서, 속이 시원해진 김에 이런 말까지 보태어서 했다.

 "아내가 죽으면 나을 줄 알았더니 차라리 살아 있는 편이 나았을걸 그랬습니다. 죽은 제 아내, 정말 왜 이러는 것입니까? 죽어서 망령이 되더니, 제 쌈지에 든 돈 액수까지 귀신같이 세고 있는 데야 견딜 재간이 없습니다. 차라리 죽어버리자, 이런 마음도 먹어보았습니다. 그러나 죽는 것은 두렵지 않은데 저승에서 제 아내 만날까 봐 그게 두려워 이러지도 저러지도 못합니다. 제 아내는 살아서는 원수 노릇 하더니 죽어서는 애물단지 노릇을 합니다. 저는 살아도 지옥이요 죽어도 지옥이니, 대체 이 일을 어쩌면 좋습니까?"

 잠자코 듣고 있던 도사는 가만히 밖으로 나갔다. 얼마 후 도사는 손에 조그만 주머니 하나를 들고 있었다. 도사는 그 주머니를 서방에게 건네주었다. 그러고는 이렇게 물었다.

 "그 주머니 안에 무엇이 들어 있을 것 같으냐?"

 "글쎄요."

 서방이 고개를 갸웃거리면서 대답했다.

 "짐작도 못 하겠느냐?"

"만져보면 안 됩니까?"

"만져보는 것은 괜찮다. 하지만 주머니 끈을 풀어보면 안 된다."

서방이 주머니 겉을 쓰다듬어보고는 대답했다.

"잘그락거리는 것이, 조약돌인 것 같습니다."

"잘 알아맞혔다. 몇 개인지 짐작하겠느냐?"

"세어보면 알 수 있겠지요."

"세어보아서는 안 된다. 이제부터 내가 시키는 대로 하여라. 그 주머니를 집으로 가지고 가거라. 가지고 가서 벽에다 매달아두어라. 주머니끈을 풀어보아서는 안 된다. 조약돌의 수를 헤아려서는 절대로 안 된다. 세상을 떠난 자네 아내는 오늘 밤에 당장 꿈에 나타나서, 날 만났다고 그대를 다그칠 것이다. 다그치거든, 조약돌이 모두 몇 개냐고 물어보아라. 다시 한 번 이르거니와 절대로 주머니 끈을 풀고 조약돌을 세어보면 안 된다. 그대의 아내가 꿈에 나타나거든 몇 개인지 알아맞히라고 해보아라. 아내가 숫자를 알아맞혀도 날 찾아오고, 알아맞히지 못해도 다시 날 찾아오너라."

서방은 집으로 돌아와 도사가 시키는 대로 그 주머니를 벽에다 매달아두고 잠자리에 들었다. 도사가 시키는 대로 주머니 끈도 풀지 않았다. 따라서 서방도 그 주머니에 들어 있는 조약돌의 수는 알지 못했다.

아내의 망령은 그날 밤에도 어김없이 꿈에 나타나, 서방을 다그쳤다.

"그래, 도사 찾아가면, 내가 어 뜨거라 할 줄 알았소? 무엇이 어째? 살아서는 원수더니 죽어서는 애물단지라고? 저승에서 나 만날까 봐

죽지도 못하겠다고? 도사가 준 그 주머니나 좀 구경합시다. 무엇이 들어 있기에 그걸로 나를 몰아낸답니까?"

이번에는 서방도 지지 않고 냅다 소리를 질렀다.

"그래, 주머니 여기 있다. 무엇이 들어 있는 줄 알기나 하고 그러는가?"

"공기만 한 조약돌이지 무엇이겠어요?"

아내의 망령이 반문했다.

"잘 아는구먼. 그러면, 자, 어디 대답해봐. 몇 개냐? 이 주머니 안에 든 조약돌이 대체 몇 개냐?"

참으로 이상한 일이었다. 몇 개냐고 묻는 순간, 아내의 망령이 흔적도 없이 사라진 것이었다. 서방은 꿈에서 깨어났다.

이튿날 밤에도, 사흘째 되는 날 밤에도 아내의 망령은 서방의 꿈속에 나타나지 않았다. 그렇게 사납던 꿈자리가, 나흘째 되는 날 밤부터는 사납기는커녕 꿈조차 꾸어지지 않았다.

서방은 도사를 찾아가 그동안에 있었던 일을 남김없이 얘기했다. 그러고는 대체 무슨 기막힌 술법을 썼기에 그렇게 악머구리 같던 아내가 다시 꿈에 비치지도 않느냐고 물었다.

도사는 웃으면서, 사람 좋은 서방에게 말했다.

"꿈속에 나타난 아내는 그대의 진짜 아내가 아니고 그대의 마음이 만들어낸 가짜 아내다. 그대 마음이 만들어낸 가짜 아내이기 때문에 그대가 아는 것만 알 뿐이다. 그대가 모르는 것은 가짜 아내도 알지 못한다. 그대 쌈지에 든 돈의 액수까지 꿈속의 아내가 알고 있는 것은, 그대가 그 돈의 액수를 알고 있기 때문이다.

아내는, 그대가 나에게서 주머니를 받아 온 것을 알고 있었다. 이는 그대가 알고 있기 때문이다. 아내는 그 주머니에 조약돌이 들어 있다는 것도 알고 있었다. 이 역시 그대가 알고 있기 때문이다. 아내는 그 주머니 속의 조약돌이 몇 개인지는 알지 못했다. 이는 그대가 알지 못했기 때문이다. 그런데 그대가 조약돌이 몇 개냐고 묻는 순간, 그대 아내는 사라졌다. 왜 사라졌겠는가? 그대 마음이 만들어낸 가짜 아내였기 때문이다.

꿈에서 깨어난 순간 그대는 깨달았다. 그대가 모르는 것은 아내의 망령도 모른다는 것을, 꿈속에 나타난 아내는 아내의 망령이 아니라 바로 그대 자신이라는 것을. 그래서 그 뒤로는 잠자리가 그렇게 편안해진 것이다. 가거라. 이제는 그대의 아내가 꿈을 빌려 그대에게 시비하는 일은 없을 것이다."

꿈은 개인의 신화요, 신화는 집단의 꿈이라는 말이 있다. '사람 좋은 서방 이야기'는 한 사람의 마음 상태와 그 사람이 꾸는 꿈이 얼마나 밀접한 관계를 맺고 있는지 잘 보여준다.

하지만 그렇기만 한가? 한 개인은 그 개인이 상상할 수 있는 것 이상으로 위대한 꿈은 꿀 수 없는가? 그런 것은 아닌 모양이다. 우리에게는 의식과 무의식이 있다. 의식에 저장된 것은 언제나 재생할 수가 있다. 그러나 이 의식은 컴퓨터 디스켓 같아서 일정한 용량 이상은 저장할 수 없다. 우리에게는 한때 분명히 기억하고 있던 정보를 필요할 때 기억해내지 못하는 경우가 종종 있다. 이때 우리는 정보를 '잊어버렸다'고 말한다. 분석심리학자들의 주장에 따르면, 우리가 '잊어버린' 이 정보는 영원히 사라진 것이 아니라 단지 우리 의식에서 사라졌을 뿐 사실은 무의식에 저장되어 있다. 그래서 우리에게는 까맣게 잊었던 것들을 생생하게 기억해낼 때가 이따금 있는 것이다. 의식의 내용이 무의식으로 사라질 때가 있는 것처럼 무의식에서 의식으로 솟아오를 때도 있기 때문이다.

그런데 분석심리학의 창시자인 카를 구스타프 융 박사의 주장에 따르면, 한 번도 의식된 적이 없는 전혀 새로운 내용물이 무의식에서 의식으로 솟아오르는 경우도 있다. 융 박사는 이러한 무의식을 '집단 무의식'이라는 특별한 이름으로 부르고 있다. 한 개인의 무의식에는 그 개인의 의식에서 흘러 들어간 정보도 있고, 지금까지 인류가 진화하면서 집단적으로 경험한 내용물, 따라서 개인은 의식해본 적이 없는 정보도 있는데, 융 박사가 '집단 무의식'이라고 부르는 것이 바로 개인은 의식해본 적이 없는 정보다.

바로 이 집단 무의식이 있기 때문에 많은 예술가, 철학자, 심지어는 과학자까지도 여기에서 솟아오른 영감을 통하여 놀랄 만한 업적을 이루어내는 경우가 종종 있다는 것이다. 가령 프랑스의 수학자 앙리 푸앵카레, 독일의 화학자 아우구스트 케쿨레는 그들의 과학적 발견이 무의식에서 문득 솟아난 회화적 계시 덕분이었다는 것을 인정하고 있다. 영국의 작가 로버트 루이스 스티븐슨은 인간의 '이중성' 혹은 인간의 '다중성'을 잘 나타낼 이야깃거리를 찾아 오래 고심하다가, 꿈에서 받은 계시를 통해 저 유명한 『지킬 박사와 하이드 씨』의 줄거리를 완성해냈다고 고백하고 있다.

나는 "지극한 진리는 언어로 전할 수 없다"는 말을 의심한다. 하지만 '지극한 진리는 언어로 전해질 수 없지만 지극한 진리를 전하는 언어에 가장 가까운 것이 신화'라는 철학자 아난다 쿠마라스와미의 말을 좋아한다. '이뷔코스의 두루미 떼 이야기'에서 "이뷔코스의 두루미 떼", 이 말 한마디가 무심코 용출하면서 노상강도들의 범행이 백일하에 드러나는 것을 보라. 나는 노상강도들의 이 말이 그들의 무의식에서 용출한 것이라고 생각한다. 다음과 같은 말 한마디 때문에 스코파스가 파멸하는 것을 보라. 나는 무심코 한 이 말 한마디 또한 스코파스왕의 무의식에서 용출한 것이라고 생각한다.

"카스토르와 폴뤼데우케스 이름 몫은 카스토르와 폴뤼데우케스가 치러야 하지 않겠는가."

개인과 하는 약속은 그 개인이 속해 있는 집단에 대한 약속이다. 스코파스왕은 그 약속을 지키지 않았다. 그래서 신들이 나서서 그를 파멸하게 한 것이다. 신들과 하는 약속은 그 신들을 섬기는 집단과 하는 약속이다. 그 약속은 그 시대 도덕률과의 약속이기도 하다. 시모니데스라는 한 시인과의 약속을 지키지 않은 스코파스는 파멸했다. 아프로디테라는 한 여신과의 약속을 지키지 않은 히포메네스는 어떻게 될 것인가?

아름다운 도시 파리의 루브르 박물관에서 밖으로 나오면 멀리 '오벨리스크'라고 불리는 뾰족탑이 보인다. 이 뾰족탑 서 있는 곳이 바로 콩코드 광장이다. 루브르 박물관에서 걸어가기에는 좀 먼 거리다. 하지만 나는 걷는다. 신화에 나오는 인간이나 신들의 석상이 공원에 즐비하기 때문이다. 카루셀 공원을 지나 한참을 걸으면 양쪽으로 노천 음식점이 둘 있는데, 이곳이 바로 튈르리 공원이다. 제법 규모가

쫓고 쫓기는 아폴론과 다프네
아폴론(왼쪽)에게 쫓기던 다프네(오른쪽)는 신들께 기도를 올려 '월계수'라는 나무로 변한다.

큰 두 음식점 앞에는 네모반듯한 연못이 있고 연못 한가운데엔 석상 두 쌍이 있다. 이들에게는 특징이 있다. 젊고 아름다운 남녀들이라는 것, 그리고 쫓고 쫓기고 있다는 것이다.

한쪽 석상은 쫓는 아폴론과 쫓기는 다프네다. 아폴론에게 쫓기던 다프네가 월계수로 변신한 이야기는 1권에서 이미 다뤘다. 다른 한 쌍이 바로 히포메네스와 아탈란테다. 이들의 이야기는 오비디우스의 『변신 이야기』에, 아프로디테 여신이 애인인 미소년 아도니스에게 들려주는 형식으로 실려 있다. 따라서 여기에서 '나'는 아프로디테 여신 자신을 가리키고, '너'는 아도니스를 가리킨다. 여신의 입으로 직접 들려주는 신화여서 흥미롭다. 들어보자.

월계수 너머로 보이는 코린토스의 아폴론 신전
그리스인들은 오늘날에도, 향신료로 쓰이는 이 월계수를 '다프니스'라고 부른다.

아무리 발이 빠른 남자들과 달음박질을 해도 지지 않을 만큼 뜀박질을 잘하는 여자가 있었다는 이야기는 너도 들었을 것이다. 이 이야기는 사실이다. 아무리 빠른 남자라도 이 여자에게는 당하지 못했다. 그래, 이 여자의 이름이 아탈란테다. 아탈란테는 발만 빠른 것이 아니고 용모 역시 빼어나게 아름다웠다. 이 아탈란테가 어느 날 아폴론 신에게 결혼 문제를 두고 신탁을 받아보았는데 이때 신이 내린 신탁은 이러했다.

"아탈란테여, 너에게는 지아비가 소용없구나. 너는 남자 겪는 일을 피해야 한다. 그러나 이 일을 어쩔꼬, 너는 결혼을 피할 팔자가 아니다. 그리고 결혼한 뒤에는 산 채로 너 자신을 잃겠구나."

아탈란테는 아폴론 신의 신탁에 겁을 집어먹고 숲속에서 독신으로 살았어. 그런데도 이 아탈란테에게 구혼하는 청년들은 계속해서 몰려들었지. 아탈란테는 이 청년들을 물리치기 위해 이런 까다로운 조건을 붙였다는구나.

"먼저 달음박질 겨루기에서 나를 이기지 못하면 절대로 내 지아비가 될 수 없습니다. 나와 겨룹시다. 겨루어 이기면 그 상으로 나를 신부로 맞게 하겠습니다. 그러나 나에게 지면 그때는 목숨을 받겠습니다. 자신 있는 분이 있거든 이 조건 아래서 겨루어봅시다."

이 얼마나 까다로운 조건이냐? 그러나 아탈란테가 빼어나게 아름다웠기 때문에, 이런 조건이 달려 있는데도 구혼자들이 벌 떼같이 몰려들었지. 이 뜀박질 경기장을 내려다보는 구경꾼 가운데 히포메네스라고 하는 청년이 있었어. 히포메네스는, 여자에게 반해 목숨을 거는 다른 청년들을 아주 한심하게 생각했지.

"얼빠진 놈들, 계집 하나를 얻는 데 목숨을 걸어?"

이러면서……. 그러나 아탈란테의 모습을 보는 순간, 경주에 앞서 옷을 벗어부친 아탈란테의 몸을 보는 순간 히포메네스의 마음도 달라졌어. 왜? 아탈란테의 몸은 내 몸, 아니면 아도니스 너의 몸(만일에 네가 여자였더라면 말이다) 같았기 때문이지. 깜짝 놀란 히포메네스는 하늘을 향해 손을 내밀고 이렇게 외쳤다지.

"사랑하는 신이시여, 조금 전에 감히 신을 비난한 저를 용서하소서. 저는 겨루기에서 이긴 자가 받을 상품을 못 보고 그런 말을 했던 것입니다."

일단 아탈란테를 보고 그 미모에 반해버린 히포메네스는, 이번에는 아탈란테와 뜀박질을 겨루려는 젊은이들을 질투하기 시작해. 즉 다른 젊은이들이 아탈란테를 이기는 일이 없었으면 했던 것이지.

히포메네스의 심정은 그가 한 이 말 한마디에 잘 나타나 있지?

히포메네스가 이렇게 중얼거리고 있을 즈음 아탈란테는 날개가 달린 듯한 발로 힘차게 대지를 박차며 내달았지. 보이오티아 청년 히포메네스는 흡사 스퀴티아 사람이 쏜 화살같이 달리는 이 처녀를 보고는 침을 삼켰어. 서 있는 모습도 아름다웠지만 달리는 모습은 더 아름다워 보였던 거지. 아닌 게 아니라 달리는 아탈란테의 모습은 한 폭의 그림이었어. 발치에 걸리적거린다고 아탈란테가 모아 쥔 긴 옷자락은 바람에 흩날렸고, 머리카락은 상아색 어깨 위에서 출렁거렸으며, 가장자리에다 수를 놓은 허벅지 댕기는 바람에 옷자락이

뒤쫓는 히포메네스(왼쪽)와 질주하는 아탈란테(오른쪽)
18세기 초 제작된 석상으로, 프랑스 혁명 이후 튈르리 공원으로 옮겨졌고 지금은 파리 루브르 박물관에 소장되어 있다. 공원에 있는 것은 복제품이다.

흩날릴 때마다 이따금씩 드러나고는 했어. 게다가 처녀의 흰 살결에는 홍조가 어리기 시작했어. 새벽빛을 받으면 하얀 대리석 벽이 불그레해지지? 대리석 벽에, 대리석의 색깔이 아닌 다른 색깔이 어리어 보이지? 그와 같았어.

히포메네스의 눈앞에서 아탈란테는 먼저 마지막 한 바퀴를 돌아 승리의 관을 썼어. 아탈란테에게 진 청년들은 거친 숨결을 가다듬다가, 약속에 따라 목숨을 바쳐 이 겨루기에 진 빚을 갚았지. 이 청년들이 이렇듯이 목숨을 잃었는데도 히포메네스는 겁을 먹지 않았어. 히포메네스는 경기장 한복판으로 걸어 나가 이 처녀를 보면서 이런 말을 했어.

"처녀여, 왜 쉽게 이길 수 있는 청년들만 상대하시오? 왜 발도 빠르지 못하고 연습도 제대로 되어 있지 않은 자들을 이기고 뽐내시오? 나와 겨룹시다. 나와 겨루면 설사 내가 이기고 그대가 진대도 그대는 부끄러워하지 않아도 좋을 것이오. 그대가 내게 진 것을 부끄러워하지 않아도 좋은 것은, 내 아버지는 온케스토스의 메가레우스요, 내 증조부는 포세이돈 신이시기 때문이오. 그러니까 나는 저 위대하신 대양의 왕 포세이돈의 증손이오. 내 문벌은 이렇듯 찬란하오만 내 용기는 내 문벌에 못지않소. 만일에 나를 이긴다면 그대의 이름은 히포메네스를 누르고 승리한 자의 이름으로 길이 빛나고 길이 남을 것이오."

히포메네스가 이렇게 말하자 스코이네우스의 딸 아탈란테는 다정한 눈길로 이 청년을 바라보았어. 이길 수도 있고 질 수도 있다고 생각한 아탈란테는 혼잣말을 이렇게 했지.

"귀중한 목숨을 걸고 그 목숨을 내 앞에 던져 청춘을 바치려 하다니, 참으로 인물이 아깝구나. 저 인물 앞에 서니 오히려 나 자신이 초라해 보이는구나. 그러나 저 인물이 내 마음을 흔들기는 한다만 정작 내 마음을 어지럽게 하는 것은 외모가 아니라 저 젊음이다. 저 청년은, 청년이라기보다 아직 소년이 아닌가? 그렇다. 내 마음을 어지럽히는 것은 저 청년의 외모가 아니라 저 청년의 젊음이다. 게다가 저 청년에게는 용기도 있고 죽음을 두려워하지 않는 배짱도 있다. 과연 바다의 신 포세이돈의 자손답구나. 그러나 가장 중요한 것은, 저 청년이 나를 사랑한다는 것이다. 저 청년은 나와 혼인하기 위해서라면 목숨을 바쳐도 아까울 것이 없다고 생각하고 있다. 운이 없어 나를 이기지 못한다면 저 청년은 목숨으로 그 값을 치러야 한다.

안 된다. 가거라, 길손이여. 구혼자들의 피가 묻은 나를 버려두고 갈 수 있을 때, 너무 늦기 전에 가거라. 나와 혼인하기 위해 그대가 치러야 할 값은 너무 비싸다. 상대가 그대 같으면 어떤 여자도 지아비로 맞는 것을 거절하지 않을 것이다. 아니, 지각 있는 처녀라면 그대 같은 지아비를 맞게 해달라고 하늘의 신들께 기도까지 할 것이다…….

그러나, 가만있자, 반드시 이렇게 생각할 일만은 아니다. 내가 왜 저 청년 때문에 상심해야 한다지? 이미 내 앞에서 수많은 청년이 죽었는데? 저 청년의 걱정은 저 청년이 해야지 왜 내가 한다지? 죽고 싶으면 죽으라지. 수많은 구혼자가 죽어나가는 것을 보고서도 이렇게 나서는 것을 보면 사는 데 싫증이 난 모양이지.

그렇다면 저 청년은 죽을 것이다. 나와 함께 살고 싶어 했다는 죄밖에 없는데도 죽을 것이다. 저 청년은 자기가 죽어야 한다는 것을 어떻게 생각할까? 고통스러워할까? 사랑의 대가로 받는 이 부당한 죽음을? 그런 일이 생긴다면……. 나도 내 승리를 역겨워하게 되지 않을까? 하지만 그게 내 잘못인가? 그러나 죽지 않을 수도 있다. 이 겨루기를 포기하면 된다. 포기하거나 나보다 더 빨리 달리면 된다. 그대는 이 겨루기에 목숨을 걸었으니까 어쩌면 나를 이길 수 있을지도 모른다. 그러나저러나, 참 잘난 청년이 아닌가? 꼭 여자같이 잘생긴 청년이 아닌가?

아, 히포메네스여, 차라리 나 같은 계집의 꼴을 보지 않았더라면 좋았을 것을……. 그대 같은 사람은 오래오래 살아야 하는 것을. 내 팔자가 기박하지 않았더라면, 운명이 내게 지아비 맞는 것을 허락했더라면, 나와 잠자리를 함께할 수 있는 남성은 그대뿐이었을 것을……."

아탈란테는 사랑에 경험이 없는 처녀였어. 하지만 아탈란테의 마음속에서는 이미 사랑의 불길이 타오르고 있었지. 물론 자기에게 이러한 변화가 일어나고 있다는 것을 알지 못했어. 알지 못하면서도 아탈란테는 이미 누군가를 사랑하고 있었던 것이야.

경기장에 모인 사람들과, 아탈란테의 아버지가 겨루기를 독촉하자 포세이돈의 자손인 히포메네스는 나를 부르면서 이렇게 기도하더구나.

"오, 퀴테라의 여신이시여. 바라오니, 오셔서 무모하게 이 일에 뛰어든 저를 거들어주소서. 여신께서 불을 붙이셨으니, 이 불이 더욱 힘차게 타오르게 하소서."

이 청년의 기도가 바람결에 실려 오더라. 이 청년을 기특하게 여겼던 나는 곧 이 청년을 도와주기로 했다. 퀴프로스 땅, 경치 좋은 곳에 이 섬 사람들이 '타마소스'라고 부르는 곳이 있다. 오래전에 이 섬 사람들이 내게 신전을 지어 바치면서 함께 바친 곳이다. 이 벌판 한가운데에는, 그 황금빛 잎이 장하고 그 황금빛 가지가 장하기 그지없는, 빛나는 나무가 한 그루 있다. 내게는 마침 이곳을 지나다가 따서 간직해둔 황금 사과가 세 개 있었다. 살며시 이 히포메네스에게 내려간 나는 이 사과를 주면서 이렇게 저렇게 하라고 일러주었다. 물론 내 모습은 다른 사람의 눈에는 보이지 않고 이 히포메네스의 눈에만 보였지.

 이윽고 출발점에 서 있던 아탈란테와 히포메네스는 나팔 소리를 신호로 땅을 박차고 내닫기 시작했다. 어찌나 빠르게, 어찌나 가볍게 내닫는지 바다 위를 달려도 발에 물이 묻지 않을 것 같았고, 잘 익은 곡식 위를 달려도 이삭 하나 부러뜨리지 않을 것 같더라. 구경꾼들은 소리를 질러 이 청년을 응원하더구나.

 "이번에는 눌러버려라! 달려라, 히포메네스! 있는 힘을 다해 달려! 조금만 더 힘을 내면 이길 수 있다!"

 이 소리가 아직도 내 귀에 들리는 것 같다. 글쎄, 이런 함성을 듣고 메가라에서 온 청년이 더 좋아했는지, 스코이네우스의 딸이 더 좋아했는지, 그것은 나도 모르겠구나. 그러나 나는 보았다. 히포메네스를 앞지른 아탈란테가 짐짓 속도를 줄이고 이따금 뒤를 돌아다보는 것을. 아탈란테는 달리기는 달리는데 억지로 달리는 것 같았어.

 드디어 히포메네스가 마른 입술 사이로 거친 숨을 몰아쉬기 시작했다. 하지만 결승점까지는 멀고도 멀었어. 일이 이렇게 되자 히포메네스는 세 개의 사과 중 하나를 꺼내어 땅바닥에 굴렸어. 아탈란테는 잠시 걸음을 멈추고 이 황금빛 사과를 보더니만 달리는 속도를 줄이고는 이 사과를 줍더구나. 이 틈에 히포메네스는 아탈란테를 앞질렀어. 구경꾼들이 함성을 지른 것은 물론이야. 그러나 아탈란테는 곧 속력을 내더니 뒤처졌던 거리를 만회하고 다시 히포메네스를 앞지르더구나.

히포메네스는 다시 사과를 한 알 꺼내어 땅바닥에 굴렸고, 아탈란테는 다시 이 사과를 주우려고 속도를 늦추더구나. 물론 아탈란테는 이러느라고 조금 처졌지. 하지만 아탈란테가 앞서가는 히포메네스를 따라잡는 데는 시간이 얼마 걸리지 않았어. 겨루기는 종반으로 접어들고 있는 참이었지. 히포메네스가 또 내게 기도를 하더구나.

"저에게 황금빛 사과를 주신 여신이시여, 오셔서 저를 도와주소서."

이렇게 기도한 히포메네스는 있는 힘을 다해 마지막 하나 남은 사과를 던지더구나. 멀리 던졌지. 그러니까 아탈란테가 이 사과를 주우

황금 사과의 유혹
아탈란테가 두 번째 사과를 줍고 있다. 신화 이야기를 즐겨 그린 17세기 이탈리아 화가 귀도 레니의 〈아탈란테와 히포메네스〉.

노엘 알레의 〈히포메네스와 아탈란테의 경주〉
아탈란테가 황금 사과를 줍는 사이, 히포메네스가 질주하고 있다. 파리 루브르 박물관.

러 가는 데 걸리는 시간도 그만큼 길어질 것이 아니겠어? 하지만 아탈란테는 사과를 주우러 가야 할지 말아야 할지 망설이는 것 같더구나. 나 아프로디테가 또 손을 쓰지 않을 수 없는 판이 아니냐. 나는 아탈란테가 사과를 주우러 가지 않을 수 없게 만든 다음, 이 사과를 아주 무겁게 만들어버렸지. 주운 뒤에도 들고 뛰려면 힘이 들게 말이다. 이야기 길게 할 것 없어. 아탈란테는 이 겨루기에서 지고 말았어. 이긴 히포메네스가 이 아탈란테를 아내로 삼은 것은 물론이고.

　아도니스, 너도 생각해보아라. 이 히포메네스가 나에게 감사 표시로 제물을 바쳤어야 마땅하지 않으냐. 그런데도 이 지각없는 것은 나에게 제물을 바치기는커녕 그 명예를 내게 돌리는 데도 인색했다. 어찌 화가 나지 않을 수 있겠느냐? 무시당한 데 대해 몹시 화가 났던 나는 이것들에게 본때를 보여 장차 나를 대하는 인간들에게 교훈을

티치아노의 〈베누스와 아도니스〉
베누스는 아프로디테의 로마식 이름이다. 아도니스는 아프로디테의 만류에도 불구하고 사냥을 나 갔다가 멧돼지에게 죽임을 당했다. 그림에서 이들과 조금 떨어진 언덕에 사랑의 신 에로스가 잠들 어 있는데, 아도니스의 마음이 아프로디테에게서 멀어진 것을 상정하는 듯하다.

남기고자 했다. 그래서 나는 이 둘을 치기로 했던 것이다.

그 땅의 깊은 숲속에는, 저 유명한 에키온이 소원 이루어준 것에 대한 감사 표시로 신들의 어머니께 지어 바친 신전이 한 기 있었다. 아탈란테와 히포메네스는 이곳을 지나다, 먼 길에 지쳤던지 잠깐 쉬고자 했다. 나는 이곳에서 쉬는 이 둘을 보고는 손을 좀 썼지. 히포메네스의 가슴에다 아내 아탈란테에 대한 음욕을 일으킨 것이다. 그러니 어찌 되었겠느냐? 이 신전 가까이에는 키 큰 나무로 둘러싸인 데다 바위가 하늘을 가려 흡사 동굴 같은 곳이 한 군데 있었는데, 사람들은 이곳을 신성하게 여기고 범접하기를 두려워했다. 예전에 사제들이 이곳에다 옛날에 만들어진 신들의 목상을 많이 모셨으니 그렇기도 했을 테지.

 히포메네스가 제 아내를 이곳으로 데리고 들어가 욕심을 채운 것은 좋지만, 이자는 이로써 이 성소를 유린한 것이 아니냐? 신들의 목상이 일제히 이 한 쌍의 남녀에게서 고개를 돌렸으니 이 얼마나 무서운 일이냐? 머리에 탑 모양의 관을 쓰신 신들의 어머니께서는 이것들을 스튁스강 물에다 밀어 넣으려 하시다 말고 손을 멈추셨다. 이들에게 그것은 너무 가벼운 벌이라고 여기신 것이지. 그래서 신들의 어머니께서는 이들의 부드러운 목덜미에 꺼칠꺼칠한 털이 돋아나게 하셨다. 신들의 어머니께서 이렇게 손을 쓰시니, 이들의 손가락은 휘어져 발톱이 되었고 어깨는 구부러져 영락없는 짐승의 어깨가

퀴벨레 여신
아프로디테가 '머리에 탑 모양의 관을 쓰신 신들의 어머니'라고 부른 퀴벨레 여신.

되었다.

 어디 그뿐이냐? 힘살이라는 힘살은 다 가슴으로 모였고 엉덩이에서는 꼬리가 돋아나 땅바닥에 끌렸다. 표정도 갑자기 험악해졌지. 입에서는 말소리 대신 산을 울리는 포효가 터져 나왔어. 산을 집 삼아 숲을 누비며, 뭇 산 것들을 공포의 도가니로 몰아넣는 사자가 된 것이지. 그러나 퀴벨레 여신께서는 이 두 마리의 사자를 길들여 당신께서 타시는 수레를 끌게 하셨다. 혹시 이런 놈을 만나거든, 내 너에게 당부하거니와, 몸을 피하도록 하여라. 이런 놈뿐만이 아니다. 엉덩이를 돌려 달아나기는커녕 너를 상대하려는 놈이 있거든 반드시 달아나도록 하여라. 그렇지 않으면 네 칼 쓰는 솜씨가 비록 장하다고는 하나 그 칼이 너를 지켜주지 못할 것이다. 너에게 무슨 일이 생긴다는 것은 나에게 무슨 일이 생기는 것과 마찬가지니 유념하도록 하여라.

 히포메네스, 아탈란테와의 경주에서 이기면 미녀 아탈란테를 차지하고 패배하면 목숨을 잃어야 한다. 그런데 히포메네스는 목숨 잃는 것을 두려워한 것 같지는 않다. 아탈란테의 미모에 홀딱 넘어간 나머지 입안에서 단내가 나고, 가슴속에서는 애간장이 녹는 기분이었을 것이다. 그래서 '퀴테라의 여신'을 불렀을 것이다. '퀴테라의 여신'은 곧 아프로디테를 뜻한다. 아프로디테에게 그토록 간절하게 기도하고, 아프로디테의 도움을 받아 목숨도 구하고 미녀까지 아내로 맞았는데도 불구하고 히포메네스는 여신에게 감사 표시로 제물을

두 마리 사자가 끄는 수레에 탄 퀴벨레 여신
'퀴벨레'는 로마식 이름이다. 그리스 이름은 '레아', 바로 제우스의 어머니다. 탑 모양의 관을 쓰고 두 마리의 사자가 끄는 이륜차를 탄, 매우 위엄 있는 모습으로 자주 그려진다. 로마 문명 박물관.

바치기는커녕 명예를 여신에게 돌리지도 않았다. 여신을 편들고 싶어서 내가 히포메네스를 비난하는 것이 아니다. 히포메네스, 여신에게 너무 '싸가지' 없이 군 것이 아닌가. 그는 그 시대의 인간들에게도, 그 시대 도덕률에 대해서도 그렇게 '싸가지' 없이 굴었을 것이다. 미녀 아탈란테를 아내로 맞았다고 거들먹거렸을 것이다. 짐승으로 변신해도 싸다 싶다.

오늘의 베트남 사람들에게는 퍽 미안하지만 1971년 나는 베트남 전쟁터에 있었다. 목숨 잃을 가능성이 매우 컸다. 두려웠다. 신에 대한 믿음도 남아 있었다. 목숨만 살려준다면, 무사히 귀국하게 해준다면 평생 그 신을 섬기면서 좋은 일만 하겠다고 맹세하는 기도를 하고 싶었다. 그러나 나는 이를 악물고 그러지 않았다. 나는 그 맹세를 지켜낼 수 있을 것 같지 않았다. 나는 나 자신이 그런 맹세를 지켜낼 만큼 강한 인간이 못 된다는 것을 잘 알고 있었다.

 내 고향에는 믿음이 강한 의사 친구가 있다. 그는 20여 년 전 외아들이 사경을 헤매고 있을 당시 자신이 믿고 있던 신에게 기도했다. 아들만 살려주면 평생 신을 섬기면서 좋은 일만 하겠노라고 맹세하는 기도를 올렸다. 그 외아들이 살아났다. 그는 그때 했던 맹세를 철저하게 지키고 있다. 최근에는 가난한 나라의 환자들을 돌보러 다닌다는 신문 보도를 보았다. 나는 내 친구가 섬기는 신을 섬기지는 않는다. 그러나 그 친구가 맹세를 지켜내는 것은 무척 장하다고 생각한다. 그는 그만큼 강한 인간이다.

7장
신들은
앎의 대상이 아니다

GREEK
AND
ROMAN
MYTHOLOGY

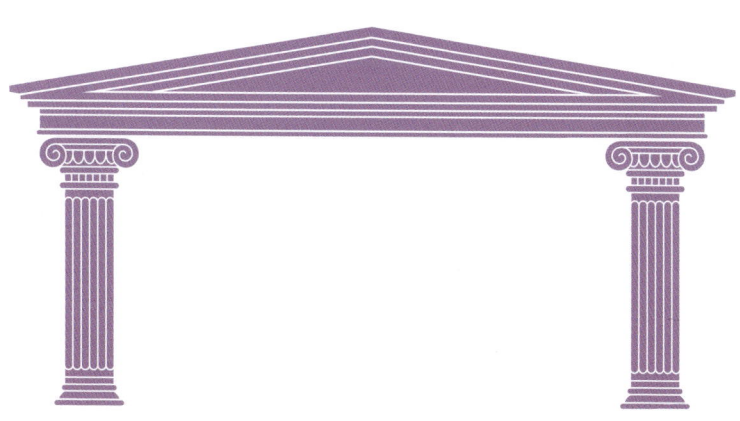

신화를 읽다가 '테바이'라는 지명만 나오면 나는 아연 긴장하고는 했다. 이야기가 칙칙해질 가능성이 매우 많기 때문이다. 오이디푸스 이야기의 무대가 테바이고, 니오베 이야기의 무대 또한 테바이다. 아르테미스 여신의 알몸을 엿보았다가 여신에 의해 사슴으로 모습이 바뀌고, 제가 데리고 다니던 사냥개들에게 물려 갈가리 찢어져 죽은 악타이온이 바로 테바이를 건설한 카드모스의 손자다.

나는 1999년 여름, 아테네에서 자동차를 몰고 키타이론산을 넘어 테바이로 갔다. 그리스인들도 테바이를 싫어했던 모양인가? 어찌나 철저하게 파괴되었는지 박물관이 있기는 한데 유물은 보잘것없었다. 그런데 그 보잘것없는 박물관에서 사진 촬영을 금지하고 있었다. 그리스에서 사진을 찍을 수 없는 유일한 박물관이 아닌가 싶다. 일부 유물에 대한 촬영을 저지하는 경우는 있다. 아테네에서 한 시간 거리에 있는 피라에우스 고고학 박물관에서는 고대 그리스의 도량형기만은 촬영을 금지하고 있다. 그 도량형기 앞에서 그냥 돌아설 때의 아쉬움, 지금 생각해도 아깝기 그지없다. 그런데 테바이에서는 경우가 다르다. 사진 찍을 것이 별로 없었다. 그런데도 촬영을 거절 당하고 돌아설 때의 불쾌감을 잊을 수 없다. 나는 테바이에 대해 '안 좋은 추억'이 있다.

아르테미스가 악타이온을 사슴으로 몸 바꾸기했다는 소식, 그 사슴이 악타이온 자신이 데리고 다니던 사냥개들에 의해 갈가리 찢겨 죽었다는 소식이 올륌포스에 전해졌다. 원래 성질머리가 표독스러운 아르테미스이지만 악타이온의 경우는 너무 잔인했다는 신들도 있었

아르테미스와 악타이온
악타이온을 향해 물을 퍼붓는, 이마에 초승달 장식이 있는 여성이 아르테미스 여신이다. 이탈리아 화가 카발리에레 다르피노의 그림.

고, 아버지 제우스 신에게 맹세한 순결을 지켜내기 위해서는 불가피한 일이었다고 아르테미스를 편드는 신들도 있었다. 나름의 견해를 합리적으로 설명하는 것은 신들에게 그리 어려운 일이 아니었다.

오직 한 여신, 즉 제우스 신의 아내 헤라 여신만은 아르테미스를 찬양하지도 비난하지도 않았다. 하지만 속으로는 고소해하는 참이었다. 악타이온이 바로 아게노르 집안의 자손이었기 때문이다. 아게노르가 누구던가? 포에니키아의 왕이다. 하얀 황소로 변신한 제우스가 납치해서 크레타로 데려갔던 에우로페가 바로 아게노르의 딸이다. 질투의 화신 헤라가 에우로페의 집안이기도 한 아게노르 집안을 좋아했을 턱이 없다.

아게노르는 에우로페가 행방불명이 되자, 누이를 찾지 못하면 돌아오지 말라는 명령과 함께 아들 셋을 그리스로 보내는데, 이 중의 한 아들이 바로 테바이를 건설한 카드모스다. 아르테미스의 알몸을 보았다가 비참하게 죽은 악타이온은 그러니까 에우로페의 손주뻘이 된다. 헤라가 고소하게 여긴 것도 무리는 아니다.

처음에는 그저 고소해하고 말았는데, 에우로페가 다른 여자를 연상시키자 헤라는 태도가 달라졌다. 말하자면 이 일로 인한 감정이 엉뚱한 데로 튄 것이다. 헤라의 생각이 세멜레에게 미쳤기 때문이다. 세멜레는 테바이 왕 카드모스의 딸이었다. 낯빛이 핼쑥해진 헤라가 이를 악물었다.

헤라가 이를 악문 데는 까닭이 있다. 지아비 제우스가 테바이 왕궁에 있는 세멜레의 방을 수시로 드나든다는 것을 알고 있었기 때문이었다. 세멜레가 제우스의 아기를 배고 있다는 것까지 헤라는 알고 있었다. 헤라는 입에서 나오는 대로 제우스와 세멜레에 대한 악담을 퍼붓다가 이렇게 중얼거렸다.

"입으로 아무리 악담해봐야 그게 무슨 소용이야? 이번에는 내 손으로 이 계집을 결딴내야겠다. 내가 누구더냐? 전능한 헤라 여신이라고 불릴 권리가 있는 여신이 아니더냐? 보석 박힌 홀을 들 수 있는 유일한 여신이 아니더냐? 내 손으로 이년을 결단코 요절내야겠다. 내가 이 올륌포스의 왕비이며, 제우스의 누이이자 아내인 것만큼이나 확실하게. 은밀하게 제우스와 사랑을 나누는 데 만족하고 있고, 우리 부부 사이를 잠깐 갈라놓은 데 지나지 않았다는 이유를 앞세워 계집을 용서하자고 주장할 자가 있을지도 모르겠구나. 하지만 안 된다. 저 계집은 자식을 배고 있다. 내가 칠 명분은 이로써 충분하다. 저 계집의 뱃속에 있는 자식이 계집의 유죄를 증명하고 있지 않으냐?

그뿐이냐? 저 계집은 제우스의 자식, 제우스만 끼칠 수 있는 자식의 어미가 되려 한다. 내가 언제 그런 적이 있던가? 더구나 저 계집은 제 미모를 대단한 것으로 여긴다. 그러니, 계집의 생각이 얼마나 잘못되어 있는지 보여줄 수밖에……. 내, 이년이 좋아하는 제우스의 손을 빌려 스튁스강 물(저승)에 처박지 못하면 크로노스의 딸이 아니다."

이 말끝에 옥좌에서 일어난 헤라는 황금빛 구름으로 몸을 가리고 세멜레의 집을 찾아갔다. 헤라는 세멜레의 집 앞에서 노파로 둔갑한 다음에야 황금빛 구름을 걷어냈다. 귀밑머리가 새하얗고 얼굴이 주름투성이인 노파로 둔갑한 헤라는, 등을 잔뜩 구부리고 지팡이로 발밑을 더듬으며 안으로 들어갔다. 헤라는 에피다우로스 출신인, 세멜레의 유모 베로에로 둔갑한 것이다.

세멜레를 만난 헤라(베로에로 둔갑한)는 저잣거리에 나도는 소문에 대해 이런저런 이야기를 했다. 헤라의 목소리는 겉모습에 딱 어울리게 떨렸다. 저잣거리 소문에 관한 이야기가 나왔으니 제우스 이야기가 따라 나오는 것은 당연했다. 헤라는 한숨을 쉬면서 말했다.

"아씨 댁 드나드시는 그분이 제우스 신이시라면 얼마나 좋겠어요? 하지만 세상 돌아가는 것을 보면 마음이 놓이지 않아요. 하고많은 사내들이 순진한 처녀 방을 기웃거릴 때는 신들 행세를 한답디다. 그분이 자기 입으로 제우스 신이라고 하더라도 아씨께서는 마음을 놓지 마세요. 아씨를 정말 사랑한다면 증거를 보이셔야지요. 여쭤보시고 정말 제우스 신이시라고 하시거든, 헤라 여신 앞에 나타나실 때처럼 위대하시고 영광스러우신 신의 모습을 보여달라고 하세요. 위풍당당하게 벼락까지 차고 오셔서 안아달라고 해보세요."

헤라는 카드모스의 순진한 딸을 이렇게 꼬드겨놓은 것이다. 세멜레는 듣고 보니 그럴듯하게 여겨졌던지, 며칠 뒤 제우스 신이 나타나자, 소원이 있는데 꼭 들어주겠다는 약속만 하면 말하겠노라고 했다.

제우스 신이 대답했다.

"무엇이든지 말해보게. 내 거절하지 않을 터이니. 나를 못 믿을까 봐서 하는 말인데, 그대가 원한다면 내 스튁스강에 맹세하지. 이 스튁스강에다 대고 하는 맹세는 신들도 뒤집을 수 없네. 자, 맹세했으니 말하게."

처녀 시절 세멜레는 이상한 꿈을 꾼 적이 있다. 제우스 신에게 바치는 제물인 황소의 피에 젖는 꿈이었다. 세멜레는 예언자이자 점쟁이인 테이레시아스에게 해몽을 부탁했다. 테이레시아스의 표정이 어두워졌다. 애인의 손에 죽을 운명이라는 점괘가 나왔지만, 테이레시아스는 이것을 세멜레에게 일러줄 수가 없었다.

제우스가 스틱스강에 대고 맹세까지 하자 세멜레는 어린애처럼 좋아하면서 절대로 해서는 안 되는 말을 입 밖으로 내고 말았다.

"그럼 말씀드리지요. 헤라 여신 앞에 나타나실 때, 헤라 여신과 사랑을 나누실 때의 모습을 저에게도 보여주세요."

아뿔싸!

이렇게 생각한 제우스는 그 말이 입 밖으로 다 나오기 전에 세멜레의 입을 막으려고 했다. 그러나 제우스가 정신을 차린 것은 세멜레의 말이 다 입 밖으로 나온 뒤였다. 제우스는 한숨을 쉬었다. 이제 세멜레의 소원은 들어주지 않을 수 없게 되고 말았기 때문이다. 스틱스강에다 대고 한 맹세는 제우스 자신도 취소할 수 없었다.

제우스는 슬픔에 잠긴 채 올륌포스로 올라갔다. 그에게는 여러 가지 벼락이 있었다. 두 팔을 벌리면 동서 끝까지 이르는 거인 튀폰을 쓰러뜨릴 때 쓰던 것과 같은, 불길이 엄청나게 강한 벼락도 있었고, 외눈박이 거인 삼 형제인 퀴클롭스가 벼려준, 불길도 그리 세지 않고 강도도 좀 떨어지는 벼락도 있었다. 제우스는 신의 모습에 어울리게 차려입되 비교적 가볍게 차리고, 벼락도 가벼운 것으로 차고서 세멜레를 다시 찾았다.

세멜레 앞에 신의 모습으로 나타난 제우스
세멜레의 등 뒤에 제우스를 상징하는 독수리가 앉아 있다. 17세기 이탈리아 화가 세바스티아노 리치의 그림.

제우스의 광채에 타 죽고 만 세멜레
인간인 세멜레는 올림포스의 최고신이 내뿜는 어마어마한 광채를 견딜 수 없었다.

그러나 세멜레는 인간이었다. 세멜레의 육체는 인간의 육체였다. 인간의 육체는, 이 올림포스의 최고신이 내뿜는 어마어마한 광채를 견딜 수 없었다. 세멜레는 이 제우스의 광휘 앞에서 새카맣게 타 죽었다.

제우스는 헤르메스로 하여금 이 세멜레의 뱃속에 들어 있던, 아직 달이 덜 찬 아기를 꺼내게 하고는 자기 허벅다리에 넣고 실로 기운 뒤 남은 달을 마저 채워 꺼냈다고 한다. 제우스는 이 아기를 아기의 이모인 이노에게 맡겨 은밀히 기르게 했다. 뉘사의 요정들은 행여 헤라가 알까 봐, 이 제우스의 아들을 동굴에다 숨기고 우유로 길렀다는 것이다. 이 아이의 이름은 '디오뉘소스', '뉘사의 제우스'라고도 불린다.

영국 옥스퍼드 대학교 출판부에서 펴낸 『고대 신화 인명 사전』에는 '세멜레'라는 이름이 그리스 말이 아니라 북부 트라키아 말 '제멜로(대지)'에서 온 것 같다고 되어 있다. 디오뉘소스가 그리스 본토의 토착신이 아니라는 암시 같다.

에드워드 포코크는 『그리스 속의 인도 India in Greece, or Truth in Mythology』라는 책에서 놀라운 주장을 펴고 있다. 자그마치 지금부터 150년 전인 1851년에 초판이 나온 『그리스 속의 인도』는 그로부터 무려 120년 세월이 흐른 뒤인 1972년에 이르러서야 새 판이 나왔다.

니콜라 푸생의 〈디오뉘소스의 탄생〉
붉은 망토를 입은 이는 전령의 신 헤르메스다. 구름 속에서 제우스가 내려다보고 있고, 그 곁에는 독수리가 앉아 있다.

　포코크가 이 책에서 펴고 있는 주장은, 역사가들에게는 이 책의 초판 출간 연도만큼이나 고색창연하고 새삼스러울 것이나, 적어도 나에게는 꽤 충격적인 것이었다.
　포코크는 이 책에서 그리스의 지명에 대응하는 인도의 도시나 지역 이름 1백여 개와 함께 그 경도와 위도까지 정확하게 싣고 있을 뿐만 아니라 수백 개의 그리스 고유명사를 산스크리트어로 해석해낸다. 그의 주장에 따르면, 인도인의 상용 언어 산스크리트어를 동원하지 않으면 그리스의 고유명사는 대부분 그 의미가 해석되지 않는다.
　그의 주장에 따르면, 그리스와 소아시아 등지에 살았던 것으로 추정되는 그리스 선주민 펠라스기인들은 원래 그리스에 살고 있던 사람들이 아니다. 그리스인들은 이 '펠라스기'라는 말이 '펠로아그로스'에서 왔다고 주장한다. 즉 '아그로스(평야)'에서 '펠로(경작)'하던 민족이라는 것이다. 하지만 포코크의 주장에 따르면 '펠라스기'는 그리스어가 아니라 산스크리트어다. 산스크리트어로 '펠라스기'는 '펠라고스(바다)'를 통해서 그리스로 들어온 민족이라는 뜻이다.

그뿐만 아니라 놀랍게도 그리스 선주민 펠라스기인들의 고향으로 믿어지는 '펠라사'는 인도 바하르 지방의 옛 이름이다. 그 바하르의 다른 이름은 '마게단', 즉 '태양의 자손들'이라는 뜻이다. 바하르, 즉 펠라사인들은 인도의 계급제도를 부정하고 명상적인 종교 생활을 고집하다가 인도의 지도 계급 브라만으로부터 저주를 받아 인도 땅을 버리고 그리스로 이주했다는 것이 포코크의 주장이다. '마게단'이라는 지명은 뒷날 이 펠라사인들이 또 한 차례 옮겨가서 살게 되는 땅 '마케도니아'의 어원이 된다.

그렇다면 '디오뉘소스'가 '뉘사의 제우스'라는 말은 어떻게 받아들여야 하는가? 그가 주장하는, 라마교 전승으로 전해지던 디오뉘소스 신화가 왜곡되면서 그리스에 토착화하는 과정은 차라리 희극에 가

세멜레와 디오뉘소스
디오뉘소스는 어머니 세멜레가 죽은 뒤에 태어났으니 실제로 이렇게 얼굴을 맞댈 수는 없었을 것이다. 하지만 신이 된 후에 세멜레를 되살려내어 올림포스로 모셨다는 이야기도 있다. 고대 그리스의 질그릇. 나폴리 국립 고고학 박물관.

깝다. 포코크의 주장에 따르면 디오뉘소스는 그리스의 신이 아니다.

라마교 전승에 따르면 타타르족에 속하던 젊은 라마승은 '디튀아스', 즉 이단자의 손에 살해당한다. 그러나 불교의 윤회설에 대한 믿음이 돈독하던 이 라마승은 자이나교의 여사제 '수라메', 즉 '위대한 라마의 여왕'의 은총을 입고 생명을 되찾는다. 거룩한 산 '메루'에서 새로운 생명을 얻고 부활한 이 청년의 이름은 바로 '디오 나우소스', 즉 '나우소스산의 신'이라는 뜻이다.

그런데 이 청년에게 생명을 되돌려주는 자이나교의 여사제 이름 '수라메'는 '세멜레'와 흡사하고, 그가 생명을 되찾은 거룩한 산 '메루'는 '허벅지'라는 뜻을 지닌 그리스어 '메로스'와 매우 흡사하다. 포코크는 산스크리트어로 되어 있는 인근의 지명과 등장인물의 이

아기 디오뉘소스를 안아 올리는 실레노스
그 앞에는 헤르메스가 앉아 있다.

름을 조목조목 해석해내면서, 그리스인들이 이 이야기를 끌어다가 제우스가 세멜레의 뱃속에서 타다 남은 아이를 꺼내 자기 넓적다리에 넣고 꿰매었다는 엉뚱한 신화로 발전시켰다고 주장한다.

또 한 가지 흥미로운 것은 포코크가 이 책의 마지막 장을, 윤회설을 주장한 퓌타고라스의 행적에 할애하고 있다는 점이다. 산스크리트 문화의 세례를 그 씨앗으로 삼고 자라 마침내 찬란하게 개화하고 그 열매를 로마에 전한 그리스 문화권의 현자 퓌타고라스는 인도의 힌두교를 어떻게 소화했던 것일까?

포코크는 퓌타고라스가 힌두교에 심취했다고 확신한다는 주장과 함께 퓌타고라스의 이름을 다음과 같이 산스크리트어로 해석해낸다.

"퓌타고라스가 누구던가? 그의 그리스 이름은 '푸타 고라스', 산스크리트어 이름은 '붓다 구루스'다. '붓다 구루스'가 무엇인가? 결국 '영적인 스승 붓다'가 아닌가."

디오뉘소스 탄생 신화가 과연 인도에서 건너온 것이냐 아니냐를 따지는 것보다 더 중요한 것이 있다. 그것은 어디에서 왔든 그리스 땅에서 상당히 흥미로운 방향으로 모습이 바뀌었다는 것이다.

우리가 앞에서 읽었듯이, 세멜레가 숨을 거둘 당시 아기 디오뉘소스는 까맣게 그을린 세멜레의 몸속에 있었다. 제우스는 헤르메스로

하여금 세멜레의 배에서 아기 디오뉘소스를 꺼내게 했다고 한다. 그런데 까맣게 그을린 어머니의 몸속에 있다가 헤르메스의 도움으로 태어난 신이 또 있다. 아폴론과 처녀 코로니스 사이에서 난 의술의 신 아스클레피오스다.

 아폴론은 애인 코로니스가 아기를 가졌다는 소식을 듣고는 다른 사내의 아이로 착각하고 멀리서 활을 쏘아 코로니스를 죽였다. 아폴론이 뒤늦게 자기 아들인 것을 알고 달려갔을 때는, 코로니스의 육신이 화장터에서 까맣게 그을린 뒤였다. 아폴론은 헤르메스로 하여금 코로니스의 뱃속에 든 아기를 살려내게 하고는, 이 아기를 현명

디오뉘소스와 아스클레피오스의 탄생을 도운 헤르메스
그리스의 올륌피아 박물관에는 매우 아름다운 헤르메스 상이 있다. 이 헤르메스가 안고 있는 아기가 디오뉘소스다. 고대 그리스의 조각가 프락시텔레스의 작품으로, 올륌피아에는 그의 작업실로 짐작되는 방도 있다.

한 켄타우로스 케이론에게 맡겨 의술을 가르치게 했다. 케이론은 뒷날 이아손, 헤라클레스, 아킬레우스 같은 영웅들을 가르친 현자로 유명하다.

그런데 디오뉘소스와 아스클레피오스에게는 또 다른 공통점이 있다. 그것은 죽음 및 재생과 밀접한 관계가 있다는 것이다. 디오뉘소스는 영원히 사는 불사신으로 믿어지기도 하고, 해마다 가을이면 죽었다가 봄이면 포도 잎과 함께 부활하는 신으로 믿어지기도 한다.

아킬레우스에게 수금을 가르치는 케이론
현명한 케이론은 아스클레피오스뿐 아니라 이아손, 헤라클레스, 아킬레우스 같은 영웅들을 가르쳤다.

아스클레피오스는 죽어가는 사람을 살리는 의술의 신이다. 실제로 그는 죽은 사람을 살린 적이 있다. 테세우스의 죽은 아들 히폴뤼토스를 살려낸 것이다. 죽음 및 재생과 밀접한 관계가 있는 신들이, 새까맣게 탄 어머니의 몸속에서 나왔다는 신화가 퍽 의미심장하다.

 세멜레 이야기를 나는 이렇게 읽는다. 신들이란 원래 '믿음'의 대상이지 '앎'의 대상이 아니다. 신들의 초월적인 권능은 인간의 눈에 보이지도 않고 귀에 들리지도 않는다. 인간은 신들을 볼 수도 없고 보아서도 안 된다. 인간 중에서 신들을 볼 수 있는 인간은 따로 있다. 바로 사제들이다. 초월적인 권능을 지닌 신들을 볼 수 있는 인간은 사제들뿐이다. 신들에게 신전이 있고, 이 신전에서 인간과 신 사이를

의술의 신 아스클레피오스
디오뉘소스는 해마다 부활하는 신이고, 아스클레피오스는 죽어가는 사람을 살리는 의술의 신이다. 죽은 어머니의 몸에서 태어난 두 신이 죽음 및 재생과 관련이 있다는 점이 의미심장하다.

중재하는 사제가 있는 것은 바로 이 때문이다.

하지만 인간은 역시 연약한 존재라서 신들이라는 존재가 퍽 궁금하다. 헤라는 바로 인간의 이런 약점을 집요하게 파고들어, 어리석은 세멜레로 하여금 제우스의 광채에 타 죽게 만든 것이다.

8장
신들은 겨룸의 대상이 아니다

GREEK
AND
ROMAN
MYTHOLOGY

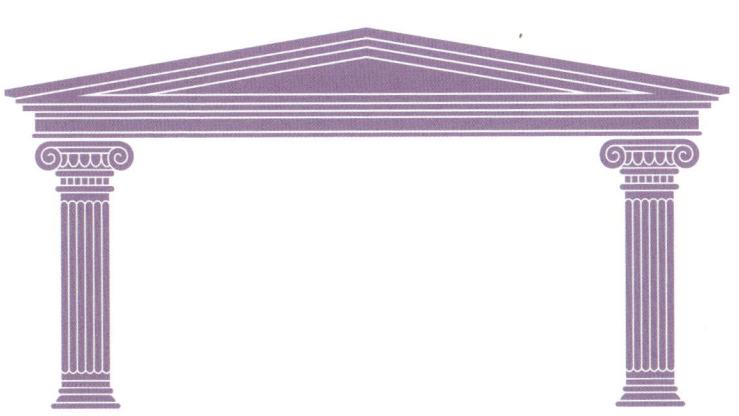

한 문학 잡지의 표지를 훑어보다가 나는 가볍게 놀랐다. 소설 필자 중에 '선데이 마르쉬아스Sunday Marsyas'라는 이름이 올라 있었기 때문이다. 이 국적 불명인 작가가 기고한 단편소설 제목은 「미(아름다움)」. 어느 나라 사람일까? 필자의 정체가 궁금할 수밖에. 작가의 프로필을 읽어보았다. 놀랍게도 그의 한국 이름은 '심상대'. 심상대라면, 벌써 1999년 당시 이미 세 권의 소설집을 펴낸, '젊은' 중견 반열에 드는 소설가, 마흔 살 나이에 예술대학 들어간 오기만만한(!) 사내다.

'선데이'는 이름 '상대'를 영어식으로 익살스럽게 쓴 것일 터이다. 그렇다면 '마르쉬아스'는 무엇인가? 그는 왜 이런 이름을 쓰고자 하는가? 결론부터 말하면, 이 신화 속 고유명사 빌려 쓰기는, 패배할 경우 산 채로 살가죽을 벗기울 각오를 하고 예술의 신과 한판의 대거리를 해보겠다는 오기(!)로 가득 찬 선언이다. 신화를 자주 읽는 사람은 포괄적이면서도 간명한 이 상징적 언어를 단박에 알아듣는다.

아테나 여신으로부터 벌을 받는 아라크네
여신이 베를 짤 때 쓰는 북으로 내리치자 아라크네는 거미로 변한다. 이 여인의 이름은 거미를 지나치게 무서워하는 거미 공포증을 가리키는 말, '아라크네포비아'에 남아 있다. 페테르 루벤스의 그림.

 신들과 겨루다가 패가망신한 인간은 한둘이 아니다. 직조(베 짜기)의 여신이자 공업의 여신인 아테나와 베 짜기 시합을 벌였다가 여신에게 북으로 한 대 얻어맞고 거미가 된 처녀가 있다. 아라크네다. 그녀의 이름은 영어 '아라크네포비아 arachnephobia', 즉 '거미 공포증'에 남아 있다. 아라크네는 거미가 되었지만 죽은 것은 아니다. 신들과 겨루려다가 아라크네 이상으로 처절한 벌을 받고 목숨을 잃은 자도 있다. 그의 이름이 바로 마르쉬아스다.

헤라는 제우스 신의 난봉질을 견디다 못해 포세이돈과 아폴론의 도움을 얻어 제우스를 곰 가죽끈으로 묶었던 일이 있다. 제우스는 테티스의 도움과, 손이 1백 개나 되었다는 거인 헤카톤케이레스 덕분에 곰 가죽끈에서 풀려나자마자 포세이돈과 아폴론을 트로이아로 보내어 라오메돈왕의 종살이를 하게 했다. 라오메돈왕은 포세이돈에게는 성채 쌓는 노역을 맡기고 아폴론에게는 송아지 떼를 돌보게 했다.

아폴론과 목동들
아폴론은 음악의 신이지만 불뚝한 성미 때문에 사고를 저지르고 두 번이나 인간 세상에 귀양을 왔다. 독일 화가 고틀리프 시크의 그림.

중국의 위대한 시인 이태백은 스스로를 '적선', 즉 '하늘에서 귀양 온 신선'이라고 불렀다지만 제우스의 명령일하에 아폴론은 하루아침에 적선이 아닌 '적신', 즉 '하늘에서 귀양 온 신'이 되고 만 것이다.

올림포스의 신들 가운데서도 아폴론은 제우스와 헤라에 다음가는 대접을 받았다. 여러 신이 아폴론의 노래와 연주를 그만큼 귀하게 여겼기 문이었다. 아폴론이 들어가면 거의 모든 신이 일제히 일어나 경의를 표했다. 어머니 레토가 활과 화살통을 받아 걸고는 수금

수금을 연주하는 아폴론
아폴론과 마찬가지로 오르페우스가 수금 반주로 노래를 부르면 들짐승들이 몰려와 들었다고 한다. 오르페우스는 예술의 여신 무우사의 아들이니 아폴론과 무관하지 않다. 브리턴 리비에르의 그림.

을 내주고, 제우스가 청춘의 여신 헤베로부터 잔을 받아 아폴론에게 손수 신들의 술인 넥타르를 부어준 연후에야 신들은 자리에 앉을 수 있었다.

그러던 아폴론인지라 목동 노릇 하는 적신 신세가 된 뒤에도 수금을 손에서 놓은 적이 없었다. 아폴론이 수금을 뜯으면 그 소리가 참으로 간곡했는데, 가령 아폴론이 기뻐하는 마음일 때 뜯는 수금 소리를 들으면 소들이 하루 종일 지칠 줄을 모르는 채 산야를 뛰며 풀을 뜯었고, 혹 아폴론이 슬픔에 잠겨 있을 때 뜯는 수금 소리를 들으면 소들이 사흘 동안이나 풀 뜯을 생각을 하지 않았다고 한다.

그런 아폴론이, 프뤼기아 땅에 피리장이로 소문난 강의 신이 하나 있다는 이야기를 들었다. 강의 신이 아니고, 몸에 털이 난 숲속의 장난꾸러기 사튀로스였다는 전설도 있지만 일단 여기에서는 강의 신이라고 해두자. 들리는 소문은, 그 강의 신이 부는 피리 소리를 한번 들은 인간들이 다음과 같은 말로 탄복했단다.

"무사게테스(음악의 신)의 수금이 울고 가겠구나. 신이시여, 귀머거리를 면하게 하셔서 저 강의 신의 피리 한 곡조를 듣게 하시니 감사합니다. 이제 귀머거리로 만드셔도 좋습니다."

이 피리에는 사실 내력이 있다.

올림포스 신들에게는 각자 맡은 직분이 있다. 말하자면 아프로디테가 베틀에 앉으면 아테나가 좋아하지 않고, 아테나가 악기를 들고 나서면 아폴론이 좋아하지 않는다.

그런데 어느 날 아테나가 신들의 잔치 자리에 수사슴 뼈로 만든 피리를 하나 들고나와서는 한 가락을 불어 신들을 기쁘게 해주려고 했다. 아테나가 그것이 아폴론의 직분이라는 것을 모르고 있었던 것은 아니다. 아폴론이 인간 세상에 귀양 가 있는 참이라 아폴론을 대신해서 신들을 기쁘게 해주려고 했던 것이다.

아테나가 피리를 불자 다른 신들은 눈을 감고 마음으로 그 가락을 들었지만 웬일인지 헤라와 아프로디테만은 이따금 눈길 부딪칠 때마다 고개를 돌리고 웃었다.

아테나는 왜 웃는지 궁금해서 그 까닭을 물어보았다.

"아니, 두 분께서는 눈길 마주칠 때마다 웃으시는데, 대체 까닭이 무엇입니까? 아폴론 신이 없는 자리에서 제가 주제넘게 피리를 불고 있다고 생각하신다면 그거야 화를 내실 일이지 어디 웃으실 일입니까?"

헤라와 아프로디테는 아무 말도 하지 않고 손으로 입을 가린 채 여전히 웃기만 했다.

아테나 여신은 피리를 들고 자기 신전으로 돌아가 구리거울 앞에서 피리를 한번 불어보았다. 그러다 얼굴을 붉혔다. 피리를 입술에 물고 을 줄 때마다 양쪽 뺨이 흡사 레토의 저주를 받았다는 그 개구리 뺨 비슷하게 불룩거리고 있었기 때문이다. 상대가 다른 여신이었으면 아테나도 그렇게 불쾌하게는 여기지 않았으리라. 아테나는 올림포스에서 더불어 아름다움을 겨루던 헤라와 아프로디테로부터 무안을 당한 참이라 지혜로운 여신답지 않게 화를 내며 그 피리를 하계로 집어 던졌다. 그러고는 이렇게 악담을 했다.

"이 피리를 주워서 부는 것이면 놈이든 년이든 산 채로 살가죽을 벗길 것이다."

이 애꿎은 피리를 주운 이가 바로 문제의 강의 신 마르쉬아스다. 피리 불 줄 모르는 마르쉬아스는 자기 강에 떨어진 그 피리를 주워 그저 입술에 대어보았을 뿐인데도, 피리는 영묘한 소리를 내며 마르쉬아스가 아는 가락 모르는 가락 할 것 없이 줄줄 엮어내었다. 몹시 기분이 좋아진 마르쉬아스는 그 피리를 들고 자기 강 유역을 두루 다니며 농사꾼들에게 음악을 들려주었다. 농사꾼들은 다음과 같은 말로 마르쉬아스를 찬양했다.

"의술의 신 아폴론은 병도 주고 약도 준다더라만, 강의 신 마르쉬아스는 물도 주고 노래도 들려주신다."

아폴론은 이 소문을 듣고 마르쉬아스를 찾아가 물었다.

"그대가 부는 피리 소리는 아폴론이 타는 수금 소리보다 낫다는데 사실이오?"

마르쉬아스는 피리 솜씨로 이름을 날리던 참이라 우쭐해진 마음에서 할 소리 안 할 소리를 분별없이 했다.

"아폴론 신이 수금을 잘 탄다고 하나 그거야 올륌포스 신들 귀나 즐겁게 하는 것이지 인간의 귀에야 어디 어림이나 있는가? 내 피리 소리에 대면 아폴론의 솜씨는 수사슴 걸음에 거북이 걸음이지. 내 말 무슨 뜻인지 아시겠는가?"

"하찮은 목동이 무엇을 알겠습니까, 가르쳐주시기나 하시지요."

"내 피리는 사슴뿔로 만든 것이요, 아폴론의 수금은 거북이 등딱지로 만든 것이다, 그 뜻이네."

아폴론과 마르쉬아스의 대결
벌거벗은 몸으로 수금을 거꾸로 들고 연주하는 이가 아폴론. 그 옆에 마르쉬아스가 피리를 불고 있다. 17세기 네덜란드 화가 힐리스 판 코닝크슬로의 〈미다스왕의 심판〉.

"그게 가락의 아름다움과 무슨 상관이 있습니까? 저는 아폴론 신을 섬기는 목동으로, 감히 그분을 흉내 내어 거북이 껍데기 수금도 좀 익혔습니다. 저와 한번 솜씨를 겨룬 연후에 아폴론 신의 수금 솜씨를 비웃어도 늦지 않을 것입니다."

"네가 무엇을 믿고 그러는지 모르겠다만 내가 너 같으면 강의 신 마르쉬아스에게만은 도전을 않겠다. 네가 지면 어쩌겠느냐?"

"그야 강의 신께서 정하실 일이지요."

"산 채로 살가죽을 벗기우겠느냐?"

"그러지요."

"그래, 내가 지면 산 채로 네 손에 살가죽을 벗기우마."

"강의 신께서 먼저 하신 말씀이니 딴소리는 마십시오. 그런데 아프로디테, 헤라, 아테나, 이 세 분 여신께서 아름다움을 겨루실 때는 파리스라는 목동이 그 아름다움을 판정했습니다. 이번 시합에는 누구를 내세우시겠습니까?"

강의 신 마르쉬아스와 아폴론은, 마르쉬아스가 섬기는 퀴벨레 여신에게 청을 넣어 무사이(예술) 아홉 여신을 모셔 오게 했다. 아폴론은 인간으로는 프뤼기아 왕 미다스를 심판으로 초청하자는 제안에 동의했다. 인간으로부터 칭송을 받는 데 재미를 본 마르쉬아스가 굳이 인간을 하나라도 심판으로 세워야 한다고 우긴 것이었다.

무사이 아홉 여신에 대해서는 따로 소개하지 않아도 될 듯하다. 아폴론은 마르쉬아스와 겨룰 날짜가 잡히자 무사이에게 은밀히 심부름꾼을 보내어, 땅으로 내려오더라도 자기를 아는 척하지 말고 그저 여느 목동 대하듯 하라고 일러두었다. 프뤼기아 왕 미다스가 여기에 온 것은, 디오뉘소스의 스승 실레노스를 살려주었다가 '황금의 손' 사건으로 한바탕 곤욕을 치른 직후다.

드디어 아폴론과 마르쉬아스의 연주 겨루기가 시작되었다. 미다스는 심판을 공정하게 하자면 잘 들어야 할 것 같아서 귓속에서 삐죽이 돋아나온 귀털을 모조리 뽑고 무사이 아홉 자매 옆에 앉았다.

그러나 아폴론의 수금 솜씨가 빼어났다고는 하나, 마르쉬아스의 피리 가락은 마르쉬아스가 부는 것이 아니고 아테나 여신의 조화에 놀아나고 있었으니 이 또한 만만하지 않았다. 무사이 여신들도 그

마르쉬아스를 노려보는 아폴론
피리를 부는 마르쉬아스와, 수금을 내려놓은 채 그를 노려보는 아폴론. 피에트로 페루지노의 그림.

피리 가락을 듣고는 고개를 갸웃거렸을 정도였다.

초조해진 아폴론은 마르쉬아스에게 버럭 고함을 질렀다.

"이놈, 마르쉬아스, 나를 보아라. 내 비록 잠시 라오메돈의 송아지를 치고 있으나 내가 바로 머리끝부터 발끝까지 아폴론이다. 자, 너도 나처럼 악기를 거꾸로 들고 연주해보아라. 그 연주를 반주 삼아 노래를 불러보아라."

아폴론은 수금을 거꾸로 안고 뜯으며 올륌포스 신들을 찬양하는 노래를 불렀다. 그러나 수금으로는 그럴 수 있어도 피리는 거꾸로 불 수도 없으려니와 혼자서 피리도 불고 이 피리 소리를 반주 삼아 노래를 부를 수는 더욱 없었다.

무사이 여신들이 저희 동아리의 우두머리인 아폴론을 승자로 판정한 것은 물론이다. 마르쉬아스는 이제 산 채로 살가죽이 벗겨질 판이었다.

이때 미다스가 나서며 아폴론에게 항변했다.

"신들이 인간을 때리시되 양손으로는 때리시지 않는다고 해서 나는 신들이 자비로우신 줄 알았습니다. 신들이 인간을 벌하시되 까닭 없이는 벌하시지 않는다고 해서 나는 신들이 정의로우신 줄 알았습

마르쉬아스의 살가죽을 벗기는 아폴론
예술의 신 아폴론과 한판 대결이라도 해보고 싶었던 것일까? 많은 화가가 마르쉬아스를 그렸다. 귀도 레니의 〈마르쉬아스의 살가죽을 벗기는 아폴론〉.

니다."

"미다스여, 들으라. 신들이 자비롭다고 누가 그러더냐? 인간이 아니더냐? 신들은 너희 인간이 무릎을 꿇을 때만 자비롭다. 다른 신들이 정의롭지 못할 때만 정의롭다. 미다스여, 들으라. 너희가 무릎을 꿇지 않을 때, 감히 신들과 겨루려 들 때, 정말 잘 들어두어라. 신들의 마음속에는 목장도 풀밭도 없다. 강의 신 나부랭이의 가락과 음악의 신의 가락도 가려듣지 못하는 네 귀가 그것이 귀냐? 내 너에게 귀 같은 귀를 붙여주마."

아폴론의 이 말이 끝나자 미다스의 귀는 당나귀 귀로 변했는데, 이것이 저 유명한 '임금님 귀는 당나귀 귀' 사건이다.

아폴론이 산 채로 살가죽을 벗기려 들자 마르쉬아스가 비명을 질렀다.

"살려주세요. 어쩌자고 진짜로 내 살가죽을 벗기는 것입니까? 다시는 이러지 않겠으니 한 번만 용서해주십시오. 약속합니다. 피리 불기에서 졌다고 이러는 것은 너무 심하지 않습니까?"

그가 이렇게 고함을 질렀는데도 불구하고 아폴론은 그의 살가죽을 깡그리 벗겨버렸다. 이로써 그의 몸은 전체가 하나의 상처가 된 것이다. 피가 흐르지 않는 곳은 한 군데도 없었다. 신경의 가닥도 하나 남김없이 밖으로 드러났다. 살가죽이 없어졌으니 핏줄 뛰는 것이 드러나 보이는 것도 당연했다. 벌떡벌떡 뛰는 내장기관과, 가슴 속의 허파도 훤히 들여다보였다.

들판을 누비고 다니던 숲의 사튀로스들이 이 마르쉬아스를 위하

벌을 받는 마르쉬아스
파리의 루브르 박물관에 가면 나는 이 석상 앞에 오래 서 있고는 한다.

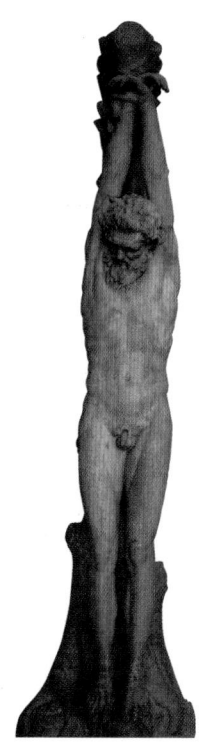

여 눈물을 흘렸다. 강의 신(마르쉬아스가 사튀로스였다는 전설도 있다)들은 물론, 그가 사랑하던 요정들, 산에서 양 떼나 뿔 달린 가축을 돌보던 목동들까지도 이 마르쉬아스를 불쌍히 여겨 눈물을 흘렸다. 기름진 땅은 눈물로 젖었다. 젖은 땅은 끊임없이 떨어지는 눈물을 가슴 깊숙이 빨아들였다. 땅은 이 눈물로 샘을 지어 땅 위로 용솟음치게 했다. 이 샘에서 나온 물은 강이 되어 둑을 따라 바다로 흘러갔다. 온 프뤼기아 땅에서도 가장 맑은 이 강을, 사람들은 '마르쉬아스강'이라고 불렀다.

나는 당시 신문에다 이 이야기를 쓰면서, '선데이 마르쉬아스'가 신화에서처럼 산 채로 살가죽을 벗기울 각오로 예술의 신과 한판 대거리를 하게 되기를 빈다고 썼다. 뒷날 만났더니 '선데이 마르쉬아스'에서 다시 '심상대'로 돌아가 있던데, 왜 돌아갔느냐고는 물어보지 않았다.

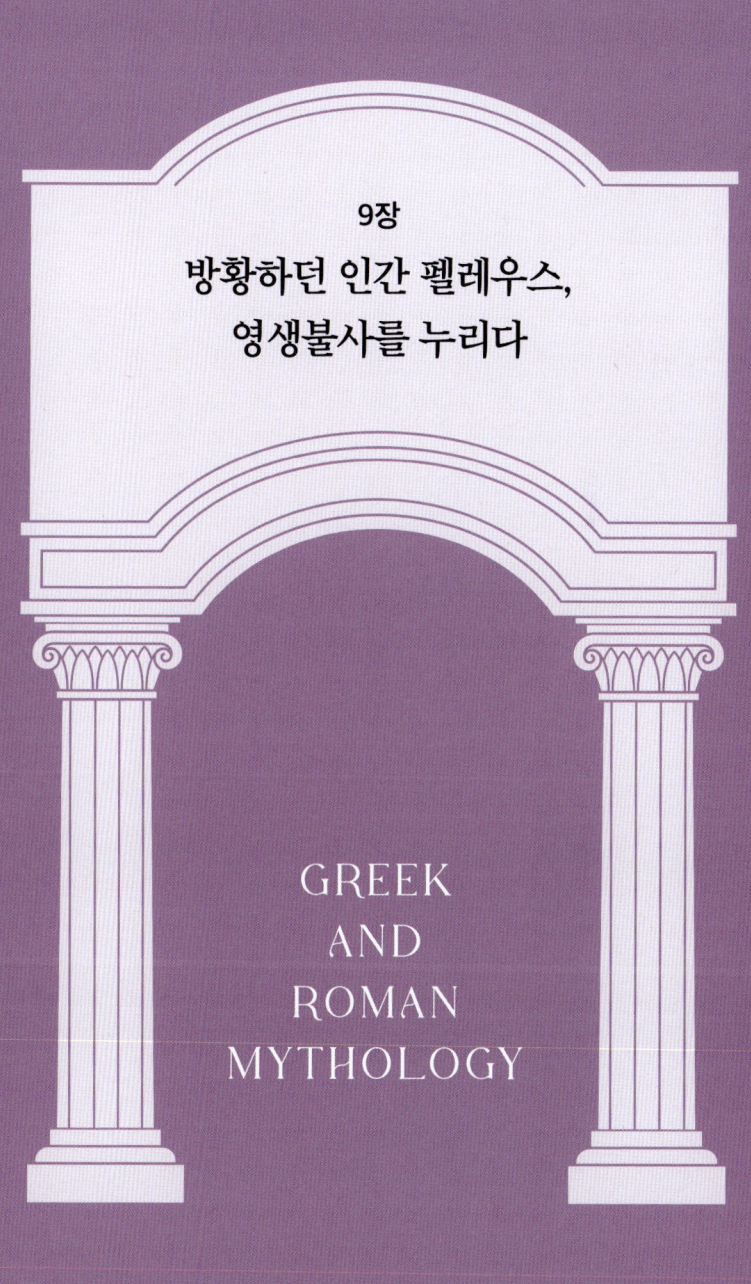

9장
방황하던 인간 펠레우스, 영생불사를 누리다

GREEK
AND
ROMAN
MYTHOLOGY

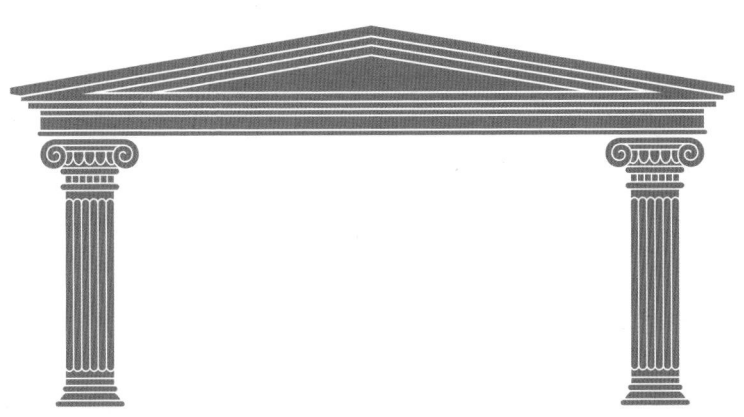

　인간들 중에서 여신과 정식으로 결혼식을 올린 사람은 펠레우스 한 사람뿐이다. 이로써 펠레우스는 조부 이름(제우스)뿐만 아니라 장인 이름(네레우스)까지 자랑할 수 있게 되었다. 무슨 말인가 하면, 제우스의 손자인 것은 펠레우스 한 사람뿐만이 아니었으나, 해신 네레우스의 딸인 테티스 여신을 아내로 맞은 사람은 펠레우스 한 사람뿐이었다는 말이다.

　제우스가 한창 난봉을 피우고 다닐 때의 일이다. 헤라의 감시가 잠깐 느슨해진 틈을 타서 제우스는 들불로 둔갑한 뒤 강의 신 아소포스의 딸 아이기나에게 접근했다. 아이기나가, 제우스인 줄도 모르고 불길을 잡으려고 다가오자 제우스는 아이기나를 데리고 오이노파섬으로 달아났다.
　강의 신 아소포스는 딸을 찾아다니다, 인간 세상에서 가장 꾀가 많다는 시쉬포스에게 물어보았다. 시쉬포스로부터 딸이 있는 곳과 딸을 납치한 자가 누구인지 알아낸 아소포스는 그 섬으로 접근했다. 몹시 무안해진 제우스는 도리어 화를 내며 벼락으로 아소포스를 쳤다. 아소포스는 서둘러 아소포스강으로 도망치면서 이렇게 볼멘소리를 했다고 한다.

"딸은 농락하고, 그 아비는 벼락으로 치고……. 이것은 대체 제우스 신에게 염치가 없는 것이냐, 아니면 내 재수가 없는 것이냐."

이때의 들불 때문인지, 아니면 제우스의 벼락 때문인지 아소포스강에서는 그 뒤로도 오랫동안 숯을 건질 수 있었다고 한다.

아이기나가 제우스의 아들을 낳으니, 이 아들이 바로 아이아코스다. 아이아코스는 이 섬나라의 왕위에 오르자 어머니의 이름을 따서 섬 이름을 아예 '아이기나'로 바꾸었다. 아이아코스는 '인간들 중에서 가장 경건한 인간'이었다.

아르카디아에 큰 흉년이 들어 사람들이 마구 죽어나가고 있을 때였다. 펠로프스가 지은 죄 때문이었다. 펠로프스가 사람을 죽이고 사지를 토막 내어 흩어버린 일이 있었다. 이 일이 신들의 분노를 사게 되었고, 그래서 흉년이 왔던 것이었다. 신탁을 받아보니, 아이아코스의 기도가 있어야 한다고 했다. '인간들 중에서 가장 경건한 인간' 아이아코스가 기도하자 과연 풍년이 들었다. 아이아코스는 죽은 뒤 저승에 내려가 재물 많기로 유명한 하데스의 창고 열쇠를 간수하는 소임을 맡았다.

이 아이아코스에게는 두 아들이 있다. 텔라몬과 펠레우스다. 이들 형제에게는 배다른 아우가 하나 있었다. 아우의 이름은 포코스다. 그

펠레우스와 칼뤼돈의 멧돼지
기원전 6세기의 항아리 그림. 왼쪽에 있는 인물의 머리 부근에 '펠레우스'라고 적혀 있다.

런데 이 포코스는 여러 가지 면에서 형들을 앞질렀다. 질투를 느낀 텔라몬은 몸의 균형을 잃은 척하면서 포코스의 머리를 겨냥하고 원반을 던졌다. 포코스는 즉사했다. 텔라몬은 아우 펠레우스를 꾀어 배다른 아우의 시체를 숨겼다. 하지만 오래지 않아 시체가 발견되고 이들의 범행도 밝혀졌다. 경건한 인간인 아버지 아이아코스는 두 아들을 섬에서 추방했다. 다른 나라로 가서 종살이를 함으로써 죄를 닦게 한 것이다.

펠레우스는 프티아로 건너가 그 나라 왕 악토르 밑에서 종살이를 했다. 악토르왕은 펠레우스를 좋게 보았던지 왕국의 일부를 주고 공주 안티고네와 짝지어주었다. 안티고네는 곧 딸을 낳았다.

펠레우스가 원정대원이 되어 이아손과 함께 금양모피를 찾아온 것도 이즈음이고, 멜레아그로스를 도와 칼뤼돈의 멧돼지 사냥을 나선 것도 이즈음의 일이다.

그런데 멧돼지 사냥에서 펠레우스가 던진 창이 멧돼지가 아닌 에우뤼티온의 가슴을 관통했다. 에우뤼티온은 악토르왕의 아들이었다. 펠레우스는 프티아에서도 쫓겨났다. 아우 포코스 죽인 죄를 다 닦기는커녕 왕자 죽인 죄를 또 어디에선가 닦지 않으면 안 되었다.

펠레우스가 찾아간 곳은 이올코스였다. 당시 이올코스의 왕은 펠레우스와는 아르고 원정 때 잘 알게 된 친구 아카스토스였다. 펠레우스가 저 여걸 아탈란테와 씨름판에서 힘을 겨룬 것은 아카스토스의 아버지 장례 경기 때였다. 펠레우스는 아르고 원정 때도 거의 두각을 나타내지 못했다. 옛 그림을 보면 여걸 아탈란테와의 씨름 경기에서도 이기지 못한 것 같다.

방황하는 인간 펠레우스는 또 한 차례 위기를 맞는다. 왕비 아스튀다미아가 펠레우스에게 연정을 품고 자꾸만 유혹했던 것이다. 펠레우스는 이 유혹을 단호하게 물리쳤다. 아르고 원정을 함께한 왕년의 전우를 난처하게 만들 수 없다고 생각했기 때문이었다. 펠레우스가 반응을 보이지 않자, 외간 남자를 유혹하다 거절당한 여자들이 대개 그렇듯이 왕비는 복수를 맹세하고는 몰래 펠레우스의 아내 안티고네에게 편지를 보냈다. 펠레우스가 이올코스의 공주와 결혼하려 한다는 내용이었다. 펠레우스의 아내 안티고네는 이 편지를 받은 직후 펠레우스의 혼인길을 열어주기 위해 목을 매어 자살했다.

펠레우스에 대한 왕비의 유혹은 여기에서 그치지 않았다. 하지만 펠레우스가 여전히 싸늘한 반응만 보이자 왕비는 왕에게, 펠레우스가 자신을 유혹했노라고 거짓말을 했다. 아카스토스왕으로서는 난처했다. 죄 닦으러 온 왕년의 전우를 죽일 수는 없는 일이었다. 왕국에 몸을 붙이고 있는 나그네는 알뜰살뜰 보살펴야 하는 것이 당시 그리스의 엄격한 불문율이었다. 아카스토스는 다른 방법을 썼다.

아카스토스는 사냥하러 가자면서 펠레우스를 꾀었다.

"펠리온산으로 사냥이나 가세. 한바탕 시합을 벌이자는 것일세. 한낱 아녀자에 지나지 않는 아탈란테에게 쩔쩔매던 자네에게 이런 기회를 주니 내가 얼마나 너그러운 사람인가?"

아카스토스왕에게는 부하가 많았지만 펠레우스는 홀몸이었다. 시합은 처음부터 무리였다. 하지만 펠레우스는 짐승을 죽일 때마다 혀를 잘라 자루에 넣었다. 펠레우스가 그렇게 하루 종일 짐승을 죽이고 혀를 잘라 자루에 넣고는 왕 일행과 합류하고 보니 아카스토스왕 일행이 죽인 짐승이 산더미처럼 쌓여 있었다. 빈손으로 돌아온 펠레우스에게 왕은 또다시 비아냥거렸다.

"빈손으로 오셨군. 하기야 잡으라는 칼뤼돈의 멧돼지는 안 잡고 엉뚱한 사람을 잡았던 자네가 아닌가?"

펠레우스는 아무 말 없이 자루에 든 것을 쏟았다. 자루에서 나온 짐승의 혀 수는 아카스토스 일행이 잡아서 쌓아놓은 짐승의 수보다 많았다.

위험을 느낀 아카스토스는 펠레우스에게 몸을 가눌 수 없을 정도로 술을 마시게 했다. 펠레우스가 곯아떨어지자 아카스토스는 펠레우스의 칼을 살며시 가져다가 소똥 무더기 밑에다 감추고는 한밤중에 부하들을 데리고 산을 내려가버렸다. 펠리온산은 켄타우로스들의 산이었다. 아카스토스는 펠레우스가 난폭한 켄타우로스들에게 죽임을 당할 것으로 여겼다.

하지만 펠리온산에는 난폭한 켄타우로스들만 살고 있었던 것은 아니었다. 저 유명한 켄타우로스 현자 케이론은 펠리온산에서 혼자 잠들어 있는 펠레우스가 어떤 핏줄에서 태어난 어떤 인간이며, 장차 누구와 혼인하여 어떤 아들을 낳게 될지 훤히 꿰뚫어보고 있었다. 케이론은 펠레우스의 잠을 깨우고, 소똥 무더기 밑에 숨겨져 있던 칼까지 되찾아주었다. 펠레우스와 케이론이 친구가 된 것은 바로 이 펠리온산에서였다. 이 우정은 펠레우스가 아들 아킬레우스의 교

**어린 아킬레우스에게 활
쏘기를 가르치는 케이론**
이탈리아 화가 주세페
크레스피의 그림.

육을 케이론에게 맡기기까지 오래 계속된다.

현자 케이론 덕분에 아카스토스의 속셈을 알아낸 펠레우스는 펠리온산에서 내려온 즉시 왕년의 아르고 원정대원들을 모아 이올코스 왕국을 치고는 왕비 아스튀다미아를 죽였다. 펠레우스는 이올코스 땅을 테쌀리아에 넘겨주고 자신은 프티아 왕국을 차지했다.

한때 아내였던 프티아 왕국의 공주 안티고네는 목매달아 자살했으니, 펠레우스에게 아내가 있을 리 없었다. 딸 폴뤼도라가 있을 뿐이었다.

그런데 아스튀다미아의 부정한 유혹을 거절하고, 이 때문에 아내 안티고네를 잃은 펠레우스를 제우스가 매우 가엾게 보았던 모양이다. 그래서 아름다운 테티스와 펠레우스를 맺어줄 생각을 했다.

여신이나 인간 세상의 여성이라면 항렬과 촌수 따지지 않고 닥치는 대로 사랑의 상대로 삼던 제우스 신이 웬일로 네레우스의 딸들 중 가장 아름답다는 테티스 여신을 인간인 펠레우스에게 주려고 했던 것일까? 여기에는 약간의 속사정이 있다.

언젠가 프로메테우스가 테티스에게 이런 말을 했다.

"물의 여신이여, 아이를 가지거라. 그 아이는 장차 아버지의 명예를 저만치 앞지르는 영웅이 되어, 아버지보다 더한 칭송을 받게 될 것이다."

제우스 역시 프로메테우스의 이러한 예언을 소문으로 들어서 알고 있었다. 테티스가 그렇게 아름다운데도 제우스가 손을 대지 않고 있었던 것은 바로 이 예언 때문이었다. 제우스의 아버지 크로노스가 누구던가? 아버지 우라노스를 몰아내고 신들의 나라 권력을 거머쥔 크로노스가 아니던가? 그렇다면 제우스는 또 누구던가? 아버지 크로노스를 몰아내고 올륌포스의 최고신이 된 제우스가 아니던가? 만일에 제우스가 테티스를 취하고 그 몸에서 아들이 태어난다면, 제우스를 몰아내고 올륌포스를 차지할 것이 아닌가? 제우스는 그래서 자신을 능가하는 영웅이 태어날까 봐 인간인 펠레우스와 짝지어주려는 것이었다.

하지만 펠레우스는 인간이고 테티스는 여신이다. 여신이 마음을 열지 않으면 펠레우스는 이 결혼을 성사시킬 수 없다. 펠레우스는 바다의 신 프로테우스에게 도움을 청했다.

그런데 이 연로한 바다의 신 프로테우스가 헤라클레스 이야기에서는 연로한 바다의 신 '네레우스'로 등장한다. 네레우스라면 바로

헤라클레스와 네레우스
프로테우스와 네레우스의 공통점은 둘 다 바다의 신이라는 것이다. 테티스도 바다의 여신이다. 펠레우스에게 테티스는 어떤 반응을 보일 것인가? 고대 그리스의 항아리 그림.

테티스 여신의 아버지이기도 하다.

헤라클레스가 황금 사과를 찾으러 갔을 때의 이야기다. 네레우스 역시 몸 바꾸기에 능수능란하다. 헤라클레스가 황금 사과가 있는 헤스페리데스 동산으로 가는 길을 묻지만 네레우스는 가르쳐주지 않는다. 헤라클레스가 손목을 틀어잡자 네레우스는 해표로도 둔갑하고 돌고래로도 둔갑한다. 그래도 헤라클레스는 손목을 놓지 않는다. 네레우스는 물뱀으로 둔갑했다가 상대가 헤라클레스인 줄 알고서야 비로소 기겁을 하고는 본모습을 드러내고 입을 연다. 엉겁결에 물뱀으로 몸을 바꾸었던 네레우스는 상대가 태어난 지 여덟 달 만에 팔뚝만 한 뱀 두 마리를 목 졸라 죽였음을 알고 있었던 것이다.

그런데 이제 곧 펠레우스를 돕게 될 터인 이 프로테우스를, 우리는 이미 만난 적이 있다. 이 책 1권의 '나오는 말'에서다.

> 신화는 진실만을 말한다는 저 바다의 지혜로운 노인 프로테우스와 같다. 프로테우스는 무엇으로든 몸을 바꿀 수 있다. 하늘을 나는 모든 것, 땅 위를 기는 모든 것, 바다를 자맥질하는 모든 것, 심지어는 타오르는 불꽃, 흐르는 물, 부는 바람, 피어오르는 연기로 몸을 바꿀 수 있고 이 모든 것의 입을 열게 할 수도 있다. 신화는 그렇다. 몸 바꾸기의 도사 프로테우스와 같다.

> 꿀벌치기 아리스타이오스는 에우뤼디케를 죽음으로 몰아넣은 장본인이다. 그가 뒤를 쫓으면서 말을 걸지 않았더라면 오르페우스의 아내 에우뤼디케는 독사에 물리지도 않았을 것이고 죽지도 않았을 것이다.

아리스타이오스와 프로테우스
젊은이가 노인을 사슬로 결박하고 있고, 발치에는 바다표범이 있다. 명백한 '아리타이오스와 프로테우스' 이미지다. 프랑스 베르사유 궁전의 라톤 공원.

에우뤼디케가 죽자 아리스타이오스의 꿀벌도 모조리 죽었다. 꿀벌이 아리스타이오스 대신 벌을 받은 것이다. 아리스타이오스는 꿀벌 되살릴 궁리를 하다가 어머니인 강의 요정 퀴레네를 찾아가서 어떻게 하면 좋으냐고 묻는다.

퀴레네는 이렇게 대답한다.

"바다에는 프로테우스라고 하는 아주 연세 많고 지혜로우신 바다의 딸림 신이 있다. 우리 강의 요정들은 모두 이 프로테우스 신을 존경한다. 참으로 슬기로운 분이어서 과거와 현재와 미래를 손바닥 들여다보듯 하시는 분이다. 이 프로테우스라면 너에게 꿀벌이 왜 죽었는지, 어떻게 하면 되살릴 수 있는지 가르쳐주실 게다. 하지만 그냥 애원해서는 안 된다. 우격다짐으로 하지 않으면 안 된다. 이분을 찾아가 무조건 붙잡아라. 튼튼한 사슬을 준비해 가지고 가거라. 붙잡거든 사슬로 묶어라. 사슬만 단단히 쥐고 있으면 세상없어도 달아나지 못할 것이다. 프로테우스는 사슬에서 풀려날 욕심으로 네 질문에 대답해줄 게다. 자, 이제 너를 프로테우스의 동굴로 데려다주마. 낮이면 그 동굴에서 낮잠을 자고 있으니까 붙잡기가 수월하다. 하지만 프로테우스는 누구에게 붙잡혔다는 걸 알면 둔갑술을 써서 몸을 여러 가지로 바꿀 게다. 멧돼지, 무서운 호랑이, 비늘 돋친 용, 갈기가 누런 사자 등 아주 멋대로 둔갑할 수가 있다. 그뿐이냐? 불꽃이 튀는 소리, 격류가 흐르는 소리 같은 것으로 둔갑해서라도 네 사슬에서 풀려나려고 요동칠 것이다. 너는 사슬만 꼭 잡고 있으면 된다. 사슬을 꼭 잡고 집요하게 물어보아라. 프로테우스는 처음에는 요동칠 게다만 그래봐야 소용없다는 걸 알면 본모습으로 돌아와 네가 묻는 말에 순순히 대답할 게다."

아리스타이오스는 퀴레네가 시키는 대로 했다.

과연 프로테우스는 사슬에 묶이고 나서야 아리스타이오스에게 에우뤼디케의 혼령에게 속죄하는 제사를 지내라고 했다. 아리스타이오스는 이 제사를 지낸 뒤 꿀벌 한 무리를 다시 얻을 수 있었다.

신화는 지혜로운 바다의 딸림 신 프로테우스와 같다. 프로테우스가 몸 바꾸기의 도사이듯이 신화도 몸 바꾸기의 도사다. (중략) 신화의 의미를 알아내려면 우리도 신화를 타고 눌러야 한다. 사슬로 붙잡아 우격다짐으로 다그쳐야 신화는 제 본모습을 보인다.

하이모니아 땅에는, 낫같이 휜 두 개의 강 하구와 바다가 만나는 곳이 있었다. 물이 깊었더라면 항구가 되기 마땅한 그런 곳이었다. 그러나 물은 겨우 모래를 덮는 데 지나지 못했다. 해초 한 그루 자라지 않는 이곳의 모래는 어찌나 단단한지 누가 지나가도 발자국이 생기지 않을 정도였다. 이 만灣 가까이에는 빽빽한 숲이 있고, 이 숲속에는, 사람의 손으로 만든 것인지 자연의 손길이 만든 것인지는 몰라도 하여튼 사람의 솜씨라고는 믿어지지 않으리만치 정교하게 만들어진 동굴이 하나 있었다.

테티스 여신은 돌고래를 타고 이따금 이 동굴로 와서 쉬었다 가고는 했다. 펠레우스가 테티스를 처음 본 것은 바로 이곳에서였다. 펠레우스가 나타났을 당시 테티스는 잠을 자고 있었다. 펠레우스는 테티스를 덮치려고 했지만 거절을 당하자 두 팔로 테티스의 목을 졸

물병에 상감된 아름다운 테티스
왼쪽의 제우스 신이 눈독을 들이고, 오른쪽의 헤라는 감시하고 있는 것 같다. 런던 대영박물관.

랐다. 그러나 테티스 여신은 자유자재로 변신하면서 펠레우스의 손아귀를 빠져나갔다. 하지만 펠레우스도 만만치 않았다. 테티스가 새로 변하자 펠레우스는 그 새를 사로잡았고, 커다란 나무로 변신했을 때는 그 나무등치에 기어 올라갔다. 테티스는 다시 점박이 호랑이로 변신했다. 담대한 펠레우스도 호랑이 앞에서는 물러서지 않을 수 없었다.

완력으로는 도저히 안 되겠다고 생각한 펠레우스는 바닷물에다 술을 뿌리고, 새끼 양의 내장을 불사른 다음 향을 피우고 바다의 신들에게 기도했다. 그러자 카르파토스의 예언자 프로테우스가 깊은 바다에서 얼굴을 내밀고 이런 말을 했다.

잠든 테티스를 덮치는 펠레우스
오비디우스의 『변신 이야기』(브뤼셀, 1677)에 수록된 삽화.

"아이아코스의 아들 펠레우스야, 그 여신이 동굴에서 세상모르고 잘 때 밧줄을 가지고 가서 재빨리 묶어버리면 네 신부로 삼을 수 있을 게다. 여신이 오만 가지로 모습을 바꿀 것이나 네가 속으면 안 된다. 끝까지 그 밧줄을 풀어주지 않으면 마침내 여신은 본모습을 보일 게다."

프로테우스는 이 말을 남기고, 파도 소리와 함께 다시 바닷속으로 사라졌다.

이윽고 태양 마차가 하늘을 가로질러 가 서쪽 바다로 잠기었다. 그러자 네레우스의 아름다운 딸 테티스가 물에서 나와 동굴로 들어가서는 침대에 누웠다. 펠레우스가 밧줄로 재빨리 묶어버리자 테티스는 온갖 것으로 변신했다. 그러나 집요한 펠레우스 앞에서는 변신해 봐야 소용없다는 것을 깨달았는지 결국 본모습을 보이면서 한숨을 쉬고 말했다.

"신들의 도우심을 입지 않았더라면 그대가 어찌 날 이길 수 있었으랴."

그제야 펠레우스는 이 여신을 껴안을 수 있었다.

이들의 결혼식은 결혼식 자체보다는 다른 일로 매우 유명하다. 신들은 모두 초대받았는데 불청객으로 참석한 불화의 여신 에리스가 부린 심술 때문에 유명해진 것이다.

너무 유명한 이야기이니 간단하게 언급하고 넘어가자. 에리스는 잔치 마당을 떠나면서 '가장 아름다운 여신에게'라는 글귀가 새겨진 황금 사과 한 알을 던졌고, 이 때문에 헤라 여신, 아테나 여신, 아프로디테 여신이 서로 이 사과의 소유권을 다투었다. 제우스로서는, 한 여신을 '가장 아름다운 여신'으로 판정함으로써 다른 두 여신으로부터 미움받고 싶지는 않았을 것이다. 그래서 인간에게 심판을 맡기자면서 이들을 크레타섬의 이다산으로 데려갔다. 이다산에 버려져 양을 치던 파리스는, 황금 사과는 아프로디테 차지가 되어야 한다고 했다. 아프로디테는 파리스에게 인간 세상에서 가장 아름다운 여성 헬레네를 선물하는데, 이것이 바로 트로이아 전쟁의 발단이 된다.

펠레우스와 테티스의 결혼식
'불화의 사과'가 던져지면서 트로이아 전쟁의 실마리를 제공한 문제의 현장. 코르넬리스 판 하를럼의 그림.

이 신화는 아주 다양하게 해석된다. 예를 들어, 제우스가 인간 파리스에게 심판을 맡김으로써 전쟁을 일으키고, 이 전쟁을 통해서 신들에게 박박 대드는 영웅들의 씨를 말리고자 했다는 것이다. 아닌 게 아니라 트로이아 전쟁은 영웅들의 씨를 말린 전쟁이다. 여기에서 살아남은 영웅은 고향 떠난 지 20년 만에 고향 이타카로 돌아간 오뒤쎄우스, 이탈리아 반도로 건너가 로마 건국의 기틀을 마련한 아이네이아스 정도다.

테티스는 여신이었던 만큼 결혼 선물 같은 것은 필요 없었을 것이

'가장 아름다운 여신'으로 아프로디테를 선택하는 양치기 파리스
이들의 머리 위에는 헤르메스와 벼락을 쥔 제우스가 떠 있다. 영국 화가 윌리엄 블레이크의 〈파리스의 심판〉.

다. 펠레우스는 인간으로서 받을 수 있는 최고의 선물을 받았다. 켄타우로스 케이론으로부터는 물푸레나무 창, 대장장이 신 헤파이스토스로부터는 손수 만든 갑옷, 바다의 신 포세이돈으로부터는 영원히 죽지 않는 두 마리의 말인 크산토스와 발리우스를 받은 것이다. 뒷날 펠레우스는 이날 받은 선물을 아들 아킬레우스에게 물려주었다. 아킬레우스가 전사한 뒤 여러 장군이 서로 자기 차지가 되어야 한다고 머리통 터지게 싸운 일이 있는데, 이 싸움이 바로 이 갑옷의 소유권을 둘러싼 것이었다.

트로이아 전쟁의 비극적인 영웅 아킬레우스는 이날 결혼식을 올린 펠레우스와 테티스의 아들이다. 펠레우스 부부는 이 아들의 이름을 '리귀론'이라고 불렀다.
　리귀론이 태어난 직후의 일이다. 테티스는 영생불사하는 여신이지만 펠레우스는 때가 되면 죽어야 하는 필멸의 인간이다. 따라서 리귀론에게는 '때가 되면 죽어야 하는' 필멸의 운명이 반쯤은 섞여 있다. 테티스는 리귀론에게서 이것을 걷어주고 싶었다. 그래서 지아비 몰래 아기를 영생의 불에다 넣었다가 꺼내기를 되풀이했다. 그러다 펠레우스에게 들키고 말았다. 펠레우스는 기겁을 하면서 아내를 나무랐고, 아내 테티스는 인간인 펠레우스의 안목에 절망하고는 바다로 돌아가버렸다. 테티스가 아기 리귀론을 영생의 불에다 집어넣은 게 아니라 저승을 흐르는 스틱스강 물에 담갔다는 전설도 있다. 어쨌든 테티스가 리귀론의 발뒤꿈치를 잡은 채로 불에 넣든 물에 담그든 했기 때문에 다른 부분은 불사의 은혜를 입었어도 이 발뒤꿈치만은 여느 인간의 발뒤꿈치와 똑같았다는 것이다. 뒷날 아킬레우스를 죽인 것은 파리스가 발뒤꿈치에다 쏜 화살이었다.
　테티스가 바다로 돌아가버린 뒤부터 리귀론의 이름은 '아킬레우스'가 되었다. '입술에 엄마 젖이 닿은 적이 없는 아기'라는 뜻이란다.
　펠레우스는 어린 아킬레우스를 켄타우로스 현자 케이론에게 맡겨

리귀론(아킬레우스)을 스틱스강 물에 담그는 테티스
테티스의 발치에 바다의 딸림 신들이 헤엄치고 있다.
런던 빅토리아 앤드 앨버트 박물관.

여신의 아들에 어울리는 교육을 받게 했다. 트로이아 전쟁이 터질 무렵에는 아킬레우스를 뤼코메데스 왕궁으로 데려가 이 궁에 숨어 살게 했다. 칼카스라는 예언자가, 트로이아 전쟁은 터지게 되어 있고, 아킬레우스는 반드시 참전하게 되어 있고, 참전하면 반드시 죽게 되어 있다고 예언했기 때문이었다. 아킬레우스는 뤼코메데스 왕궁에서 공주와 함께 자라났다. 하지만 그 역시 트로이아 전쟁에 참가해야 하는 운명을 피할 수 없었다. 꾀주머니 오뒤쎄우스가 꾀를 써서 아킬레우스를 찾아내고 말았기 때문이다.

아내로부터는 버림받고 아들은 다른 곳에 맡겼으니 펠레우스는 홀몸이었다. 그가 케윅스왕을 만난 것은 이복 아우 포코스를 죽이는 데 가담한 죄가 닦이기 전이었다. 죄가 다 닦이기까지 그는 방황

여장한 아킬레우스
여장한 채 뤼코메데스 왕실 공주들과 함께 지내던 아킬레우스가 오뒤쎄우스의 꾀에 걸려들었다. 방물장수로 변장한 오뒤쎄우스가 여러 가지 물건을 내놓자 아킬레우스가 무심코 칼을 집어든 것이다. 폼페오 바토니의 그림.

하지 않으면 안 되었다. 펠레우스의 행적은 자세히 기록되어 있지 않다. 오비디우스는 케위크스왕의 궁전에 나타났을 때부터 죄를 닦기까지만 소상하게 기록하고 있다.

펠레우스는 먼 여행에 지친 몸으로 트라키아 땅으로 들어섰다. 그는 함께 간 시종들은 왕궁에서 그리 멀지 않은 계곡에서 기다리게 하고 혼자 왕궁으로 들어가, 탄원하러 온 사람이라는 표지로 양털을 감은 올리브 가지(싸울 생각이 없는 사람, 청원하러 온 사람이라는 표지)를 손에 들고 왕을 배알하고는 자신의 내력과 아버지의 이름을 고했다. 그러나 자신이 지은 죄, 고향에서 쫓겨난 까닭에 대해서는 짐짓 얼버무려서 말하고는, 성 안에서든 성 밖에서든 몸 붙여서 살게 해달라고 간원했다. 그러자 트라키아 왕 케위크스가 대답했다.

"펠레우스여, 내 나라가 베푸는 은혜는 여느 사람도 누릴 수 있습니다. 내가 다스리는 왕국에서는 나그네를 홀대하지 않아요. 여느 사람도 홀대하지 않는데 우리가 어찌 그대를 홀대하겠습니까? 나는 그대의 이름을 들어서 잘 알고 있고, 그대가 제우스의 손자라는 것도 알고 있습니다. 탄원 같은 것을 할 필요도 없습니다. 그대는 이미 그대가 바라는 것을 얻었습니다. 그러니 더 큰 것을 요구하도록 하십시오."

펠레우스가 케위크스 왕궁에 머물고 있을 때의 일이다. 성 밖에서 펠레우스의 가축을 돌보던 오네토르가 달려와 외쳤다. 펠레우스는 케위크스의 왕궁을 방문할 당시에도 시종들로 하여금 소 떼를 몰고 다니게 했던 모양이다.

"펠레우스 전하, 큰일 났습니다! 무서운 일이 터지고 말았습니다!"
 펠레우스는 오네토르를 진정시키고 말을 하게 했다. 트라키아 왕 케위크스도 관심을 가지고 오네토르가 입을 열기를 기다렸다. 오네토르가 자초지종을 고했다.
 "태양이 하늘 한중간에 들어서서 온 길만큼 남은 갈 길을 바라보고 있을 즈음 저는 전하의 가축을 몰고 해변으로 내려갔습니다. 물을 만나자 소들은 해변에 무릎을 꿇기도 했고, 누워서 먼 바다를 바라보기도 했습니다. 개중에는 어슬렁어슬렁 해변을 오르내리는 놈도 있었고, 헤엄을 치는 놈도 있었으며, 물에 몸을 담그고 머리만 내민 놈도 있었습니다. 바닷가에는 제단이 하나 있었습니다. 황금과 대리석으로 짓고 꾸민 그런 제단이 아니고, 아주 오래된 나무로 지은 그런 제단이었습니다. 해변에서 그물을 말리고 있던 한 어부로부터 들었는데, 그 바다의 수호신들인 네레우스와 그 따님들이신 네레이데스를 모신 제단이라고 합니다. 제단 근처는 미처 빠지지 못한 바닷물이 늪을 이루고 있고, 이 늪에는 버드나무가 자라고 있었습니다.
 바로 이곳에서 세상을 뒤엎을 듯한 포효가 들렸습니다. 가만히 보았더니 바로 이 늪에서 거대한 괴물, 이리였습니다만, 거대한 괴물이 온몸에 해초를 묻힌 채 나오는 것이 아니겠습니까? 이리의 눈은 번쩍거렸고, 입가로는 피거품이 번졌습니다. 이 이리가 이렇게 포악을 부리는 까닭은 짐작건대 배가 고픈 데다 제 성질을 이기지 못해서가 아닐까 싶지만, 제가 보기에는 배고픈 것보다 제 성질 이기지 못하는 게 먼저인 것 같습디다. 그 까닭은, 먹을 것을 찾았으면 한 마리

잡아먹으면 그뿐일 텐데, 그게 아니고 걸리는 소는 모두 갈기갈기 찢어 해변에다 패대기를 치고 있기 때문입니다. 말리던 우리 동아리 중 몇 명이 놈의 이빨에 찢겨 죽거나 부상을 입었을 정도입니다.

해변은 온통 피바다가 되어 있고, 지금 늦은 가축이 지르는 소리로 낭자합니다. 지체하시면 희생만 늘어갈 뿐입니다. 망설일 시간이 없습니다. 몇 마리나마 남은 것이 있을 때, 무장하고, 그렇습니다, 무장하고 합세해서 저 짐승을 무찔러야 합니다!"

오네토르의 말이 끝났다. 펠레우스는 (의로운 사람이라서) 그 짐승으로 인한 손실에는 별로 마음을 쓰지 않았다. 그가 정작 마음을 쓰는 것은 자기가 지은 죄와 네레이데스들의 복수였다. 네레이데스는, 자기 아들 포코스를 죽이고도 제물을 바치지 않는다고 해서 이리를 보내어 펠레우스의 소를 죽이게 하고 있는 것이었다. 케위크스왕은 부하들에게 무장하라고 명령하고는 자신도 무장하고 무기를 골랐다.

그가 출정하려는 참인데 그의 아내 알퀴오네가 뛰어들어 왔다. 알퀴오네는 머리도 손질하지 못한 채로 뛰어들어 와 남편인 케위크스의 목을 껴안고는, 부하들을 보내되 왕이 직접 나서지는 말라고 눈물로 애원하면서, 왕 자신의 목숨을 아끼는 일이 자기의 목숨까지 지켜주는 일이라는 말을 덧붙였다. 알퀴오네의 말에 펠레우스가 대신 대답했다.

"왕비님이시여, 왕비님의 두려움은 아름다운 왕비님께도 어울리고, 지아비에 대한 왕비님의 사랑에도 어울립니다. 하지만 걱정 마십시오. 이렇듯이 나를 도와주시려는 케위크스 전하께 감사드립니다만, 내게는 무력으로 저 괴물을 퇴치할 생각은 없습니다. 나는 무력을 쓰는 대신 바다의 여신들에게 기도를 드려야 할 사람입니다."

성채 위에는 높은 탑이 있었다. 오랜 항해에 지친 뱃사람들에게는 훌륭한 이정표가 될 만한 탑이었다. 펠레우스 일행은 그 탑으로 올라가, 울부짖는 소, 죽어 나자빠진 소, 턱 끝으로 피를 뚝뚝 떨어뜨리면서 좌충우돌 소를 찢어 죽이는 괴물을 내려다보았다.

펠레우스는 두 팔을 벌리고 바다의 여신에게 이제 그만 노여움을 거두어달라고 기도했다. 포코스의 어머니 프사마테는, 처음에는 노여움을 거두지 않았으나 테티스가 남편의 허물을 용서해달라고 애원하는 바람에 화를 가라앉혔다. 테티스와 프사마테는 자매간이었다. 여신이 화를 가라앉혔는데도 불구하고 괴물은 그 성질을 누그러뜨리지 않았다. 피맛을 들였기 때문이었다. 보다 못한 테티스 여신이 이 이리를 대리석으로 변하게 했다. 대리석이 된 이리는, 색깔만 달랐을 뿐, 피가 통하는 이리였을 때와 조금도 다르지 않았다.

뒷날 아킬레우스가 트로이아 전쟁에 참전했을 때 그를 보좌하던 장군 중에 포이닉스라는 사람이 있다. 그는 아뮌토르의 아들이었다. 아뮌토르의 후궁 중 하나가 포이닉스를 유혹했다. 하지만 포이닉스는 그 후궁이 아버지의 애인이라서 응하지 않았다. 유혹을 거절당하면 반드시 앙갚음을 하는 법이다. 후궁은 아뮌토르에게, 포이닉스가 자신을 유혹했다고 거짓 고자질했다. 아뮌토르는 아들을 처벌하여 눈이 멀게 했다.

제우스에게 애원하는 테티스
아킬레우스가 죽은 직후에 테티스는 다시 한 번 신화의 무대에 나타난다. 아들을 살려달라고 탄원하는 테티스를 그린 장 오귀스트 도미니크 앵그르의 작품.

펠레우스가 이올코스에서 똑같은 일을 당하지 않았는가? 그 역시 왕비 아스튀다미아의 유혹을 거절했다가 앙갚음을 당하느라고 아내 안티고네를 잃지 않았던가? 아카스토스왕의 손에 의해 펠리온산에 유기되지 않았던가? 그러고도 그는 그 나라 이올코스를 차지하지 않았다. 펠레우스는 장님이 된 아뮌토르를 켄타우로스 현자 케이론에게 보내어 다시 앞을 볼 수 있게 해주었다.

'세상에서 가장 경건한 인간' 아이아코스의 아들 펠레우스는 아우 살해 및 시체 유기에 연루되어 방황하는 인간으로 내몰렸다. 하지만 그는 신들에게도 인간들에게도 저항하지 않았다. 그는 유혹에만 저항했다. 그는 의로운 사람이라서 괴물의 송곳니에 소들이 무자비하게 죽어 나자빠지는 상황인데도 그로 인한 손실에는 별로 마음을 쓰지 않았다. 그가 정작 마음을 쓴 것은 자기가 지은 죄와 네레이데스들의 복수였다.

그는 기도했다. 노여움을 거두어줄 것을 기도했다. 그러자 네레이데스 중 하나인 프사마테가 노여움을 거두었다. 그의 죄가 닦인 것이다. 그런데 프사마테가 누구던가? 바로 펠레우스가 연루된 살인 사건의 피해자 포코스의 어머니다. 아들 잃은 여신에 의해, 그 아들 살인 사건에 연루된 죄가 닦인 것이다.

트로이아 전쟁에서 아들 아킬레우스를 잃고 그는 상심했다. 하지만 테티스 여신은 펠레우스를 바다 궁전으로 불러들이고 그에게 영생불사를 베풀었다. 방황하던 인간이 영생불사하는 신이 된 것이다. '세상에서 가장 경건한 인간'의 아들답다.

10장
천마의 주인 벨레로폰,
방황의 들에 떨어지다

GREEK
AND
ROMAN
MYTHOLOGY

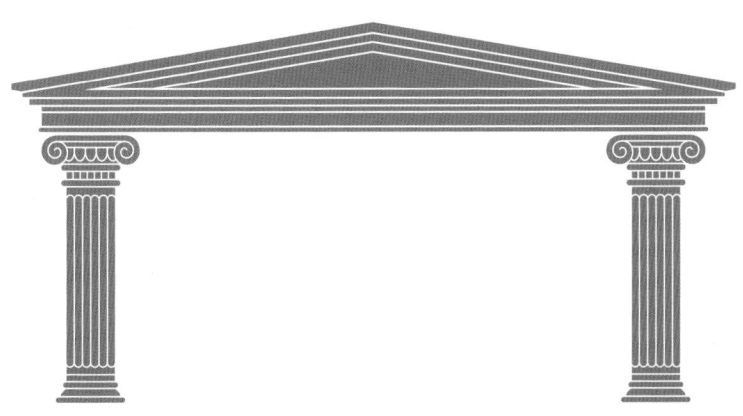

　신화는 언제 한번 꾸었던 내 꿈의 내용물 같기도 하고, 언제 한번 들었던 남의 꿈 이야기 같기도 하다. 신화에 가장 가까이 닿아 있는 이야기 형식이 바로 설화다. 설화는 신이 등장하지 않는 신화이기도 한데, 민간에 널리 퍼져 있는 민간 설화를 우리는 특별히 '민담'이라고 부른다. 처음 들어도 언제 어디서 한번 들어본 듯한 우리 민담 한 토막을 들어본다.

　한 젊은 선비가 과거를 보려고 한양을 바라고 길을 떠난다. 선비는 유복한 집안의 맏아들인지라 말 타고 견마잡이 하인까지 거느리고 있다. 그런데 이 견마잡이 하인이 문제다. 마시기를 너무 좋아하고 놀기를 너무 좋아하는 것이다. 게다가 꾀도 많다. 한양 가는 도중, 선비는 견마잡이 하인의 꾐에 빠져 마시기와 놀기를 여러 번 즐긴다. 그러다 그만 과거 날짜를 놓치고 만다. 한양 가는 길 위에서 과거 날을 맞게 된 것이다. 선비는 그걸 하인 탓이라고 생각한다. 아니, 실제로 그렇기도 하다. 선비는 하인을 고향으로 돌려보내고, 고향으로 돌아갈 면목이 없는 자신은 말을 팔아 그 돈으로 산천을 두루 돌아다니면서 놀 꾀를 낸다. 이별하는 날, 선비는 하인의 등에다 아주 진한 먹으로 고향의 부모님께 보낼 편지를 쓴다. 하인의 등에다 쓴 것은, 종이에다 쓰면 필시 꾀 많은 하인이 도중에서 훔쳐 읽을 것 같았기 때문이다. 내용은 이렇다.

"이놈 때문에 과거도 보지 못하고 노자를 탕진하였으니, 이 편지를 읽으시는 즉시 이자를 죽여 저의 깊은 한을 달래주시기를 바라옵니다."

하인은 그러니까 자기도 모르는 사이에 '자신에게 지극히 불리한 편지의 배달부' 혹은 '자기 사형 집행영장의 전달자'가 된 셈이다. 이런 편지를 일컫는 고사성어가 영어에 있다. 바로 '벨레로폰의 편지 Bellerophonic letter'다.

옛날 뤼키아(지금의 튀르키예 땅)의 이오바테스왕은 괴물을 퇴치할 용사들을 널리 구했다. '키마이라'라고 하는 괴물이 나라를 쑥대밭으로 만들고 있었기 때문이다.

키마이라는 사자와 대체로 비슷한 동물이었다. 하지만 머리는 사자와 산양을 합친 것과 비슷했고, 꼬리는 용의 꼬리와 비슷했다. 키마이라는 불을 뿜는 일종의 '용'이기도 했다. 괴물이 뿜는 불길 때문에 용사들은 가까이 다가가보기도 전에 불에 타서 죽었다. 하지만 난공불락의 성채가 있으면 그것을 깨뜨리는 영웅이 나타나는 법이다.

천마 페가소스를 타고 괴물 키마이라를 죽이는 벨레로폰
18세기 화가 조반니 바티스타 티에폴로의 그림.

이오바테스왕 앞에 한 젊은이가 나타났다. 벨레로폰이었다. 벨레로폰은 왕에게 단단히 밀봉된 편지를 한 장 전했다. 왕이 보니 사위 프로이토스가 보낸 편지였다. 벨레로폰이 전하는 편지인 만큼 내용을 짐작하기는 어렵지 않다.

"벨레로폰은 진정한 영웅입니다. 그래서 저도 이 영웅을 천하무적의 용장으로 삼고 싶습니다. 하지만 문제는 저의 아내 안테이아입니다. 안테이아가 젊고 용감한 용사를 찬양하는 것을 허물로 삼고 싶지는 않습니다. 그러나 이자가 안테이아를 헬금거리는 것이야 보아 넘길 수 없는 일이 아니겠습니까? 그러니까 장인어른께서 힘없고 용기 없는 사위를 대신해 이자를 이 땅에서 없이 할 방도를 세워주시기 바랍니다.'"

우리 민담으로 돌아가자. '자기에게 지극히 불리한 편지의 배달부'인 하인은 선비의 고향으로 돌아가 죽임을 당했을까? 민담은 사람을 함부로 죽이지 않는다. 민담은 주인공에게 특히 후덕하다. 하인은 선비의 집으로 들어가기 전에 다른 선비를 찾아가, 제 등에 쓰인 편지를 읽어주기를 청한다. 그러고는 기왕에 쓰여 있던 편지를 지우고 새 편지 써주기를 청한다.

"등에다 편지를 지고 가는 이 녀석이 몸과 마음을 바친 덕분에 과거에 급제하고 임금님 뵐 날만 기다리고 있는 바, 이 녀석이 돌아가는 대로 누이와 짝을 지우고 한 재산 떼어주시기를 바라옵니다."

이오바테스왕은 제 손으로 벨레로폰을 죽일 수 없다. 고대 그리스의 나그네는 신과 동격이었다. 손에 나그네의 피를 묻히는 행위는 신의 피를 묻히는 행위와 다를 것이 없었다. 하지만 이오바테스는 벨레로폰의 피를 손에 묻힐 필요가 없었다. 벨레로폰을 키마이라에게 보내면 괴물이 대신 죽여줄 터이기 때문이었다. 괴물을 죽이러 갔다가 살아 돌아온 영웅은 그때까지는 없었다.

벨레로폰은, 괴물을 퇴치한 영웅들이 거의 다 그렇듯이 곧바로 말을 타고 키마이라를 죽이러 떠난 것은 아니다. 그랬다면 그가 전한 편지는 정말 '벨레로폰의 편지'가 되었을 것이다. 진정한 영웅은 때를 기다릴 줄 아는 자이기도 하다.

벨레로폰은 예언자 폴뤼이도스를 찾아갔다. 폴뤼이도스는, 키마이

페가소스에 황금 고삐를 거는 아테나 여신
하늘을 나는 천마 페가소스를 황금 고삐로 사로잡는 아테나 여신과 뒤에서 돕는 전령신 헤르메스. 17세기 네덜란드 화가 얀 보크호르스트의 그림.

라를 죽이자면 하늘을 나는 말 페가소스가 있어야 한다고 말했다.

"페가소스라면 하늘을 나는 천마가 아닙니까? 천마는 아테나 여신의 황금 고삐에만 복종한다고 하는데 내가 무슨 수로 그 고삐를 구하겠습니까?"

벨레로폰의 말에 폴뤼이도스는, 여신께 간절하게 구하면 뜻을 이룰 수 있을 것이라고 예언했다. 아테나 여신은 지혜의 여신이다. 지혜의 여신 아테나의 반대쪽에는 애욕의 여신 아프로디테가 있다. 폴뤼이도스는 애욕을 자제하고 지혜롭게 처신하면 뜻을 이룰 수 있을 것이라고 예언했을 터이다.

　길 떠난 벨레로폰이 한 도시에 이르러 보니, 동쪽에는 지혜의 여신 아테나의 신전이 있고, 서쪽에는 애욕의 여신 아프로디테의 신전이 있었다. 자고 가자면 두 신전 중 한 신전을 선택해야 했다. 애욕의 여신 아프로디테 신전의 여사제는 나그네에게 웃음을 파는 것이 보통이다. 혈기방장한 젊은이였는데, 벨레로폰인들 아프로디테의 신전에서, 나그네들에게 더할 나위 없이 인심 좋은 여사제와 더불어, 그동안 여행하면서 쌓인 피로를 풀고 싶지 않았으랴. 그러나 그는 폴뤼이도스의 예언을 좇아 아테나 여신의 신전에 들었다.

　아테나 여신이 벨레로폰의 꿈에 나타났다.

　"저 애욕의 신전에 들지 않고 이 지혜의 신전에 든 너의 선택이 기특하다. 너에게 황금 고삐를 내릴 것인즉, 페가소스를 붙잡아 뜻하던 바를 이루거라."

　여신이 이러면서 황금 고삐를 내리는데, 벨레로폰은 황송해서 몸둘 바를 몰라 뒤척거리다 잠을 깨었다. 깨고 보니 꿈이었다. 허무한 꿈이었다.

　허무한 꿈에 지나지 않았던 것일까? 옛이야기에 눈 밝은 이들은 벌써 짐작하고 있을 것이다. 벨레로폰이 꾼 꿈은 개꿈이 아니라 정몽이었다. 그가 잠들어 있던 신전 돌바닥, 그가 누워 있던 자리 바로 옆에는 눈부신 황금 고삐가 놓여 있었다. 그는 아테나 여신이 다녀간 것을 의심하지 않았다.

벨레로폰의 꿈속에 나타나 황금 고삐를 주는 아테나 여신
1930년에 출간된 『그리스와 로마 이야기』의 삽화.

 고대 신화에서만 가능할 뿐, 현대에도 이런 일이 일어날 수 있다고 믿는 것은 어리석다고 생각할 것이다. 천만에, 지혜의 여신은 지금도 현몽을 계속하고 있다. 우리가 그 정몽의 메시지를 듣지 못할 뿐이다. 나는 그 메시지를 감청한 자들이야말로 현대의 영웅들이라고 굳게 믿는다. 나는 벨레로폰이 페가소스를 얻을 것이라고, 키마이라를 죽일 것이라고, 그다음에는 큰 권세를 누릴 것이라고 믿는다. 그가 순교자가 되어 오래 섬김을 받을 것인지, 폭군이 되어 비참한 최후를 맞을 것인지는 또 한 번 그의 선택에 달려 있다.

 아테나 여신으로부터 황금 고삐를 받는 순간 벨레로폰은 천마 페가소스의 주인이 된다. 벨레로폰이 뛰어오르려고 페가소스의 등에

페가소스와 벨레로폰
천마 페가소스에게 페이레네 샘물을 먹이는 코린토스의 영웅 벨레로폰. 로마의 스파다 광장에 있는 돋을새김.

다 손을 대었다. 있어도 소용없는 것이지만 그 시절에는 등자가 없었다. 등자가 쓰이게 된 것은 그 뒤의 일이다. 페가소스는 주인의 뜻을 짐작하고 몸을 낮추어주었다.

 페가소스는 하늘을 날 수 있는 말, 즉 '천마'다. 어느 문화권이건 이 천마가 등장하는 신화를 갖고 있지 않은 경우는 거의 없다. 왜 그럴까? 까닭이 궁금하다.

 우리나라 소설가 최수철의 작품에 『말馬처럼 뛰는 말言』이 있거니와, 말은 '뛰다'라는 동사와 밀접한 관계가 있는 짐승이다. '뛰기'에는 두 가지가 있다. '쾌주'와 '도약'이 그것이다. 말은 잔등에 탄 인간에게 쾌주와 도약의 경험을 가능하게 한 거의 유일한 짐승이다. 하지만 이 짐승에 대한 인간의 요구는 여기에서 멈추지 않는다. 쾌주(수평 이동)와 도약(수직 이동)을 가능하게 한 이 짐승을 통하여 인간은 비상(차원 이동)을 꿈꾼다. 신화에는 그 꿈이 이렇게 그려져 있다. 우리 신화 책 『삼국유사』는 고대 중국의 황제들과 관련된 신화 이야기를 이렇게 시작하고 있다.

"황제가 마침내 일어날 때는 반드시 (중략) 여느 사람과 다른 데가 있는 법이다. 그런 조건이 갖추어진 다음, 변화의 고비를 능히 타고

파리의 죄 드 폼 국립 미술관 옆에 서 있는 페가소스
벨레로폰이 아닌 헤르메스가 타고 있다.

큰 자리를 잡음으로써 우두머리가 되는 법이다. 그래서 하수에서는 하도, 즉 용마의 등에 그려진 그림이 나왔고, 낙수에서는 낙서, 즉 신기하고 이상한 거북의 등에 씌어진 글이 나옴으로써 성인이 일어났던 것이다."

'용마에 그려진 그림'이라는 표현이 우리 시선을 확 잡아당긴다. 용마는 하늘을 나는 용, 하늘을 나는 말의 모습과 능력을 아우르는 천마다. 이 천마의 하강을 통한 예고, 그것이 바로 성인 태호복희씨의 천손하강이다.

『삼국유사』는 박혁거세 탄생 신화를 이렇게 전하고 있다.

> 진한 땅에는 옛날에 여섯 마을이 있었다. (중략) 기원전 69년 3월 초하루 6부 촌장들이 각각 자제들을 데리고 다 함께 알천 둑에 모여 의논했다.
>
> "우리들이 위로 백성 다스릴 만한 임금을 가지지 못하고 있어 백성들이 모두 방종하여 제멋대로 놀고 있으니 덕이 있는 사람을 찾아내어 임금으로 삼아 나라를 창건하고 도읍을 정해야 하는 것이 아닌가?"
>
> 그제야 모두 높은 곳에 올라가 남쪽을 바라보니 양산 밑 '나정' 곁에 이상한 기운이 번개처럼 땅에 드리우더니 웬 흰 말 한 마리가 무릎을 꿇고 절하는 시늉을 하고 있었다. 6부 촌장들이 달려가 살펴보니 보랏빛 알 한 개가 놓여 있었다. 말은 사람들을 보자 울음소리를 길게 뽑으면서 하늘로 올라갔다. 알을 쪼개니 형용이 단정하고 아름다운 사내아이가 있었다. 놀랍고도 이상하여 아이를 동천에서 씻기자, 아이 몸

에서 광채가 나고 새와 짐승들이 춤을 추어 천지를 진동케 하고 해와 달이 맑고 밝았다. 그래서 이름을 '혁거세왕'이라 하고 왕위의 칭호는 '거슬한'이라고 했다.

경부고속도로를 통해 경주로 들어가면 탑정동 초입에 오릉이 나온다. 오릉으로 들어가지 말고 오른쪽으로 방향을 틀어 야트막한 구릉을 오르면 조그만 사당이 있다. 나정이다. 아득한 옛날에는 우물자리였다고 하지만 지금은 언제 우물이 있었나 싶게 황량하다. 나정은 신라정이라고도 불린다. '나蘿'는 '댕댕이덩굴', '담쟁이덩굴'을 뜻하는 글자다. 다른 나무의 몸통을 감고 하늘을 향해 기어오르는(수직 이동하는) 식물이다.

신화에 따르면, 이 샘가에는 '흰 말 한 마리가 무릎을 꿇고 절하는 시늉'을 하고 있었고 말 앞에는 '보랏빛 알 한 개가 놓여 있었으며, 사람들을 보자 말은 울음소리를 길게 뽑으면서 하늘로 올라갔다'. 날개 혹은 비행 능력이 없는 말이 하늘로 올라갈 수는 없는 일이다. 하늘로 날아올라 간 말은 천마다. 바로 이 천마의 천계 상승으로 예고되는 것, 그것이 바로 혁거세의 탄생이다.

우리 신화에 등장하는 말의 샘, 하얀 말이 무릎을 꿇고 있는 샘…… 이 대목에 이르면 나는 페가소스의 이름을 파자 풀이하고 싶다는 유혹을 견딜 수 없어진다. '페가소스'라는 이름은 '샘'을 뜻하는 고대 그리스 말 '페게'와 밀접한 관계가 있다. 페가소스가 발길질로 판 것으로 전해지는 샘은 '히포크레네'라고 불린다. '말의 샘'이라는

페가소스가 판 샘, 히포크레네
페가소스가 발길질로 '히포크레네(말의 샘)'를 파고 있다. 히포크레네는 예술가들에게 영감의 원천을 상징한다. 17세기 벨기에 화가 야코프 요르단스의 그림.

뜻이다. 히포크레네는 예술의 여신들, 즉 무사이(뮤즈들)의 본거지인 헬리콘산 꼭대기에 있다. 물이 어찌나 맑은지, 독사들이 마시면 독니가 삭아 없어진다는 샘이 히포크레네다. 히포크레네는 예술가들에게 영감의 원천이기도 하다.

벨레로폰은 바로 이 페가소스의 등에 올라탄 것이다. 비상의 놀라움이여! 벨레로폰의 눈앞에서 어둠에 묻힌 산들이 고개를 숙였고, 페이레네 샘이 아득하게 가라앉아가고 있었다.

　별이 내려오기 시작했다, 선상의 등불, 양치기의 화톳불이 내려다보였다, 생소한 바람, 기이한 적막…… 운명의 여신들은 벨레로폰이 현기증을 느끼지 않도록 처음 하늘로 오르는 날, 땅에다 어둠을

파르나쏘스산 위의 페가소스와 네 무사이(뮤즈)
무사이가 손에 든 종이나 악기는 문학과 예술을 상징한다. 카사르 반 에베르딩언의 그림.

귀스타브 모로의 〈여행하는 시인〉
날개 달린 천마 페가소스 앞에 예술가가 앉아 있다.

깔아놓은 것 같았다. 페가소스는 포세이돈 신전 위를 한 바퀴 돌고는 스칠 듯이 신전의 박공 앞을 지났다. 여섯 달 뱃길을 순식간에 날아버린 페가소스를 두고 시인들은 "페가소스가 지도를 접어버렸구나" 하고 노래했다……. 하지만 이런 묘사에 우리가 속을 것은 없다. 이런 묘사는 벨레로폰의 추락을 돋보이게 하기 위한, 그야말로 한갓 수사에 지나지 않는다.

 벨레로폰이 천마 페가소스를 얻는 순간부터 우리는 그가 괴물 키마이라를 죽일 수 있을 것이라고 확신한다. 우리가 확신하는 대로 벨레로폰은 괴물 키마이라를 죽이는 데 성공한다. 문제는 그다음이다. 벨레로폰 신화가 우리에게 던지려는 것은 '추락하는 것은 날개가 있다'는 메시지다. 이 메시지만 툭 던지면 눈 밝지 못하고 귀 밝지 못한 독자는 알아듣지 못한다. 짧은 가르침을 길고 재미있는 이야기 속에다 버무리기, 이야기에 의탁해서 슬그머니 교훈이 될 메시지를 전하기, 이것이 신화다.

날개를 혹은 날개 달린 천마를 얻는다는 것은 무엇을 의미하는가?

태양신의 아들 파에톤은 장성한 뒤에야 아버지를 처음 만난다. 태양신은 어떤 것이 되었든 파에톤의 소원을 하나 들어줌으로써 자신과 파에톤이 부자지간임을 증명하겠다고, 저승을 흐르는 강 스튁스

고대 도시 코린토스의 페이레네 샘
코린토스는 가뭄으로 유명한 곳이지만 이 샘물만은 마른 적이 없었다고 한다. 얼마나 오랜 세월 동안, 얼마나 많은 사람들이 이 샘을 들여다보았던지, 샘 앞에 가로로 놓인 대리석 기둥이 닳아 움푹하게 패어 있다.

를 걸고 맹세한다. '오만'해진 파에톤은 아버지에게, 한 번이라도 좋으니 태양 마차를 몰아보게 해달라고 말한다. 아버지는 스튁스강을 걸고 한 맹세를 돌이킬 수 없어서 태양 마차를 끄는 날개 달린 천마들의 고삐를 아들에게 넘긴다. 천마 다루는 재주가 없는 파에톤이 태양 마차로 온 세상을 불태우자 보다 못한 제우스가 벼락을 던져 태양 마차를 추락시킨다. 파에톤이 추락하는 것은 물론이다.

다이달로스의 아들 이카로스는 아버지가 만들어준 날개를 달고 하늘로 날아오른다. 이카로스는 인류 최초의 우주인이다. 맨 처음으로 하늘을 난 인간은 아버지 다이달로스가 아니라 아들 이카로스다. 아버지가 아들의 등을 떠밀어 자기보다 먼저 하늘을 날게 했기 때문이다. 인류 최초로 하늘을 날았으니 얼마나 자랑스러웠겠는가? 하지만 '오만'해질 일은 아니었다. 이카로스는 태양 있는 곳까지 날아오르고 싶었다. 하지만 태양에 가까워지자 날개 만드는 데 쓰인 밀랍이 녹기 시작했다. 밀랍이 녹자 이카로스는 추락했다. 이카로스는 우주에서 희생된 최초의 인간이다. 날개가 없었더라면 이카로스는 추락하지 않았을 것이다.

벨레로폰이 키마이라를 죽이고 돌아왔다는 것은 뤼키아 왕 이오바테스가 벨레로폰을 죽이는 데 실패했다는 뜻이다. 이오바테스는 벨레로폰을 여러 차례 전쟁터로 내몰아, 제 손에 피를 묻히지 않고 그를 죽여보고자 했다. 하지만 벨레로폰에게는 천마 페가소스가 있다. 신화시대에 제공권을 장악한 벨레로폰은 천하무적이었다.

"껄끄러운 적을 제압하는 최선의 방법은 내 편으로 끌어들이는 것

키마이라를 죽이는 벨레로폰
천마 페가소스를 타고 키마이라를 죽인 영웅 벨레로폰의 이야기는 해피엔딩일까? 신화 이야기 모음집 『신들의 궁전Temple des Muses』(파리, 1655)에 실린 코르넬리스 블루마르트 2세의 동판화.

이다."

 이오바테스는 이 로마 시대의 격언을 벌써 체득하고 있었음에 분명하다. 그는 벨레로폰에게 뤼키아 왕국과 딸 필로노에를 넘겨주고는 신화의 무대에서 은퇴한다. 말하자면 벨레로폰을 신들의 특별한 가호를 받은 영웅으로 인정하고 자기 딸과 짝을 짓게 하여 왕위를 넘겨준 것이다.

 벨레로폰 이야기는 이제 끝나는 듯하다. 뤼키아 왕국의 왕좌와 공주 필로노에를 얻음으로써 이제 벨레로폰은 행복한 영웅으로 신화

항아리 위에 올라가 있는 페가소스
아래의 중앙에 있는 돋을새김은 승리의 영광을 노래하는 호메로스다. 조시아 웨지우드의 작품.

의 무대에서 사라지는 듯하다. 그러나 그렇지 않다. 지금까지의 벨레로폰 이야기는 장황한 서설에 지나지 않는다.

땅에 발을 붙이고 사는 벨레로폰은 날개 달린 천마 페가소스 덕분에, 천마 페가소스의 날개 덕분에, 지상에서는 바라던 것을 모두 이룰 수 있었다. 이제 그를 벨 칼은 바깥에 있지 않다. 천하무적의 영웅을 벨 칼은 영웅의 내부에 있다. 상승을 거듭하여 정점에 오른 영웅이 앓게 되는 고질병이 하나 있다. '휘브리스hybris', 즉 '오만'이라는 이름의 병이다. '휘브리스'가 찾아들면서 영웅은 하강의 주기로 진입한다.

벨레로폰은 천마 페가소스를 타고 신들의 궁전 올륌포스에 오르고 싶었다. 신들의 궁전에 오르고 싶어 할 만큼 오만해진 인간이 여느 인간을 어떻게 대했을지 짐작하기는 어렵지 않다. 이런 인간에게는 희망이 없다.

그는 인간 세상에서 태어난 헤라클레스가 올림포스에 올라, 청춘의 여신 헤베를 아내로 맞아 영생불사를 누리고 있다는 것을 잘 알고 있었다. 그러나 그는 헤라클레스가 올림포스에 오르기 전에 스스로 화장단을 쌓고 거기에 올라 불을 지르고 이승의 육신을 불태운 다음에야 올림포스로 올라갔다는 사실은 잘 알지 못했다. 그는 자신

파리의 오페라 극장 지붕 위의 페가소스
페가소스는 예술가들에게 종종 영감을 준다.

10장 천마의 주인 뻴레로폰, 방황의 들에 떨어지다

을 불태운 순교자만이 신들의 천성에 오를 수 있다는 사실을 알지 못했다.

 벨레로폰은 페가소스를 타고, 하늘의 궁전 올림포스를 겨냥하고 오르고 또 올랐다. 제우스가 가만히 내려다보고 있으려니 벨레로폰 하는 짓이 우습기도 하고 괘씸하기도 했다. 그래서 벼락을 하나 던져 태워 죽이려고 하다가 짓궂은 마음이 생겨, 손가락을 툭 퉁겨 '등에' 한 마리를 지어내었다. 등에는 파리보다 몸피가 큰 파리붙이다. 파리와는 달리 마소의 피를 빨아먹는 것이 등에다.

 제우스가 내려보낸 등에가 날아 내려와 페가소스의 꼬리 밑에 붙어 피를 빨기 시작했다. 페가소스가 몸부림치면서 꼬리로 쳐서 등에를 떨어뜨리려고 했다. 하지만 예사 등에가 아닌, 제우스가 마음먹고 지어보낸 등에였다.

 페가소스의 몸부림에 벨레로폰은 천마의 잔등에게 퉁겨져 나왔다. 벨레로폰은 지상으로 추락하기 시작했다. 페가소스는 하늘 날기를 자유자재로 하는 만큼, 다시 날아 내려와 잔등으로, 추락하는 벨레로폰을 받아줄 수도 있다. 하지만 벨레로폰을 떨어뜨리는 순간 제우스는 페가소스에게 새 일을 맡겼다. 올림포스로 올라가 제우스의 벼락을 짊어지는 임무였다.

 벨레로폰은 알레이온 벌판으로 떨어졌다. '알레이온'은 '방황의 들'이라는 뜻이다. 왕좌를 차지하고 있던 자가 방황의 들로 나선 것이다. 벨레로폰은 갈대밭에 떨어진 덕분에 목숨을 잃지는 않았다. 하지만 그는 절름발이에 장님이 되어 사람들 발길이 뜸한 길만 골라 세상을 '방황'하다가 쓸쓸하게 죽었다.

 '등에'를 뜻하는 그리스 말 '오이스트로스$_{oistros}$'는 '광란'과 '과욕'을 뜻하는 라틴어 '오에스트루스$_{oestrus}$'와 같다. 벨레로폰 이야기의 메시지는 이로써 불을 보는 것보다 더 뻔해진다. '추락하는 것은 날개가 있다'는 것이다.

 겨드랑을 더듬어보라. 독자들에게는 어떤 날개가 달려 있는지.

11장
멜레아그로스의
'오버액션'

GREEK
AND
ROMAN
MYTHOLOGY

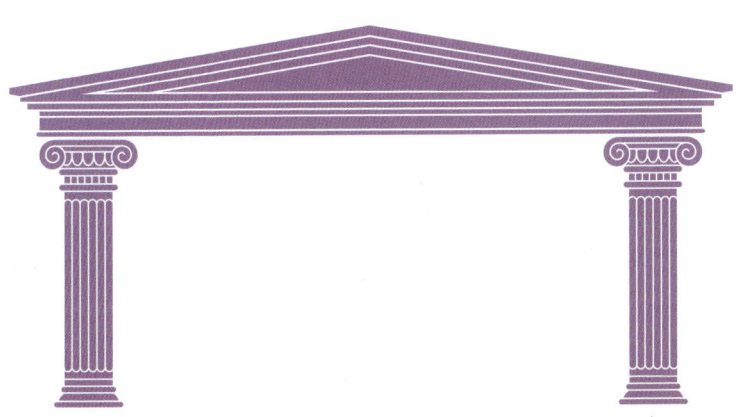

옛날 그리스 땅에 있던 조그만 도시국가 칼뤼돈에 경사가 났다. 왕비 알타이아가 왕실이 오래 기다리던 아들을 낳은 것이다. 이 아들이 뒷날 칼뤼돈의 영웅으로 한동안 떠받들어지던 멜레아그로스다.

왕비가 아들을 낳던 날 밤, 침상 머리에는 운명의 여신 세 자매가 와 있었다. 그리스인들은 이 세 자매 여신이 이 세상에 태어나는 사람의 팔자를 주관한다고 믿었다. 맏이의 이름은 '클로토'였다. 이 말은 '운명의 베를 짜는 여신'이라는 뜻이란다. 둘째의 이름은 '라케시스'였다. 이 이름은 '복을 나누어주는 여신'이라는 뜻이다. 막내의 이름은 '아트로포스'였다. '어느 누구도 거스를 수 없는 여신'이라는 뜻이란다.

아기가 태어나는 순간 운명의 세 여신 중의 맏이 클로토는 운명의 실로 쫀쫀하게 운명의 베를 짜면서 새 아기를 이런 말로 찬양했다.

"칼뤼돈 땅에서 제 아비의 이름을 가릴 자가 태어났구나."

둘째 라케시스 여신은 이렇게 노래했다.

모이라이 세 여신
모이라이(운명) 세 여신이 운명의 실을 풀고 있다. 턱을 괴고 있는 중앙의 여신이 아무도 거스를 수 없는 아트로포스인 것 같다. 존 스트루드위크의 그림.

"물의 강을 건너면 영광을 얻겠고, 피의 강을 건너면 어미를 슬프게 하겠구나."

셋째인 아트로포스는 이렇게 예언했다.

"어쩔꼬, 이 아이의 운명이 저 난로에서 타고 있는 마른 장작에서 더도 덜도 아닌 것을……."

이러고는 한숨을 쉬었다.

인간은 신들의 말을 들을 수 없는 법인데, 아기 어머니 알타이아는 귀가 밝은 여자라 이 말을 엿들었다. 운명을 주관하는 여신들이 돌아간 직후 알타이아는 황급히, 난로에서 타고 있던 장작을 꺼내어 물에 넣었다. 장작개비의 불이 꺼진 것은 물론이다. 알타이아는 불

꺼진 이 장작개비를 은밀하게 혼자만 아는 곳에다 간수했다.

 여기까지 읽고 속으로, 이 이야기에서는 불 꺼진 장작개비가 굉장히 중요한 소도구 노릇을 할 모양이구나, 이렇게 생각한 독자가 있다면 그는 신화를 아주 잘 읽는 분이다. 아이의 운명이 난로에서 타고 있던 마른 장작과 같다고 한 아트로포스의 예언은 꼭 신탁 같다. 신탁은 그 뜻이 애매모호하기로 유명하다. 애매모호하다는 것은 이렇게도 저렇게도 해석될 수 있다는 뜻이다.

 부자로도 유명한 뤼디아 왕 크로이소스는 신탁을 잘못 해석해서 망한 사람이다. 그가 받은 신탁은 다음과 같다.

 "강을 건너면 망하겠다."

 크로이소스는 페르시아 왕이 강을 건너 뤼디아를 침략하면 페르

운명을 주관하는 모이라이 여신들
맨 오른쪽의, 가위를 든 여신이 운명의 실을 끊는 아트로포스인 듯하다. 프란시스코 고야의 그림.

시아가 망한다는 의미로 해석했다. 그런데 아니었다. 크로이소스가 강을 건너면 뤼디아가 망한다는 뜻이었다. 크로이소스는 강을 건넜고, 그 결과 나라를 들어먹었다.

아기 어머니 알타이아는 아트로포스의 예언을 나름대로 해석하고는 장작개비의 불을 끄고 감추어버린다. 알타이아의 해석대로라면, 누가 이 장작개비를 훔쳐내어 다시 불길 속에다 던져 넣는다면 멜레아그로스의 운명은 그것으로 끝난다.

하지만 장작개비는 어머니 알타이아 자신만 아는 곳에 꽁꽁 숨겨져 있다. 다른 사람들은 이 장작개비 있는 곳을 모른다. 설마 어머니가 장작개비를 불길 속에다 던져 넣고 이로써 아들의 운명을 끝장내기야 하려고! 어머니가 아들 운명의 실을 끊는 아트로포스 노릇을 맡을 리는 없겠지.

그럴까? 두고 볼 수밖에 없다.

칼뤼돈 왕의 이름 '오이네우스'는 '포도 사나이'라는 뜻이다. 그는 디오뉘소스 신으로부터 처음으로 포도나무를 받아 기른 사람으로 전해진다. 어느 해 풍년이 들자 그는 첫물로 거둔 과일은 데메테르 여신께, 포도주는 디오뉘소스 신께, 올리브 기름은 아테나 여신께 바쳤다. 그는 농사의 신들에게 제사를 올리는 데 그치지 않고 하늘에 계신 모든 신에게 두루 제사를 올렸다. 그런데 이때 오이네우스왕이 제사를 드리고 제물을 바치지 않은 여신이 하나 있다. 바로 아르테미스 여신이다. 오이네우스는 그러니까 다른 신들의 제단에는 모두 제물을 차리면서도 아르테미스 여신의 제단만은 비워두었던 것이다. 이 일에 신들 모두가 의분을 느꼈다. 아르테미스는 펄쩍 뛰었다.

"내가 그냥 두고 볼 줄 아느냐? 나 아르테미스를 일러 섬김을 받지 못한 여신이라고 할 자는 있을 것이나 복수할 줄 모르는 여신이라고 할 자는 없을 것이다."

아르테미스 여신은 이렇게 벼르고는 자기를 업신여긴 이 오이네우스의 땅에다 멧돼지 한 마리를 보내어 짓밟게 했다. 이 멧돼지는

한스 폰 아헨의 〈디오뉘소스, 데메테르, 에로스〉
아르테미스가 디오뉘소스나 데메테르 같은 농사의 신들과 함께 그려지는 경우는 거의 없다. 아르테미스는 사냥의 여신이기 때문이다.

크기가 에피로스 황소에 견줄 만했고, 시켈리아 황소에 견주면 덩치가 오히려 더 컸다. 멧돼지의 눈은 핏발이 서 있어서 늘 붉었고, 목은 비할 데 없이 튼튼했으며, 온몸에는 창날 같은 털이 돋아 있었다. 이 멧돼지는 목 쉰 소리로 포효했는데, 그럴 때마다 턱 아래로는 거품이 흘렀다. 엄니는 코끼리의 엄니만 했다. 멧돼지가 숨을 쉴 때마다 불길이 일어, 여기에 닿는 나뭇잎은 순식간에 불길에 휩싸였다.

악타이온을 쏘아보는 아르테미스
니오베 이야기에서 보았다시피, 아르테미스는 매우 표독스러운 여신이다. 자신의 알몸을 엿보았다고 악타이온을 쏘아보는 이 눈매를 보라.

이 짐승이 닥치는 대로 논밭을 짓밟은 바람에, 추수할 때가 되자 농부들의 희망과 기쁨은 절망과 슬픔으로 변했다. 이 짐승이 논밭을 짓밟고, 덜 익은 이삭을 모조리 짓씹어버렸기 때문이었다. 농부들의 타작마당과 곳간은 그래서 늘 빌 수밖에 없었다. 포도송이는 익기도 전에 잎째 떨어졌고 올리브 열매는 익기도 전에 가지째 떨어졌다. 멧돼지는 가축도 공격했다. 멧돼지가 나타나면 목동도 개도 가축을 지킬 수 없었다. 사나운 황소도 멧돼지 앞에서는 적수가 되지 못했다. 사람들은 성 안으로 들어가야 안전하다고 생각하고, 농토를 버리고 몸 붙일 성을 찾아 뿔뿔이 흩어졌다.

사냥을 마친 아르테미스와 요정들
나무에 매달린 짐승들을 주목할 것. 아르테미스는 '죽임'과 깊은 관계가 있다. 얀 브뤼헐의 그림.

이렇게 되자 멜레아그로스를 비롯한 젊은이들이 이 짐승을 죽여 명예와 영광을 얻겠다고 나섰다. (멜레아그로스는 어머니 알타이아가 불타던 장작의 불을 끈 덕분에 헌헌장부로 장성해 있었다.)

이 젊은이들의 면면을 훑어보면 다음과 같다. 먼저 하나는 권투에 능하고 또 하나는 기마술에 능한 쌍둥이 형제 폴뤼데우케스와 카스토르가 있다. 이 중 폴뤼데우케스는 주먹 하나를 잘라내고 헤파이스토스의 힘을 빌려 쇠주먹으로 해 박은 주먹쟁이다. 처음으로 배 다운 배를 지었던 이아손, 절친한 친구 사이인 테세우스와 페이리토스, 테스티오스의 두 아들인 플렉시포스와 톡세우스, 땅속을 투시할 만큼 시력이 좋아 아르고 원정 당시에는 망꾼으로 활약했던 '천리안' 륀케우스, 발 빠른 이다스 형제, 한때는 여자로 태어났다가 장성하여 남자가 된 카이네우스, 위대한 전사 레우키포스, 투창의 명수로 유명한 아카스토스, 아뮌토르의 아들인 포이닉스, 악토르의 쌍둥이 아들, 뒷날 아킬레우스의 아버지가 되는 펠레우스, 힘이 좋기로 소문난 에우뤼티온, 달음박질이라면 겨룰 상대가 없는 에키온, 범 같은 장사 히파소스, 당시에는 젊은이였지만 뒷날 장수한 것으로 유명해지는 네스토르, 뒷날 오뒤쎄우스의 아버지가 되는 라에르테스, 아르카디아 사람 안카이오스, 점 잘 치기로 소문난 예언자 몹소스, 아내로부터 배신당하기 전의 암피아라오스도 여기에 합류했다.

그중 역시 돋보이는 사람은 테게아의 여걸 아탈란테였다. 아탈란테는 반짝거리는 조임쇠로 옷깃을 단정하게 여미고, 머리카락은 한 가닥으로 묶은 채 치렁거리며 늘 왼손에는 활을 들고, 화살이 가득

검은 피부의 멜레아그로스
멜레아그로스의 검은 피부는 타다 만 장작개비를 연상시킨다. 하지만 '멜레아그로스'라는 이름에서부터 그의 운명이 짐작된다. '멜라'는 '검다'는 뜻이다. 피에르 보나콜시의 〈멜레아그로스〉.

든 상아 화살통은 어깨에 메고 다녔다. 여걸 아탈란테는 한마디로 말하자면 남자 같다고 하기에는 너무나 여자 같았고, 여자 같다고 하기에는 너무나 남자 같아 보이는 무사였다.

(기혼자인) 칼뤼돈의 영웅 멜레아그로스는 이 여걸을 보는 순간 사랑을 느꼈다. 그러나 이 사랑이 이루어질 가능성이 없다는 것을 안 멜레아그로스는 아탈란테에 대한 사랑을 마음속에다 묻어두고 이렇게 중얼거리며 한숨을 쉬었다.

"저렇게 잘생긴 여자의 지아비가 되는 사람은 얼마나 행복할까?"

멜레아그로스는 점잖은 사람이라서 이를 겉으로 드러내지 않았다. 그러나 점잖은 사람이 아니었다고 하더라도 멜레아그로스에게는 이

아르고 원정대
아르고나우타이(아르고 원정대)를 태운 배가 항구에 정박해 있다. 멜레아그로스도 이 원정대의 일원이었다. 뱃머리에 선 영웅은 가죽을 두르고 있는 것으로 보아 헤라클레스인 것 같다.

런 심정을 드러낼 시간이 없었다. 멧돼지와의 일전이 임박한 순간이었기 때문이었다.

 산비탈에는 나무꾼의 도끼 소리를 들은 적이 없는 울울창창한 숲이 있었다. 무사들은 떼 지어 이 숲속으로 들어갔다. 숲속으로 들어간 무사들은 사냥 그물을 치고, 개를 풀고, 멧돼지의 발자국을 쫓는 등 제각기 맡은 일을 했다. 산비탈에는 또, 지대가 다른 곳보다 낮아 습지가 되어 짧은 갈대가 빽빽하게 자라 있는 곳이 있었다. 이곳의 갈대숲에는 실버들, 사초, 고리버들, 부들 같은 것이 듬성듬성한 숲을 이루고 있었다. 은신처에서 이곳으로 쫓겨 나온 멧돼지는 이곳에 무리 지어 있는 무사들을 향하여 돌진했는데, 그 기세는 번개가 구름을 뚫고 나오는 형국을 방불케 했다. 멧돼지의 육중한 몸에 부딪혀 나무가 무수히 부러져 나갔다. 숲속에는 멧돼지가 돌진하면서 나무를 부러뜨리는 소리가 낭자했다. 젊은 무사들은 함성을 지르며 창을 잡고 무쇠 날을 이 짐승에게 겨누어 던질 채비를 했다.

멧돼지는 앞을 가로막는 사냥개 무리를 헤치며 돌진해 왔다. 이 바람에 많은 사냥개가 멧돼지 엄니에 옆구리를 찢기면서 허공으로 떠올랐다가는 땅바닥으로 떨어졌다. 에키온이 맨 먼저 창을 던졌다. 그러나 창은 과녁을 빗나가 단풍나무 둥치에 꽂혔다. 이어서 날아간 창은 멧돼지의 등에 꽂힐 것 같았으나, 던진 이아손의 어깨에 힘이 너무 들어가는 바람에 과녁 너머로 날아가 땅바닥에 꽂혔다. 일이 이렇게 되자 몹소스가 외쳤다.

"아폴론 신이시여, 지금껏 섬겨왔고 앞으로도 열심을 다하여 섬길 신이시여. 창이 과녁에 명중하게 하소서, 창이 과녁에서 빗나가지 않게 하소서."

아폴론 신은 이 점쟁이의 기도를 들어주어, 과연 그의 창이 과녁에 명중하게 해주었다. 그러나 몹소스의 창은 이 짐승에게 상처를 입힐 수 없었다. 아폴론의 누이인 아르테미스 여신이 멧돼지 쪽으로 날아가는 이 창으로부터 창날을 뽑아버렸기 때문이다.

창 자루에 맞은 멧돼지는 불같이 노하여 미친 듯이 날뛰기 시작했다. 멧돼지의 눈에서 불똥이 튀었다. 숨결에도 불길이 섞여 나왔다. 무사들 사이로 뛰어드는 멧돼지는 흡사 군사들이 빽빽하게 올라가 있는 탑루를 겨냥해 투석기가 발사한 바위 같았다. 무리의 오른쪽 날개 노릇을 하던 에우팔라모스와 펠라손이 멧돼지의 공격을 피

칼뤼돈의 멧돼지 사냥
아르테미스의 멧돼지를 잡으려 젊은 영웅들이 총출동했다. 아탈란테의 화살에 치명상을 입은 멧돼지에게 멜레아그로스가 최후의 일격을 가하고 있다. 페테르 파울 루벤스의 그림.

하다가 나무뿌리에 걸려 땅바닥에 벌렁 나자빠졌다. 동료들이 달려와 일으켜주지 않았더라면 멧돼지의 엄니에 찍혀 큰 변을 당했을 터였다.

이들의 경우와는 달리 히포코온의 아들 에나이시모스에게는 운이 따르지 않았다. 따라서 그는 멧돼지의 엄니를 피할 수 없었다. 공포에 떨면서 에나이시모스는 그곳에서 달아나려고 했다. 그러나 멧돼지의 엄니가 허벅지에 박히자 그는 다리를 꺾고 그 자리에 쓰러졌다. 퓔로스의 네스토르는 멧돼지가 공격해오자 창대를 장대 삼아 짚고 가까운 나무로 뛰어올라, 밑에서 식식거리고 있는 멧돼지를 내려다보았다. 이런 봉고도(장대높이 뛰기) 재간이 없었더라면, 네스토르

칼뤼돈의 멧돼지 사냥을 그린 고대 그리스의 접시

는 트로이아 전쟁이 일어나기도 전에 이 세상을 떠났을 터였다. 네스토르를 놓친 멧돼지는 참나무 둥치에다 그 엄니를 갈았다. 한동안 이렇게 엄니를 간 멧돼지는 이 새로운 무기, 이 뾰족해진 엄니로 이번에는 히파소스를 공격했다. 히파소스는 멧돼지 엄니에 허벅다리를 찍혀 그 자리에 쓰러졌다.

하늘에 쌍둥이별로 박히기 전의 쌍둥이 형제 카스토르와 폴뤼데우케스는 백설같이 흰 말을 타고 질풍같이 내달으며 이 괴수를 향하여 창을 날렸다. 그러나 이들이 날린 창도 이 괴수에게는 상처를 입히지 못했다. 괴수가 말도 뚫고 들어갈 수 없고 창날도 뚫고 들어갈 수 없을 만큼 울창한 숲속으로 몸을 피했기 때문이었다.

텔라몬이 달려 나갔다. 그러나 텔라몬은 너무 서두르다가 쓰러진 나무둥치에 걸려 바닥에 쓰러지고 말았다. 텔라몬의 아우 펠레우스가 쓰러진 형을 붙잡아 일으킬 동안 테게아의 여걸 아탈란테는 시위에 살을 메겼다. 아탈란테가 쏜 화살은 허공을 가르고 날아가 괴수의 귀밑에 박혔다. 괴수는 이 상처로 피를 흘렸다. 멜레아그로스는 아탈란테의 화살이 괴수에게 명중하는 것을 보고는 자기 일처럼 좋아했다. 괴수의 피를 맨 먼저 본 사람도 멜레아그로스였고, 친구들에게 이를 맨 먼저 고한 사람도 멜레아그로스였다. 멜레아그로스는 아탈란테를 향하여 소리쳤다.

"그대의 용기는 칭송을 받을 것입니다. 그대의 용기는 칭송받고도 남음이 있습니다."

다른 무사들은 이 말을 듣고 부끄러움을 이기지 못해 얼굴을 붉혔다. 그들은 함성으로 서로를 격려하며 괴수를 공격했다. 공격했으되 협공할 생각은 않고 제각기 분별없이 날뛰었다. 그러나 수만 많았지 이들의 창이나 화살은 하나도 이 괴수에게 치명상을 입히지 못했다. 그러자 양날 도끼를 쓰는 아르카디아 사람 안카이오스가 외쳤다.

"한갓 아녀자가 쓰는 무기가 남정네 무기보다 낫다는 말인가? 잘 보라. 아녀자의 무기와 대장부의 무기가 어떻게 다른지 보여주겠다. 길을 비켜라. 아르테미스 여신이 이 괴수를 지켜주고 있을지 모르나 나는 내 손으로 기어이 이 괴수를 죽여 보이겠다."

그는 이같이 자신만만하게 외치고 나서 두 손으로 도끼를 들고, 앞으로 돌진해 오는 멧돼지를 내리치려고 했다. 그러나 멧돼지는 이 겁 없는 사나이를 맞아 허벅다리 윗부분을 겨냥하고는, 그의 급소에다 엄니를 박았다. 안카이오스는 쓰러졌다. 괴수의 엄니에 뚫린 구멍

아르고 원정대의 귀환
이 멧돼지 사냥 현장에는 '황금 양털가죽'을 찾으러 갔던 아르고 원정대원들이 거의 다 모여 있다. 원정대장 이아손도 와 있다. 귀스타브 모로의 〈아르고 원정대의 귀환〉.

으로는 검붉은 피와 함께 내장이 쏟아져 나왔다. 이 바람에 그 근방의 땅은 진홍빛으로 물들었다. 익시온의 아들 페이리토스가 창을 휘두르며 이 괴수를 향하여 돌진했다. 그러나 아이게우스의 아들 테세우스가 그를 불렀다. 테세우스가 그에게 소리쳤다.

"내 영혼의 일부인 내 친구, 내 목숨보다 더 사랑하는 친구 페이리토스여, 저만치 물러서 있게. 이 괴물과는 싸워도 거리를 두고 싸우는 수밖에 없네. 우리의 용기는 그 거리 밖에서만 유효하다는 것일세. 보게. 안카이오스의 무모한 용기가 결국은 그를 죽이지 않던가?"

헬레네를 납치하는 테세우스와 페이리토스
페이리토스는 어린 시절에 테세우스를 도와 헬레네를 납치한 적이 있고, 테세우스는 페이리토스를 도와 페르세포네 납치를 시도한 적이 있다. 조반니 스카이아로의 〈헬레네 납치〉.

카스토르와 폴뤼데우케스

카스토르와 폴뤼데우케스는 '디오스쿠로이'라고 불린다. '제우스의 아들들'이라는 뜻이다. 테세우스와 페이리토스가 헬레네를 납치한 것처럼 이들도 레우키포스의 딸들을 납치하고 있다. 오른쪽이 카스토르, 왼쪽이 폴뤼데우케스. 페테르 파울 루벤스의 그림.

 테세우스는 이렇게 말하면서 무거운 청동 창날을 해 박은 물푸레나무 창을 던졌다. 제대로 날아갔더라면 이 괴수에게 치명상을 입힐 수 있을 만큼 겨냥이 정확했다. 그러나 이 창은 허공을 날다가 참나무 가지에 걸려 땅으로 떨어졌다. 아르고 원정대장 이아손도 창을 던졌지만 그의 창은 목표물을 지나, 멧돼지를 쫓던 사냥개의 허벅지를 꿰뚫어 그 자리에 내굴렸다.
 이윽고 오이네우스의 아들 멜레아그로스가 두 개의 창을 던져 이 괴수를 쓰러뜨렸다. 먼저 던진 창은 땅바닥에 꽂혔으나 두 번째 던진 창이 이 괴수의 등 한복판에 명중한 것이다. 괴수는 피거품을 뿜으며 뒹굴어 땅바닥을 거품과 피로 물들였다. 멜레아그로스는 지체

하지 않고, 미친 듯이 땅바닥을 구르는 괴수에게 다가가 어깻죽지에 다 또 하나의 창을 박았다. 동료들이 함성을 지르며 달려와 멜레아그로스의 손을 잡고 그 승리를 칭송했다. 괴수 옆으로 다가온 무사들은, 쓰러진 괴수가 차지한 땅이 엄청나게 넓은 데 놀라 혀를 내둘렀지만, 쓰러져 있는데도 마음 놓고 가까이 다가가기가 무서웠던지 모두들 이 쓰러진 괴수를 찔러 창날에 피를 묻혔다.

한 발로 이 괴수의 머리를 딛고 선 채, 멜레아그로스가 아탈란테를 바라보며 소리쳤다.

"테게아의 처녀여, 내가 쓰러뜨린 이 괴수를 받아주시고 괴수를 쓰러뜨린 영광을 나와 나누는 것을 허락하소서."

그는 이 말과 함께 이 괴수의 가죽과, 엄니째 괴수의 머리를 아탈란테에게 바쳤다. 아탈란테는 이 선물에도 만족스러워했고 선물을 준 사람이 멜레아그로스라는 사실에도 만족스러워했다. 그러나 그 자리에는 아탈란테에게도 돌아간 이 영광을 질투하는 사람이 없지 않았다. 웅성거리는 좌중에서 플렉시포스와 톡세우스 형제가 주먹을 쥐고 흔들면서 나와 고함을 질렀다.

"테게아의 처녀 아탈란테여, 그대가 받은 선물을 바닥에 내려놓으시오. 우리가 나누어 받을 명예를 가로채지 마시오. 아탈란테여, 그대가 아름답기는 하오만 그 아름다움을 지나치게 믿지는 마시오. 우리의 말을 듣지 않으면 그대를 짝사랑하는 저자, 멜레아그로스도 그대를 지켜주지 못할 것이오."

이렇게 말함으로써 이들 형제는, 아탈란테로부터는 멜레아그로스

아탈란테에게 멧돼지를 바치는 멜레아그로스
페테르 파울 루벤스의 그림.

로부터 받은 선물을, 멜레아그로스로부터는 아탈란테에게 선물 줄 권리를 빼앗아버렸다. 멜레아그로스는 이를 갈면서 부르짖었다.

"남의 영광이나 훔치는 도둑들! 내가 그대들에게 말로 하는 위협과 실제로 하는 행동이 어떻게 다른지 가르쳐주겠소."

멜레아그로스는 이 말을 끝내기가 무섭게 칼을 뽑아, 무심하게 서 있는 플렉시포스의 가슴을 찔렀다. 참으로 눈 깜짝할 사이에 일어난 일이었다. 톡세우스는 형의 복수를 하고 싶었으나 형과 같은 신세가 되는 것이 두려워 망설였다. 그러나 오래 망설일 시간은 없었다. 멜레아그로스가, 형의 뜨거운 피가 뚝뚝 듣는 칼에다, 그보다 더 뜨거운 아우의 피를 묻혔기 때문이었다.

테게아의 처녀 아탈란테는 바로 히포메네스와 경주하던 바로 그 아탈란테. 그러니까 아탈란테가 이 사냥터에 온 것은 히포메네스와 결혼하기 전이다.

나는 신화를 내가 쓰는 소설로 잘 끌어들이지 않는다. 하지만 딱 한 번 써먹은 적이 있다. 바로 이 멜레아그로스 이야기를 다룬 「알타이아의 장작개비」다. 소설 「알타이아의 장작개비」로써 내가 던지고 싶던 메시지는 다음과 같은 것이다.

몇 해 전에 TV 시리즈 프로그램에서 〈뜸북새 우는 마을〉을 본 적이 있다. 한 암자에 불쌍한 아이들, 아마 버려진 아이들, 이런 아이들을 거두어 돌보는 스님이 있었다. 그 스님에게는 외부 지원 없이 그 많은 아이를 보살피는 일이 몹시 힘들었을 것이다. 실제로 스님이 고군분투하는 장면이 나왔던 것 같다. TV가 그런 암시를 주었기 때문일 것이다. 방영되자 엄청난 지원 자금이 몰려들었다.

그런데 몇 년 뒤 그 스님의 다음 이야기를 다룬, 다루었다기보다는 스님을 고발하는 듯한 프로도 보았다. 그 스님은 지원금이 몰려들어 오니까 약간 흥분해서 '오버'했던 모양이다. 몇억이나 되는 돈을 부주의하게 쓰고, 외국 여행도 자주 다녔던 모양이다. 스님에게는 애인이 생겨서는 안 되는데, 그 스님은 애인도 하나 있다고 했다.

TV 프로그램이 이런 부정적인 측면을 정밀 취재해서 고발하는 바람에 그 스님은 참 난처했을 터였다. 놀라지 마시라, 스님을 고발한 프로그램이 바로 스님을 속세에 소개한 그 프로그램이었다.

지금 멜레아그로스가 아탈란테 앞에서 잔뜩 흥분한 채 '오버'하고 있다. 그는 말로 하는 위협과 실제로 하는 행동이 어떻게 다른지 가르쳐주겠다면서 칼을 뽑아 들고는 '무심하게 서 있는 플렉시포스'를 찔러 죽인다. 그뿐만 아니다. 형의 복수를 하고 싶지만 형과 같은 신세가 되는 것이 두려워 망설이고 있는 아우 톡세우스까지 찔러 죽인다. 이들이 누구인가? 멜레아그로스의 어머니 알타이아의 두 동생이다. 그러니까 멜레아그로스는 외숙부 둘을 죽인 것이다.

멜레아그로스의 어머니 알타이아는 아들이 괴수를 죽였다는 소식을 들었다. 알타이아는 즉시 신전으로 달려가 신들에게 감사의 제물 드릴 차비를 했다. 그러나 아들의 승전보에 이어 곧 두 아우가 죽었다는 소식이 날아들었다. 알타이아는 두 아우의 부고를 받고 성이 떠나가게 울었다. 한동안 가슴을 쥐어뜯으며 울던 알타이아는, 금빛 제복을 검은 상복으로 갈아입었다. 그러나 알타이아가 울부짖은 것은, 두 아우를 죽인 자가 누구인지 알지 못했을 때였다. 오래지 않아 두 아우를 죽인 자가 누구인지 알고부터 알타이아는 더 이상 슬퍼하고 있을 수만은 없었다. 알타이아는 눈물을 거두고 두 아우의 죽음을 복수하기로 했다.

 알타이아는 멜레아그로스를 낳은 직후 자기 손으로 감추었던 장작개비를 기억해내고 그것을 찾아내었다. 그러고는 하인들에게 명하여 불쏘시개를 가져와, 아들과 같은 운명을 타고난 장작개비 태울 불을 지피게 했다. 알타이아는 이 불길에다 네 번이나 그 운명의 장작개비를 던져 넣으려다가 네 번이나 물러섰다. 아들에 대한 사랑과, 아우들의 죽음에 대한 복수의 맹세가 어머니이자 누나인 알타이아를 괴롭혔다. 각각 아들과 아우들을 사랑하는 마음이 알타이아의 가슴을 두 쪽으로 나누는 것 같았다. 아들을 죽이기로 마음을 다그칠 때마다 알타이의 얼굴은 보기에도 민망할 정도로 창백해졌다. 그러나 아우들의 죽음을 생각할 때마다 그 얼굴에서는 분노의 불길이 이글거리고 두 눈에서도 불꽃이 번쩍거렸다. 표정도 시시각각으로 변했다. 말하자면 한동안 무시무시한 얼굴을 하고 있는가 하면 어느새 연민에 가득 찬 자애로운 얼굴이 되어 있는 것이었다. 무시무시한 얼굴을 하고 있을 때는 뺨을 타고 흐르던 눈물이 곧 말랐다. 그러나 그 눈물이 마른 자국 위로는 새로 나온 눈물이 흐르고는 했다. 이쪽으로 부는 바람과 저쪽으로 흐르는 조류 사이에서 이쪽으로도 못 가고 저쪽으로도 못 가는 배처럼 알타이아의 마음도 분노와 연민 사이에서 갈피를 잡지 못했다. 그러나 시간이 흐르면서 누나로서의 알타이아가 어머니로서의 알타이아를 이겨내기 시작했다. 알타이아는 죽은 아우들의 영혼을 피로써 달래어주기로 마음먹었다. 아들을 죽이는 죄를 지음으로써, 원통하게 죽은 아우들에 대한 죄의식을 닦고자 마음먹은 것이었다.

하인들이 지핀 모닥불에서 불길이 오르기 시작했다. 알타이아는 타다 남은 장작개비를 손에 들고 불길 앞에 서서 불길을 보며 외쳤다.

"이 불길을 화장단의 불길로 삼아, 내가 낳은 자식을 태울 수 있게 하소서. 징벌을 주관하시는 에리뉘에스 세 여신이시여, 제가 드리는 이 기이한 제물을 받으소서. 저는 이로써 아우들의 죽음을 복수하고 아들을 죽이는 죄를 지으려 합니다. 죽음은 죽음을 통해서 화해를 이루게 하고, 사악한 죄악은 사악한 죄악을 통하여 씻기게 하시며, 살육을 통하여 살육의 갚음이 이루어지게 하소서. 이러한 죽음과 사악한 죄악과 살육이, 마침내 이 집안을 파멸시킬 때까지 쌓이고 쌓이게 하소서. 친정 아비 테스티오스는 자식의 주검 앞에서 슬퍼하고, 지아비 오이네우스는 그 자식의 승리로 희희낙락할 수는 없습니다. 그럴 바에는 둘 다 슬퍼할 거리가 있어야 마땅한 것이 아닙니까?

아, 내 아우들아. 저승에 당도한 지 얼마 안 되는 내 아우들의 망령들아. 와서 내가 차리는 제물을 흠향하여라. 내 태에서 난 자식을 죽여 마련한 이 비싼 제물, 이 눈물겨운 제물을 흠향하여라.

아, 내가 왜 이렇게 서두르는 것이냐? 아우들아, 저 죄 많은 것의 어미인 나를 용서하여라. 마음은 원이로되 손이 말을 듣지 않는구나. 내 아들이 죽어 마땅한 죄를 지은 것은 나도 알고 있다. 그러나 내가 저 아이를 죽여야 한다니, 견딜 수가 없구나. 하면, 저 아이에게 벌을 내리지 말아야 할까? 너희 형제는 죽어 음습한 땅의 망령으로 떠도는데, 죽어서 한 줌의 재가 되었는데 저 아이는 이 멧돼지 사냥으로 칼뤼돈의 영웅이 되고, 칼뤼돈 땅을 다스리는 왕이 되어 부귀영화 누리는 것을 용납해야 하느냐? 안 된다. 그것만은 나도 용납할 수가 없다. 이 죄 많은 것도 너희처럼 죽어야 한다. 죽어서 아비의 희망, 제 아비의 왕국과 함께 저승으로 가야 한다. 제 아비의 왕국은 쑥대밭이 되어야 한다. 그러면, 아, 그러면 어미가 자식에게 보이는 자애는 어쩌고? 부모와 자식을 잇는 사랑의 끈은 어쩌고? 내가 저 아이를 배고 했던 열 달의 고생은 어쩌고?

　내 아들아, 차라리 네가 아기였을 때 저 장작개비와 함께 네 생명을 태워버렸더라면 좋았을 것을. 이 어미의 손으로부터 생명을 받았던 내 아들아, 이제는 그때 네가 받았던 생명을 되돌려주어야 한다. 네가 한 일이 있으니 야속하다고 생각 말고 그 대가를 치르라. 이 어미로부터 두 번, 한 번은 이 어미가 너를 낳았을 때, 또 한 번은 불붙은 장작개비를 불 속에서 꺼냈을 때 받았던 그 목숨을 어미에게 돌려다오. 네가 그 목숨을 내놓기 싫거든 이 어미를 어미의 아우들이 있는 저승으로 보내다오.

　아, 내 손으로 이 장작개비를 태우고 싶다만 할 수가 없구나. 피투성이가 된 내 아우들의 모습, 이들이 죽어가던 순간의 모습이 보이는 것 같은데도, 아들에 대한 어미의 사랑, 어미라는 이름이 이 결심을 깨뜨리는구나. 나같이 팔자가 기박한 것이 또 있을까……. 아우들아, 너희는 승리할 것이다. 그러나 너희가 승리하는 순간 얼마나 무서운 일이 이 누이를 기다리고 있는지 아느냐? 그러나 승리해야 한다. 너희에게 승리를 안긴 연후에 나 또한 너희 있는 곳으로 갈 것이다. 너희와, 너희 영혼을 위로하려고 내 손으로 죽인 내 아들의 뒤를 따라갈 것이다."

알타이아는 이렇게 부르짖고 나서 그 운명의 장작개비를 불길 속으로 던져 넣고는 고개를 돌렸다. 불길이 옮겨붙으면서, 그리고 그 불길에 맹렬히 타오르면서 그 장작개비는 신음했다. 아니, 알타이아의 귀에는 신음 소리가 들리는 것 같았다.

현장에 있기는커녕, 궁전에서 이런 일이 일어나고 있으리라고는 생각도 못 하던 멜레아그로스에게 그 불이 옮겨붙었다. 그는 자신이 보이지 않는 불길에 타고 있음을 알았다. 멜레아그로스는 불굴의 용기로 그 고통을 참아내려 했다. 그러나 참을 수 있는 고통이 아니었다. 그는 자신이 피 한 방울 흘리지 않고 죽어가고 있음을, 불명예스럽게 죽어가고 있음을 알고는 슬퍼했다. 그래서 치명상을 입고 죽어간 안카이오스를 부러워했다. 그는 마지막으로 연로한 아버지의 이름, 형제들의 이름, 누이들의 이름, 그리고 아내의 이름을 불렀다. 어쩌면 어머니의 이름도 불렀을 것이다. 불길이 소진되자 그의 고통도 끝났다. 남은 불길 아래로 흰 재가 가라앉자 그의 숨결은 대기 속으로 증발했다.

헤라클레스가 하데스의 궁전으로 내려갔을 때의 일이다. 헤라클레스가 다가가자 수많은 망자의 혼백이 도망쳤다. 이승의 일을 까맣게 잊은 그들이 헤라클레스를 알아보고 도망쳤을 리 없으니 그림자에 지나지 않는 저희와는 달리 피가 통하는 살덩어리에 겁을 집어먹었는지도 모를 일이다. 헤라클레스는 제 손으로 죽인 아내와 자식들의 혼백을 찾으려고 망자의 혼백 뒤를 따르다 앞길을 막아서는 건장한 사내의 혼백에 막혀 걸음을 멈추었다. 이 혼백의 주인이 바로 멜레아그로스다.

"자네는 멜레아그로스가 아닌가! 아르고나우타이의 영웅이 어째서 이 음습한 저승을 헤매는가?"

헤라클레스는 이렇게 소리치며 멜레아그로스의 손목을 잡았다. 그

저승에 간 헤라클레스
저승을 지키는, 머리 셋 달린 개 케르베로스가 헤라클레스의 사슬에 묶여 있다. 파리 루브르 박물관.

러나 멜레아그로스의 손목은 헤라클레스의 손안에서 재가 되었다가 저승 땅의 음습한 바람에 흩날렸다.

"헤라클레스, 헤라클레스."

멜레아그로스는 망각의 강을 건넌 뒤에도 기구하고 슬픈 제 신세를 다 잊지 못했는지 잿물 같은 눈물을 흘리며 헤라클레스의 이름을 불렀다. 가루가 되어 바람에 흩날렸던 재가 다시 멜레아그로스의 손목으로 모이고 있었다.

12장
프로메테우스, 마침내 해방되다

GREEK
AND
ROMAN
MYTHOLOGY

　신화에 밝은 언어학자 유재원 교수(한국외국어대학교)의 글에 눈이 번쩍 뜨이는 대목이 있다. 요지는 이렇다.

　인류는 근대를 맞으면서 프로메테우스 시대를 꽃피웠다가 디오뉘소스의 반격을 받았다. 이제 헤르메스 시대가 왔다. 현대는 헤르메스의 시대다. (중략) '이성'을 신의 은총으로 믿던 데카르트는 산업사회를 열었다. 하지만 곧 니체의 반격이 시작되면서 데카르트의 명제는 종말을 고했다. 이제 현대의 헤르메스, 빌 게이츠가 새로운 시대를 열었다.

　프로메테우스는 인간을 창조하고, 인간에게 불을 훔쳐다 준 것으로 전해지는 그리스 신화 속의 인물이다. 그는 흙으로 인간을 빚은 것으로 알려져 있기도 하다. '프로메테우스'라는 말은 '먼저 생각하는 자'라는 뜻이다. 그는 이치와 이성을 앞세워 처음으로 신들의 아버지 제우스에게 저항한 인물이기도 하다. 그래서 서유럽 산업사회

피에로 디 코시모의 〈프로메테우스 신화〉
오른쪽이 프로메테우스다. 중앙에 서 있는 인간은 아직 생명을 얻지 못했다. 왼쪽에 에피메테우스와 판도라가 서 있다. 이중으로 구성된 듯한 이 그림의 에피메테우스 머리 위에는 프로메테우스가 그려져 있다. 아테나 여신의 도움을 받으며 회향나무 대롱을 들고, 하늘을 날아서 불을 훔치러 가는 모습이다. 왼쪽 하늘에는 태양 마차가 달리고 있다.

의 사상적 틀을 마련한 르네 데카르트는 프로메테우스에 자주 견주어진다.

 나는 프로메테우스를 '인물'이라고 불렀는데, 정확하게 말하면 그는 인간이 아니다. 그는 티탄(거신족)에 속하는 신이다. 그런데도 그는 철저하게 인간의 편에 서는 매우 매력적인 신이다. 인간을 편들어 제우스 신에게 철저하게 저항하는 그에게서 나는 인간의 냄새를 맡는다. 프로메테우스 이야기는 여기저기에서 단편적으로 발견된다. 그걸 읽기 쉽게 구성해본다.

제우스가 올림포스를 다스리고 있을 당시, 제우스와 사촌뻘인 이아페토스에게는 두 아들이 있었다. 맏이의 이름은 '프로메테우스(먼저 생각하는 자)', 둘째의 이름은 '에피메테우스(나중 생각하는 자)'였다. 이름 그대로 프로메테우스는 앞질러 생각하고 앞일을 미리 방비할 줄 아는 신이었고, 에피메테우스는 일이 틀어진 뒤에야 깨닫고 손을 쓰는 신이었다.

제우스의 독재에 염증을 느끼던 프로메테우스는, 제우스의 아버지인 크로노스(시간)가 자기 아버지 우라노스(하늘)에게 반역했고, 제우스 역시 자기 아버지 크로노스에게 반역한 사례를 좇아 장차 제우스를 궁지에 몰아넣을 방법을 궁리했다. 프로메테우스는 짐승보다는 우월하되 신보다는 열등하여 아래로는 짐승을 다스리고 위로는 신을 섬길 줄 아는 인간을 만들기로 하고, 아우 에피메테우스에게 인간에게 줄 선물을 준비할 것을 당부했다.

"내가 아래로 짐승을 다스리고 위로 신들을 섬길 존재를 빚을 것인데, 너는 이 새로 만들어질 인간에게 무엇을 주겠는가?"

"아래위를 익히 내려다보고 올려다볼 권능을 주어야지요."

에피메테우스가 대답했다.

"나는 인간에게 짐승을 다스릴 지혜와, 신의 제물을 장만할 손과, 신을 찬양할 아름다운 음성을 주고자 한다. 너는 무엇을 주겠는가?"

흙으로 최초의 인간을 빚는 프로메테우스
아테나 여신이 나비(프쉬케) 한 마리를 흙으로 빚은 인간의 몸속에 넣어주자 비로소 '마음'이 자리잡는다. 로마 제국의 석관 돋을새김. 마드리드 프라도 미술관.

"빨리 달리는 능력은 사자에게 주었고, 힘은 코끼리에게 주었고, 발톱은 독수리에게, 단단한 껍데기는 거북에게, 험한 먹이에 견디는 위장은 돼지에게 주고 없습니다. 신들 아래로 만물의 으뜸 자리에 앉을 인간에게 제가 장차 무엇을 줄 수 있겠습니까?"

프로메테우스가 만물의 씨앗이 들어 있는 흙을 썼는지, 자신의 몸을 이루는 것과 같은 질료를 썼는지, 그것은 분명하지 않다. 어쨌든 그는 재료에 물을 부어 이기고 신들의 형상과 비슷한 인간을 빚어 이를 이레 동안 볕에다 말린 다음에 여기에 생명을 불어넣으려고 했다. 바로 그때 지혜의 여신 아테나(지혜)가 지나가다 프쉬케(나비)를 한 마리 날려 보냈다. 이 프쉬케가 잘 마른 인간의 콧구멍으로 들어가니, 이로써 인간에게는 '프쉬케(마음)'가 깃들게 되었다.

지금부터 2,200년 전, 파우사니아스라는 이가 쓴 글에 다음과 같은 대목이 있다.

"보이오티아 지방에 가면 '프로메테우스 석상'이라는 글씨가 대리석에 새겨져 있는데, 이 근처 골짜기에는 사람의 땀 냄새가 나는 커다란 갈색 돌이 무수히 굴러다닌다. 이 지방에는 그 돌이, 프로메테우스가 인간을 만들던 흙덩이라는 전설이 있다."

파우사니아스의 말이 사실이라면 프로메테우스는 여럿을 한꺼번에 빚었을 법하다. 인간이 생명과 마음을 얻어 깡충깡충 뛰어나가자 에피메테우스가 프로메테우스에게 이렇게 물었다고 전해진다.

"짐승은 다 암컷과 수컷이 있는데 어째서 인간은 수컷만 만들어 놓아 보내시는지요?"

프로메테우스는 올륌포스 산정을 가리키며 대답했다.

"나는 제우스 신의 백성을 늘려주기 위해 인간을 빚은 것은 아니니 제우스 신은 나의 뜻을 불온하다고 여길 것이다. 아마 제우스 신은 그냥 있지 않을 것이다. 신과의 불화가 있을 것이나 다만 염려스러운 것은 아우 에피메테우스, 너뿐이구나."

"암컷은 왜 만들지 않았느냐고 여쭈었습니다."

"불화가 거기에서 비롯될 것이다. 나는 단지 그 시기를 늦출 수 있을 뿐이다."

프로메테우스는 제우스 신에게 고분고분하지 않았다. 여기에는 그럴 만한 까닭이 있다. 원래 프로메테우스는 티탄 신족이다. 티탄 신족은 올림포스 신족보다 항렬이 높다. 그런데 이 티탄 신족과 올림포스 신족 사이에 전쟁이 터졌다. 이 전쟁을 '티타노마키아(티탄 신족과의 전쟁)'라고 한다. 프로메테우스는 티탄 신족이 제우스를 상대로 난을 일으키리라는 것도 알았고 티탄 신족이 패배할 것도 미리 알았다. 그래서 프로메테우스는 이 전쟁에서 제우스를 도와 공을 세운 바가 있다.

그로부터 오랜 세월이 흘렀다. 이 땅은 인간들로 차고 넘쳤다. 인간은 올림포스의 으뜸 신 제우스에게 제사를 드리고 싶어 했다. 그래서 어떤 제물을 드릴 것이냐 하는 문제를 두고 궁리에 궁리를 거듭했다. 그러다 결론이 나지 않자 인간들은 대표를 뽑아 프로메테우스에게 보냈다. 인간 세상의 대표들은 프로메테우스 앞에서 입씨름을 벌였는데, 서로 저희가 생각하는 바와 주장하는 바를 굽히지 않았다.

"제물로 소를 한 마리 잡았습니다. 마땅히 살코기와 맛있는 기름은 제우스 신께 드리고 가죽과 뼈는 저희 차지가 되어야 할 것입니다."

이렇게 주장하는 대표가 있는가 하면,

"당치 않습니다. 가죽은 하늘이요 뼈는 대지인데, 이는 비천한 인간이 취할 바가 아닙니다. 가죽과 뼈는 제우스 신께 바치고 고기와 기름을 저희가 먹어야 도리가 아니겠습니까? 들짐승을 보십시오. 고기와 기름을 취하되 뼈와 가죽은 남깁니다. 들짐승도 이것을 아는데 하물며 인간이 그 도리를 좇지 않는 것은 당치 않은 일이지요."

이렇게 주장하는 대표도 있었다.

프로메테우스는 곰곰이 생각하다 이렇게 당부했다.

"제우스 신께서 드실 것은 제우스 신께서 잘 아실 것이니 내가 시키는 대로 하여라."

프로메테우스는 무슨 생각에서 그랬는지는 모르겠지만 소를 한 마리 잡아 살코기는 가죽에 싸놓고, 뼈는 맛있는 기름으로 싸놓은 다음, 제우스 신에게 식성대로 고르게 했다.

제우스 신은 프로메테우스가 티탄 거신족과의 싸움에서 공을 세운 바가 있는 신이라, 혹 하는 짓이 눈 밖에 나도 꾹 참고 있던 참이었다. 그런데 프로메테우스가 불온한 생각을 드러내고 있는 것이 마음에 걸렸다. 프로메테우스는 제우스 신에게 도전하고 있음에 분명했다. 제우스 신은 프로메테우스의 도전을 받자 짐짓 맛있는 기름으로 싼 뼈 쪽을 골랐다. 물론 겉만 맛있는 기름이었지 안에는 먹을 수 없는 뼈뿐이었다. 제우스 신은 크게 노하여 프로메테우스와 인간을 싸잡아 꾸짖었다.

"이아페토스의 아들 프로메테우스야, 과연 '미리 생각하는 자'로구나. 너는 나를 섬겨본 적이 한 번도 없다. 나를 섬기지 않은 것은 네가 세운 공을 보아서 참겠다만, 오늘 해괴한 꾀로 나를 놀려먹은 죄는 그냥 두고 보지 않을 것이다.

그리고 인간들도 들어라. 내가 프로메테우스를 보아 너희의 방자한 꼴을 굳이 참아왔다만 너희 하는 짓이 또 어째서 이렇게 살똥스러우냐? 내 너희를 벌하여 도토리는 나무에서 떨어지지 못하게 하고,

실과는 그냥은 익지 못하게 할 것이며, 꿀은 벌집에서 듣지 못하게 할 것인즉, 너희 먹을 것은 너희 수고로 취하도록 하라. 북풍으로 하여금 너희 자는 곳에 몰아치게 하고 생육에는 독을 풀 것인즉, 주린 배로 떨며 지새는 밤이 얼마나 고통스러운지 어디 견디어보아라."

 제우스 신이 은빛 두루마기 자락을 거두어 올림포스산 꼭대기로 올라간 그날부터 인간의 고통은 시작된다. 제우스 신이 경고한 대로 도토리는 나무에서 떨어지지 않아 힘들여 따 먹어야 했고, 실과는 그냥은 익지 않아 애써 가꾸어야 했고, 꿀은 벌집에서 듣지 않아 벌과 싸워야 했다. 인간은 그나마 생육도 먹을 수 없어 북풍과 주린 배에 나날이 시달리지 않으면 안 되었다.

 인간을 빚고 인간에게 정을 쏟던 프로메테우스는, 제우스 신과의 싸움에서 전세를 역전시키고 인간에게 전처럼 살길을 열어줄 묘책을 궁리했다. 그러나 상대는 예사 신이 아닌, 티탄 거신족과 기간테스 거신족을 무너뜨린 뒤 친부 크로노스까지 귀양 보낸 제우스 신인지라 그가 쳐놓은 그물코에는 빈 구석이 없었다.

 그러던 어느 날, 인간이 마련해준 신전에서 들판을 내려다보고 있던 프로메테우스는 예사로운 광경을 목도하고 예사롭지 않은 생각을 하게 되었다. 마침 들판에서는 인간들이 어울려 무기 다루는 재간을 겨루고 있었다. 무기는 타르타로스(무한 지옥)의 창살을 만들고 남은 주석으로 벼른 도끼였다. 덩치 큰 인간과 덩치 작은 인간이 어울려 주석 도끼로 치고 막는데, 도끼와 도끼가 맞부딪칠 때마다 번쩍번쩍 불꽃이 일었다.

'제우스 신은 무엇을 무엇에다 부딪쳐 저 무서운 벼락을 일으킬까?'
무심코 이런 생각을 하던 프로메테우스는 자리에서 벌떡 일어났다.
"저기 큰 인간과 맞서고 있는 작은 인간을 보라. 이기지 못할 겨루기에 저리도 열심인 것은 그저 어리석기 때문인가? 도끼가 일으키는 불꽃은 무엇인가? 불꽃이 일면 일수록 겨루기가 격렬해지는 것은 무슨 까닭인가? 저 경이의 불꽃, 기적의 섬광은 부딪침을 통해서만 번쩍이는 것인가? 제우스 신의 권능이 두려워, 손수 빚은 인간의 궁상을 수수방관해야 하는 나 초라한 프로메테우스여! 큰 인간을 상대로 힘을 겨루는 저 작은 인간만도 못한 존재가 아니냐!"

프로메테우스는 사흘 낮 사흘 밤 내내, 제우스에 대한 정면 도전으로 자신을 희생하되 그 희생의 값으로 인간에게 얻어줄 수 있는 가장 유익한 것이 무엇인지 곰곰이 생각했다. 그는 제우스가 가장 자랑스럽게 여기는 것에 도전하고, 인간에게는 인간들이 가장 두려워하는 것, 인간의 손으로 넘어오면 가장 유익할 것이 무엇인지 알아내어야 했다.

제우스 신이 가장 자랑스럽게 여기는 것, 그리고 인간이 가장 두려워하는 것, 그것은 저 퀴클롭스(외눈박이 거신)로부터 선물로 받은 벼락이었다. 프로메테우스는 나흘째 되는 날, 제우스 신의 벼락을 빼앗을 수는 없으니 그 대신 벼락에서 불을 붙여내어 인간에게 가져다주어야겠다고 마음먹었다.

닷새째 되는 날 프로메테우스는 속이 빈 나르텍스 막대기(뒷날 디오뉘소스 축제 때 신도들은 바로 이 회향나무 가지로 지팡이를 만들어 짚었다)

를 하나 품속에 넣고는, 아테나 여신의 수레를 빌려 타고 천상으로 올라갔다.

　프로메테우스가 제우스 신의 본처인 헤라의 신전 부엌에서 불을 훔쳤다고 주장하는 이도 있고, 대장장이 신 헤파이스토스의 대장간에서, 또는 태양신 헬리오스의 태양 마차 바퀴에서 불을 붙여 왔다고 주장하는 이도 있으나 이는 '제우스의 것'으로써 인간을 이롭게 하자는 프로메테우스의 속을 모르고 하는 소리다.

불을 훔치는 프로메테우스
신들의 집에서 훔친 불을 회향나무 대롱에 붙여 인간 세계로 내려오는 합리주의자 프로메테우스. 17세기 벨기에 화가 얀 코시에르의 그림.

프로메테우스에게 회향나무 가지를 가지고 올라가라고 귀띔한 이는 다름 아닌 아테나 여신이었다. 프로메테우스는 아테나 여신의 충고를 좇아 제우스 신의 벼락에서 불씨를 훔쳐 속 빈 회향나무 막대기 안에 넣고는 불이 꺼지지 않도록 쉴 새 없이 흔들면서 지상으로 내려왔다.

헬라스(그리스)군이 마라톤 평야에서 페르시아군을 무찌른 게 다 누구 덕이던가? 아테나 여신 덕이었다. 해마다 승전 기념일이면 마라톤에서 회향나무 가지로 만든 횃불 행진이 벌어지는데, 이는 아테나가 편들어준 덕을 기리기 위함이다. 프로메테우스 제사는 또 어떠하던가? 인간은 프로메테우스가 승천한 날이 되면 아테나 여신의 도시인 '아테나이' 교외 아카데미아 평원에 자리를 잡고 제단에서 성문까지 불씨 나르는 행사를 재현한다.

아테나 여신을 기리는 축제 경기를 창시한 인물은 테세우스다. 테세우스는 아테나 여신의 도시 아테나이(아테네)를 수도로 삼아 아티카 땅을 단일국가로 만든, 반쯤은 역사적인 인물이다. 그는 아테나이를 수도로 삼은 것을 기념하여 수호 여신 아테나를 기리는 '판아테나이아'를 창시했다. '모든 아테네인이 참가하는 축제'라는 뜻이다. 축제는 페플로스, 즉 아테나 여신의 거룩한 치마를 파르테논 신전에 바치는 행사에서 절정을 이룬다. 이 행진에서 노인은 아테나 여신을 상징하는 올리브 가지를 들었고, 젊은이들은 칼을 들었다.

프로메테우스가 훔쳐다 준 불은 인간의 삶을 그 전과는 전혀 다르게 했다. 인간은 이 불을 이용하여 우선 날고기를 조리할 수 있었

판아테나이아 축제를 기념하는 근대식 경기장
제1회 올림픽 경기가 열렸던 이 경기장을 오늘날에는 '판아테나이코'라고 부른다. 2004년 아테네 올림픽 양궁 경기가 이곳에서 열렸다. 중앙에 솟은 바위산이 아크로폴리스이고, 그 위에 우뚝 선 대리석 신전이 바로 아테나 여신을 모시던 파르테논이다.

고 다른 짐승을 쉬 잡을 수 있는 날카로운 무기도 벼를 수 있었다. 그뿐만 아니었다. 땅을 뒤져 먹자면 단단한 농기구를 만들어야 하는데 불에 달구어 벼리니 이것도 얼마든지 가능했다. 추우면 굽도 접도 못하고 견뎠지만 불을 얻고부터 인간은 겨울도 두려워하지 않았다.

　제우스 신이 그냥 있을 턱이 없었다. 제우스 신이 신들을 대동하고 보이오티아로 온다는 말을 듣고 에피메테우스는 형 프로메테우스에게 잠시 피신할 것을 권했다.

　"제우스 신의 분이 삭을 때까지 다른 데 얼마간 몸을 붙이고 기다리시지요. 밤 잔 원수 없고 날 샌 은인이 없는 법입니다. 대신이 옛 은

공을 잊는 것을 보면 오늘의 앙심도 때가 되면 누그러뜨릴 테지요."

"피하기는 어디로 피하겠느냐? 낮 하늘에는 헬리오스(태양)가 있고 밤하늘에는 셀레네(달)가 있다. 제우스 신이 튀폰에 쫓겨 아이귑토스(이집트)로 도망가던 일 생각나느냐? 암몬 양으로 둔갑해서 숨어 있었을 때 배를 잡고 웃었던 우리가 아니냐? 피신한다고 하더라도, 칼날 쥔 내가 칼자루 쥔 제우스 신을 당할 수 있을 것 같으냐? 죗값 받는 것은 두렵지 않으나 마음에 걸리는 것이 있어 뒷일이 염려스럽다."

"그것이 무엇인지 이 아우에게 일러주십시오."

"제우스 신에게 나를 벌할 명분은 있어도 너를 벌할 명분은 없다. 하나, 너는 물론이고 결국 우리가 빚은 인간도 무사하지는 못할 것이다. 제우스 신이 너와 인간을 벌할 명분이 없는데 어떻게 할 것 같

아테나 여신이 그려진 항아리
판아테나아 축제 경기의 승리자에게 주어졌다.

으냐? 틀림없이 무슨 수를 써서 필경은 뒤끝이 좋지 않은 짓을 할 터인데, 네가 감당할 수 있겠느냐?"

"조부님이신 오케아노스(대양)에 맹세코."

제우스가 판도라를 만들어 프로메테우스 형제에게 보낸 것은 이즈음의 일일 것이다. 나는 이 판도라 이야기를 좋아하지는 않는다. 여성을 폄하하는 혐의가 매우 짙기 때문이다. 하지만 인간의 호기심과 밀접한 관계가 있는 대목이 나와서 재미있게 읽기는 한다. 이야기인즉 이렇다.

그때까지도 여자는 만들어져 있지 않았다. 그런데 제우스가 여자를 만들어 프로메테우스와 그의 아우 에피메테우스에게 보냈다는 것이다. 그것도 이 형제가 예뻐서 선물을 준 것은 아니고, 프로메테우스가 천상의 불을 훔쳐 인간에게 선물로 준 것을 괘씸하게 여겨 이들과 인간을 벌하기 위해 그랬다는 것이다.

최초로 만들어진 여자의 이름은 '판도라'라고 했다. '모든 선물을 다 받은 여자'라는 뜻이란다. 판도라는 올림포스에서 만들어져 신들로부터 한 가지씩 선물을 받았다. 그래서 판도라는 완벽했다. 판도라가 신들로부터 무엇을 받았을까? 아프로디테로부터는 아름다움을, 헤르메스로부터는 설득력을, 아폴론으로부터는 음악을 받았다는 것이다. 이렇게 선물을 잔뜩 받아 지상으로 내려온 판도라는 에피메테우스의 차지가 되었다. 에피메테우스는 형 프로메테우스로부터, 제우스라는 작자와 그가 주는 선물에 주의하라는 충고를 받았음에도

판도라의 상자

'상자를 열어서는 안 된다', 이것은 금기다. 금기는 깨어져서는 안 된다. 하지만 신화에는 깨어지기 위해 금기가 등장한다. 판도라는 상자를 열 수밖에 없다. 19세기 영국 화가 단테 가브리엘 로제티의 그림.

불구하고 덜컥 판도라를 아내로 삼아버린 것이다.

그런데 이 에피메테우스의 집에는 상자가 하나 있었다. 이 상자 안에는 몹쓸 것들이 들어 있었다. 인간에게 새로운 삶의 보금자리를 만들어줄 당시에는 필요 없는 것들이어서 에피메테우스가 그 상자 안에다 넣어두었던 모양이었다. 에피메테우스는 판도라에게 절대로 그 상자를 열어서는 안 된다고 단단히 일러두었다.

판도라는 호기심이 강한 여자였다. 판도라는 상자 안에 무엇이 들어 있을지 궁금해서 견딜 수 없었다. 그러던 어느 날 판도라는 도저히 궁금증을 삭이지 못하고 뚜껑을 열어 속을 들여다보았다. 그러자 그 상자 안에서, 인간에게는 몹쓸 것들인 무수한 재난, 즉 육체적인 것으로는 통풍·신경통 같은 것, 정신적인 것으로는 질투·원한·복수심 같은 것들이 나와 사방팔방으로 흩어졌다. 판도라는 후닥닥 뚜껑을 도로 덮었다. 그러나 이미 엎질러진 물이었으니, 상자 속에 있는 것들은 거의가 사방팔방으로 흩어진 다음이었다.

요행히 상자 안에는 딱 한 가지가 남아 있었다. 바로 '희망'이었다. 우리가 오늘날에 이르기까지 어떤 횡액을 당해도 희망만은 버리지 않는 것은 다 이 때문이란다. 그뿐만 아니라 우리가 이 희망을 버리지 않는 한, 어떤 횡액도 우리 존재의 뿌리를 흔들 수 없단다.

제우스 신이 프로메테우스를 벌하기 위해 신전으로 내려온 것은 밤이었다. 그는 올림포스의 신들을 나란히 둘러 세운 뒤 프로메테우

페르세포네의 상자
열어서는 안 될 상자를 연 여성은 판도라뿐만이 아니다. 저승의 왕비 페르세포네도, 아프로디테가 맡기면서 절대로 열어 보지 말 것을 당부한 상자를 연다. 헬레니즘 시대의 돋을새김.

프쉬케의 상자

프쉬케도 열어봐서는 안 되는 황금 상자를 열고 만다. 프쉬케는 이로 인해 깊은 잠에 빠지는데, 발치의 양귀비가 이를 암시한다. 존 윌리엄 워터하우스의 그림.

스를 몸소 심문했다.

"이아페토스의 아들 프로메테우스야! 정신이 바로 박힌 신들을 수시로 구역질 나게 만드는 반골아, 네가 나를 위해서 공을 세웠다고는 하나 이제 나는 너에게 빚진 바가 없다. 네가 나에게 빚을 지고 있을 뿐이다."

"크로노스의 아들 제우스 신이시여······."

프로메테우스가 하늘을 올려다보면서 자비를 비는 시늉을 했다.

"그만두어라, 족보를 따져 연줄을 대려고 그러느냐? 네 죄나 네 입으로 변명해보아라."

"하늘 우라노스와 대지 가이아의 직계 자손이신 제우스 신이시여."

"너도 하늘땅 신들의 직손이 아니냐. 네 죄나 네 입으로 변명해보아라."

"장차 이 프로메테우스가 아니고는 으뜸 신 자리를 유지하기 어려운 제우스 신이시여."

"……."

제우스는 장차 일어날 일을 미리 아는 프로메테우스를 함부로 대접할 수가 없었다. 프로메테우스는 제우스의 장래에 관한 중요한 열쇠를 쥐고 있었다. 제우스가 신들을 보내어 프로메테우스를 몇 차례 어르고 달랬으나 그는 끝내 입을 열지 않았던 터이다. 서슬이 시퍼렇던 제우스가 이 말 한마디에 누그러진 까닭은 잠시 후에 설명하기로 하자.

"이아페토스의 아들 프로메테우스야! 네가 인간을 빚은 것을 두고는 더 이상 꾸짖지 않겠다. 그러나 인간에게 불을 준 것은 예삿일이 아니다. 프로메테우스야, 네가 인간에게 불을 준 것은 인간을 사랑했기 때문일 테지?"

"그렇습니다."

"프로메테우스, 내가 가까이하기를 두려워하는, 장래 일을 미리 아는 자야! 너는 내 앞일까지 알면서도 네가 빚은 인간의 앞일은 모르는 자다. 사랑에는 작은 사랑과 큰 사랑이 있다. 네가 인간에게 기울인 것은 작은 사랑이요, 내가 인간을 염려하는 것은 큰 사랑이다. 잘 들어라, 네가 내게서 훔쳐다 준 불이 비록 오늘 인간의 좋은 종 노릇을 할지 모르나 장차는 인간의 나쁜 상전이 된다. 알아듣지 못하겠느냐? 내가 이처럼 화를 내는 것은, 네가 감히 내 뜻을 거역하고 내 불을 훔쳤기 때문이 아니라 그 불을 다른 것이 아닌 '인간'에게 주었기 때문이다.

프로메테우스야! 너는 인간이라는 것을 잘 모르고 있다. 인간은 장차 저희의 부실한 믿음을 부끄럽게 여기는 대신 우리 신들이 세운 질서를 비방할 것이며, 저희가 바뀌는 대신 신들을 바꾸어놓으려고 할 것이다. 프로메테우스야, 인간에게 미덕이 있는 것을 내 모르는 바 아니다. 그 미덕이 불을 다루면 불은 인간의 충실한 종 노릇을 한다. 그러나 불이 미덕을 태울 때는 우리의 올륌포스도 잿더미가 될 것이다. 프로메테우스야, 내가 이 불길을 한 번은 잡아보겠지만 너는 그 자리에 있지 못할 것이다.

신들은 들으라. 이 못이 솟은 것은 내 망치가 가벼웠기 때문일 터인즉, 내 이아페토스의 아들 프로메테우스의 죗값을 무겁게 물려 신들 앞에 본보기로 삼고자 한다."

제우스 신의 말이 끝나자 제신은 한 걸음씩 물러섰다. 신이 벼락으로 프로메테우스를 칠 것으로 알았기 때문이었다. 그러나 제우스 신은 벼락으로 치는 대신 전령신 헤르메스를 보내어 '힘의 신들'인 크라토스(권력)와 비아(폭력)를 불러오게 했다. 제우스 신은 두 힘의 신에게 프로메테우스를 결박하여 광야의 끝에 있는 카우카소스(코카소스)산 암벽에다 묶어놓게 했다.

제우스가 벼락으로 프로메테우스를 치지 않은 데는 까닭이 있다. 프로메테우스 역시 영생불사하는 신이어서 벼락을 맞아도 죽지 않는다. 그뿐만 아니다. 프로메테우스는 제우스의 미래에 대해 매우 중요한 비밀의 열쇠를 쥐고 있다. 프로메테우스가 제우스 신 앞에서 "장차 이 프로메테우스가 아니고는 으뜸 신 자리를 유지하기 어려운 제우스 신이시여"라고 말한 것은 이 때문이다. 이것은 명백한 협박이다. 제우스에게는 다른 생각이 있었다. 그는 일단 잘못을 물어 프로메테우스를 카우카소스에다 귀양 보내놓고 뒷날 슬며시 자기 앞날의 일을 캐묻고자 한 것이다.

제우스는 프로메테우스를 카우카소스 암벽에 사슬로 묶어두는 것만으로는 분이 풀리지 않았던지, 독수리를 보내어 밤마다 프로메테우스의 간을 쪼아 먹게 했다. 그러나 잘 알려져 있다시피 간은 일부

결박당하는 프로메테우스
올림포스의 궂은 일을 도맡아 하는 헤파이스토스가 프로메테우스를 쇠사슬로 결박하고 있다. 뒤에서 헤르메스가 웃고 있다. 디르크 반 바부렌의 그림.

가 손상되어도 곧 다시 돋아나는 장기다. 독수리는 끝없이 프로메테우스의 간을 쪼아 먹었고 간은 끊임없이 쪼인 자국을 재생시켰으니 영생불사하는 신들이 이런 벌을 받으면 이 벌은 영원히 계속된다. 프로메테우스는 자기만이 제우스 신으로 하여금 으뜸 신의 자리를 온전히 지키게 할 수 있다고 했다. 즉 자기가 그 비밀을 귀띔해주어야 제우스의 자리가 온전하리라는 것이다.

언젠가 대지의 여신 가이아는 이렇게 예언한 적이 있다.

"언젠가는 제우스도 그 아들 손에 당하리라."

그러나 이것은 예언이라기보다는, 우라노스가 그의 아들 크로노스의 손에 당했고, 크로노스가 그의 아들 제우스의 손에 당했는데, 제우스인들 그의 아들 손에 당하지 않으리라는 법이 있겠느냐는 뜻으로 한 말이었을 터이다.

제우스는 자신을 해코지할 자식이 어느 어미에게서 태어날 것인지, 그것을 알고 싶어 했다. 그것을 알고 있는 자, 알고 있다고 주장하는 자가 바로 프로메테우스였다. 그 '어미'가 누구인지 그것만 가르쳐준다면 수습이 간단할 터인데도 프로메테우스는 끝내 입을 열지 않았다.

당시에 제우스가 사랑을 나누고 있던 여신들을 일일이 꼽기에는 열 손가락이 모자랄 지경이었다. 장차 그런 여신들이 얼마나 늘어날지는 제우스조차도 모르는 일이었다. 제우스가 절제할 줄 아는 신이었다면 이 예언이 이루어지지 못하게 하는 것은 간단했다. 그러나 제우스는 그럴 수가 없었다. 제우스가 알고 싶은 것, 프로메테우스만

이 알고 있는 것, 그것은 그 아들을 낳을 어미가 누구냐는 것이었다.

제우스는 아들이자 전령신인 헤르메스를 보내어 프로메테우스를 달래보려고 했다. 그러나 프로메테우스의 대답은 한결같았다.

"가서 파도를 꼬여 바위에 부딪쳐 부서지지 못하게 해보아라. 그럼 나도 네 꼬임에 넘어가리라."

"프로메테우스여, 제우스 신께서 벼락을 때리지 않은 뜻을 헤아리시오. 독수리로 하여금 그대의 뱃가죽을 찢어발기게 하지 않고 창자를 쪼아 먹게 하지 않은 뜻을 헤아리시오."

"헤르메스, 일찍이 기저귀를 차고 도망 나와 아폴론의 송아지를 훔쳤던 너, 사기와 협잡과 말장난의 신이여. 몸이 이렇듯 만신창이가 되어 있어도 마음은 한없이 자유로울 수 있다는 걸 네가 아느냐? 의로운 일로 고통을 받는 편이 부정한 압제자와 야합하는 것보다 달다는 것을 네가 아느냐? 가서 제우스에게 일러라. 인간에게 너그럽게 굴면 내 입이 저절로 열릴 것이라고."

프로메테우스와, 제우스를 대표하는 전령신 헤르메스의 대결은 그 뒤로도 3천 년 동안이나 계속되었다고 하는 이도 있고, 인간의 세월로 13대나 계속되었다고 하는 이도 있다. 하여튼 프로메테우스가 사슬에 묶여 독수리에게 간을 파먹히고 있을 동안 인간 세상은 황금시대를 누렸다. (인간의 황금시대는 청동의 시대와 철의 시대로 이어진다. 철의 시대에 이르러 인간들이 더없이 사악해지자 제우스는 대홍수로 이들을 절멸하게 한다.)

프로메테우스는 인간이 황금시대를 누리는 데 크게 마음이 누그러

루카스 크라나흐의 〈황금시대〉
황금의 시대는 청동의 시대와 철의 시대로 이어진다. 철의 시대에 이르러 인간들이 더없이 사악해지자 제우스는 대홍수로 이들을 절멸하게 한다.

졌던 나머지 심부름 온 헤르메스를 상대로 입씨름을 하지 않았다. 헤르메스도 올림포스 신들의 조상에 해당하는 거신족 출신의 프로메테우스를 깍듯이 대접하는 것을 잊지 않았다. 물론 제우스가 헤르메스 자신을 프로메테우스에게 보내는 까닭을 전하는 것도 잊지 않았다.

"프로메테우스여, '미리 생각하고 미리 아시는' 프로메테우스여, 인간은 저렇듯 황금시대를 누리는데, 천궁 올림포스에서는 자식이 아비를 내칠 일이 생겨도 좋습니까?"

헤르메스의 물음에 프로메테우스가 반문했다.

"어디 그게 처음이던가? 크로노스는 우라노스를 내쳤고, 제우스는 크로노스를 내치지 않았던가?"

"인간이 이것을 본보게 해서야 되겠습니까?"

"불화가 아니라 충돌일세. 발화의 원리가 무엇인가? 충돌일세. 나는 인간에게 불을 줌으로써 발화의 원리를 숙명으로 안겨준 것이네. 나는 불화가 두려워 제우스 신과 화해하는 것이 아닐세. 인간이 제우스 신을 찬양한다면 나 또한 찬양해야 마땅하지 않겠는가?"

"그러면 일러주십시오. 제우스 신께서는 이 일 때문에 마음이 편치 않으십니다. 어느 몸에서 태어날 제우스 신의 소생이 장차 제우스 신을 올륌포스에서 내치게 됩니까?"

"테티스. 아버지를 저만치 앞서는 아들을 낳게 되어 있다."

헤르메스는 올륌포스로 날아올라 갔다. 그에게는 실제로 날개가 있었다. 그는 걸어도 하루에 만 리를 능히 걸었다. 그는 제우스 신에게 프로메테우스의 말을 전했다. 당시 테티스를 탐내고 있던 신은 제우스뿐만이 아니었다. 바다의 신 포세이돈도 테티스를 핼금거리고 있었다. 하지만 제우스 신이 테티스를 포세이돈에게 양보할 수는 없는 노릇이었다. 포세이돈도 자기를 저만치 앞서는 아들을 원하지도 않을뿐더러 포세이돈이 설사 테티스를 아내로 삼는다고 하더라도 포세이돈을 능가하는 아들이라면 올륌포스에도 위협이 될 것이기 때문이었다.

그러자면 방법은 하나뿐이었다. 인간 세계에서 짝을 찾는 방법이다. 결국 제우스는 뒷날 인간 세계의 손자들 중 하나인 펠레우스에게 테티스를 짝지어준다. 테티스를 펠레우스와 짝지어줌으로써 제

프로메테우스 조각상
카우카소스산 절벽의 바위에 사슬로 묶인 채 독수리에게 간을 뜯어 먹히고 있는 프로메테우스. 파리 루브르 박물관.

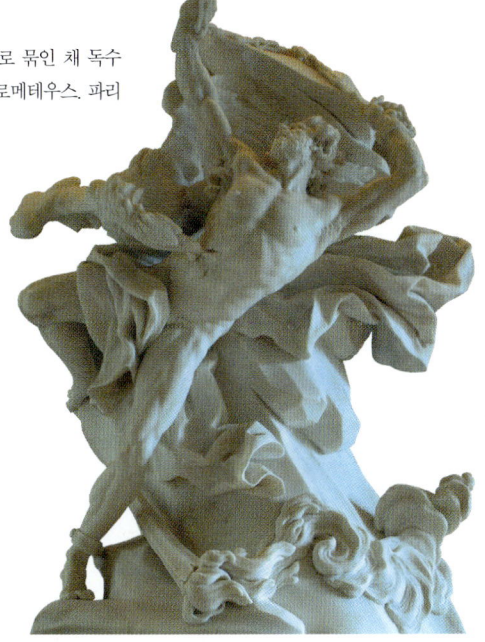

우스는 두 가지 이득을 보게 된다. 하나는 올림포스의 우환을 없애는 것이고, 둘은 이로써 트로이아 전쟁을 일으키고 신들에게 박박기어오르는 인간 세상의 영웅들 씨를 말리는 것이다.

제우스는 이제 프로메테우스를 용서할까?
헤라클레스가 에우뤼스테우스왕 밑에서 인간으로서는 도저히 해낼 수 없는 '열두 가지 어려운 일'을 하고 있을 당시의 일이다. 조금 더 정확하게 말하면, 열두 가지 어려운 일 중에서도 가장 어려운, 헤스페리데스가 지키고 있는 황금 사과를 따 오기 위해 길을 떠났을 때였다. 그 황금 사과나무는 헤라 여신이 결혼 선물로 대지의 여신 가이아로부터 받은 귀한 나무였다. 헤라는 이 귀한 선물을 인간의 발길이 미치지 못하는 곳에다 심고, 헤스페로스의 딸들, 즉 헤스페리데스에게 지키게 하고서 잠들지 않는 용까지 한 마리 붙여준 적이 있다.

헤라클레스가 이탈리아 반도의 에리다노스강 가에 이르렀을 때 마침 헬리오스가 바다 저쪽으로 떨어진 직후여서 강은 석양에 붉게 물들어 있었고, 밤의 요정들은 그 석양의 강물에 몸을 씻고 더러는 둑으로 오르고, 더러는 헤스페로스(샛별)가 막 나타난 하늘로 오르고 있었다. 헤라클레스는 둑으로 오르는 아름다운 요정을 하나 겨누고 다가가 앞을 막고 물었다.

"헤스페로스 아래서 더욱 아름다운 처녀여! 혹시 헤라 여신의 황금 사과나무를 지키는 요정이 아니신가요? 나는 헤라클레스(헤라의 영광), 헤라 여신께서 영광을 크게 드러내시려고 나를 망치받이에 얹어놓고 이렇듯 고통을 주신답니다. 나는 헤스페리데스의 동산으로 가야 합니다."

요정은 헤라클레스를 알고 있었다. 그러나 요정의 입으로는 동산이 있는 곳을 일러줄 수 없었다.

"헤라클레스 님, 신들과 인간을 통틀어 동산으로 가는 길을 가르

황금 사과나무를 지키는 헤스페리데스
헤라가 보냈다는 용 라돈이 사과나무를 감고 있다. 프레더릭 레이턴의 그림.

쳐주실 수 있는 분은 네레우스(바다의 노인) 신뿐이랍니다. 저희는 가르쳐드릴 수 없습니다. 이것이 저희의 운명이고 네레우스 신의 운명이랍니다."

"네레우스는 어디에서 만날 수 있습니까?"

"타르테소스강 하구로 가보세요. 황금 사과나무를 심을 때 옆에서 보신 분은 이분뿐입니다."

"네레우스라면, 프로테우스처럼 둔갑에 능한 그 바다의 버금 신이 아닌가요?"

"네레우스 신이 동산 있는 곳을 가르쳐주지 않을 방법은 도망치는 길뿐입니다. 헤라클레스 님은 어떻게 하든지 그분을 붙잡되, 그분이 가리는 것보다 드러내는 쪽이 수월하다고 생각할 때까지 붙잡고 있어야 합니다. 진리를 아는 것도 이와 같고, 영광에 이르는 길도 이와 같습니다. 헤라클레스 님, 그대는 영생불사를 얻으신 분입니다. 저희 힘으로는 그대를 막을 수 없습니다. 그러나 저희 입으로 그 길을 가르쳐드릴 수도 없습니다. 하늘에는 비록 아무것도 없는 듯하나 저희가 입 밖에 낸 말 한마디 새어 나갈 데가 없습니다."

헤라클레스는 타르테소스강 하구에서 바다로 들어갔다. 네레우스는 동산에 황금 사과나무가 심기는 것을 본 영광을 입은 대신, 그 사과나무 있는 곳을 묻는 사람들로부터 영원히 도망쳐야 하는 운명을 부여받은 바다의 버금 신이다.

네레우스 신을 만난 헤라클레스는 황금 사과나무가 있는 헤스페리데스 동산으로 가는 길을 물었지만 네레우스 신은 가르쳐주지 않았다. 헤라클레스가 손목을 틀어잡자 네레우스는 해표로도 둔갑하고 돌고래로도 둔갑했다. 헤라클레스는 손목을 놓아주지 않았다. 네레우스는 물뱀으로 둔갑했다가 상대가 헤라클레스인 줄 알고서야 비로소 기겁을 하고 본모습을 드러내고 입을 연다. 엉겁결에 물뱀으로 몸을 바꾸었던 네레우스는 상대가 태어난 지 여덟 달 만에 팔뚝만 한 뱀 두 마리를 목졸라 죽였던 것을 알고 있었던 것이다.

네레우스는 자신의 모습을 황급히 원래 모습으로 되돌리고는 입을 열었다.

"나는 비록 폰토스(바다)와 가이아(대지)의 아들이나 보다시피 이렇게 늙은 몸이오. 여러 신이 비록 나를 바다의 신들의 말석에나마 두고 있다고 말하나, 아니오, 나는 영생불사를 얻은 몸이 아니오. 하

독수리에게 간을 뜯어 먹히는 프로메테우스
이 주제가 많은 화가의 영감을 자극했던 모양이다. 페테르 파울 루벤스의 그림.

지만 프로메테우스에는 미치지 못해도 나 역시 가까운 앞일을 짐작하오. 그러니 내가 시키는 대로 하시오. 그대는 헤라클레스이니 그 황금 사과나무 동산에 들어갈 수는 있을 것이오. 그러나 지금은 그대나 나나 헤라 여신의 눈총을 받을 때가 아니오. 그대가 알퀴오네우스를 죽인 직후에 기간토마키아(기간테스와 올륌포스 신들 사이의 전쟁)가 끝났소. 뭍으로 오르면 제우스 신이 그대에게 시키는 일이 있을 것이오. 가서 프로메테우스를 구하고 그분에게서 선견의 지혜를 빌리면 이 또한 아름다운 일이 아니겠소."

 네레우스의 말 그대로였다. 헤라클레스가 뭍으로 오르자 제우스는 전령신 헤르메스를 보내어, 헤라클레스로 하여금 프로메테우스를 살려내게 했다. 프로메테우스는 여전히 독수리에게 간을 뜯기는 형벌을 받고 있었다. 헤르메스는 헤라클레스에게 제우스의 명을 전했다.

 "가서 프로메테우스의 간을 쪼아 먹는 독수리를 쏘아 죽여라. 이 제우스의 새는 그대 화살에 떨어지고 싶어 한다."

 헤라클레스가, 사람들이 말 젖으로 담근 술을 먹는 땅인 스퀴티아의 카우카소스로 달려갔을 때는 마침 아침이었다. 독수리가 밤새 돋아난 프로메테우스의 간을 파먹으러 내려오고 있었다. 헤라클레스는 화살 하나로 독수리를 공중에서 납덩어리처럼 떨어지게 했다. 사수가 헤라클레스가 아니었던들 보는 사람은 독수리가 프로메테우스를 겨누고 내리꽂힌다고 여겼을 터였다.

 독수리와 사슬과 말뚝에서 벗어나자 프로메테우스가 '미리 생각

명화로 재탄생된 프로메테우스 이야기
티치아노(왼쪽)와 귀스타브 모로(오른쪽)가 그린, 독수리에게 간을 쪼아 먹히는 프로메테우스.

하는 자'답게 말문을 열었다.

"나는 헤르메스가 전한 제우스의 명을 받들어 네가 나를 구한 것을 알고 있었다. 비록 제우스의 명에 의한 것이어도 내가 너에게 은혜를 입은 것은 분명하다. 무슨 까닭이냐? 너 아니고는 나를 구할 자가 없기 때문이다. 나는 네가 오리라는 것을 오래전부터 알고 있었다. 네가 한 신이나 한 인간, 한 시대나 한 곳에, 시작에서 끝까지를 통틀어 단 한 번만 오는 순간으로 올 줄을 알고 있었다. 한 번만 오는 순간이라는 말을 유념하라. 너는 이 길로 하늘을 어깨로 받치고 있는 티탄 아틀라스를 찾아가거라. 아틀라스는 내 형제다. 올림포스 신이 아니고서도 헤스페리데스의 동산에 갈 수 있는 자는 아틀라스뿐이다.

아틀라스가 바로 헤스페리데스의 아비이기 때문이다. 올림포스 신이 아니고서도 아틀라스를 동산으로 보낼 수 있는 자는 너뿐이다. 아틀라스 대신 하늘을 떠받칠 수 있는 자는 너뿐이기 때문이다.

네가 직접 헤스페리데스의 나라에 갈 수 없는 까닭을 일러주마. 헤스페리데스 동산에는 헤라 여신의 침실이 있고, 사과를 지키는 라돈이 있다. 이 라돈은 헤라 여신이 몸소 뽑아 동산에 둔 괴물이다. 만일에 네가 간다면 너는 이 라돈과 싸워야 할 것이다. 라돈은 뱀의 여신 에키드나의 아우다. 네가 그 괴물을 그냥 둘 리 없을 것이고, 라돈이 수많은 조카를 죽인 너를 그냥 둘 리 없을 것인즉, 일이 이렇게 되어

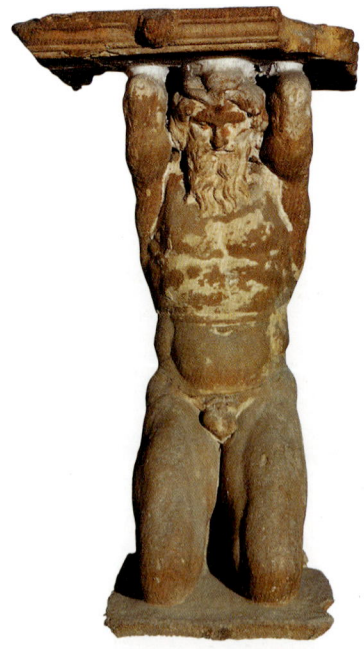

하늘을 떠받치고 있는 아틀라스

서는 안 된다. 너는 당당하게 들어가 황금 사과를 요구할 입장이 아니다. 따라서 일을 공연하게 버르집어서는 안 된다.

그 대신 아틀라스를 보내라. 아틀라스는 잠시라도 하늘의 무게에서 벗어나고 싶어 한다. 하지만 너 아니고서야 누가 아틀라스 대신 하늘을 짊어지고 견딜 수 있으랴. 네가 하늘을 짊어지고 있으면 그 동안 아틀라스가 황금 사과를 따 올 것이다.

그러나 아틀라스는 교활한 위인이라 우직한 네가 교활한 아틀라스의 말재간에 넘어갈까 그게 염려스럽다. 잠깐 네 귀를 빌려야겠다. 보레오스(북풍)와 제퓌로스(서풍) 몰래 너에게 계책을 하나 일러주마."

프로메테우스의 귓속말에 고갯짓으로 답한 뒤 헤라클레스는 아프리카로 내려갔다.

헤라클레스가 찾아가 프로메테우스의 말을 전하자 아틀라스는 반색을 하며 좋아했다. 아틀라스가 어찌나 좋아했던지, 이슬이 마르면서 시들기 시작하던 수염 숲, 머리카락 숲이 허리를 펴고 일어섰다.

"그대가 잠시 나를 대신해서 이 하늘을 둘러메고 있으면 내가 가서 내 딸들의 동산에서 황금 사과를 취해다 줄 것을 약속하리라."

"하늘의 축은 내가 이 어깨로 버티고 있겠습니다. 그러나 내 키는 인간의 키에서 크게 자란 것이 없어 어깨가 하늘의 축에 닿지 않습니다. 먼저 돌단을 쌓아 내가 거기 올라가 하늘의 축에 어깨를 댈 수 있게 해주십시오."

헤라클레스는 돌단을 아틀라스의 어깨 높이까지 쌓은 다음 그 위에 올라서서 왼쪽 어깨로 하늘 축을 받았다. 하늘 축에서 벗어난 아

땅덩어리를 짊어진 아틀라스
이 그림의 아틀라스는 하늘이 아닌 땅덩어리를 짊어지고 있다. 하늘 축은 다른 여신이 들고 있다. 16세기 화가 젤로티의 그림.

틀라스가 허리를 펴고 기지개를 켜자 반쯤 돌이 되어 있던 어깨의 바위 절벽이 비늘처럼 떨어져 나갔다.

 아틀라스가 그 길로 곧장 헤스페리데스의 동산으로 달려가 황금 사과를 따 오기까지 걸린 시간은 한 끼 밥을 먹는 시간만큼도 되지 않았다.

 "그렇게 속히 다녀올 수 있는 곳을, 어째서 인간은 평생을 가도 못 가는 것이오?"

 헤라클레스의 입에 발린 소리에 아틀라스가 거드름을 피우며 대답했다.

 "인간은 그 가는 길을 모르기 때문이다. 하지만 눈이 열린 자에게는 휘페르보레이아(북방 정토)와 엘뤼시온(낙원의 들)도 마주 닿아 있을 것으로 보일 것이다. 내가 황금 사과 동산까지 발로 다녀온 줄 아느냐? 헤스페리데스가 비록 내 딸들이나 그 동산에는, 내가 발로는 1천 년을 걸어도 이르지 못한다."

"나도 압니다. 올리브 잎에 햇빛이 비치자 그늘진 잎 뒷면으로 몸을 피하는 개미를 본 적이 있소이다. 미련한 놈은 잎사귀를 가로지르고 가장자리를 돌아 뒷면으로 기어갔고 눈 밝은 놈은 잎사귀에 난 구멍을 통하여 바로 뒷면으로 넘어갑디다."

"그 미련한 개미가 바로 너 헤라클레스다. 내가 이 황금 사과를 너에게 넘겨주고 다시 그 하늘 축을 넘겨받을 줄 알았을 테지? 그렇게는 안 된다. 나는 1천 년 동안이나 하늘 축을 대신 짊어질 수 있는 자를 기다려왔다. 그동안이 얼마나 긴 세월이었는지 네 달력으로는 셈할 수가 없을 것이다. 잘 있거라, 헤라클레스. 그 무거운 하늘 축을 벗어난 나에게 이제 어디로 갈 것이냐고 묻지 말아라. 나는 자유의 몸이니."

"잠깐만, 아틀라스시여. 나는 남의 자유를 빼앗는 자가 아니고 남을 자유롭게 하는 자입니다. 나는 죽음에 대한 공포, 저승에 대한 공포, 전쟁에 대한 공포로부터 인간을 풀어주었습니다. 나는 당신의 형제 프로메테우스를, 인간에게 불과 지혜와 문화를 베풀었던 저 프로메테우스를 카우카소스의 바위산에서 해방시킨 자입니다. 이제 당신은 자유니까, 어디로 가든지 그것은 당신 마음입니다. 하지만 내 말을 한마디만 들으세요. 내가 몽둥이를 어느 손에 들고 다닙디까? 나는 오른손잡이입니다. 오른손잡이가 왼쪽 어깨로 하늘 축을 견디고 있자니 몹시 힘에 겹습니다. 자, 이 하늘 축을 오른쪽 어깨로 좀 옮겨주세요. 아틀라스께서 설마 이렇게 작은 청을 물리쳐 인간의 웃음거리가 되려 하지는 않겠지요?"

"그거야 어렵지 않다."

아틀라스는 황금 사과를 땅바닥에 내려놓고 헤라클레스 옆으로 다가가 하늘 축을 조금 들어주었다.

헤라클레스는 하늘 축을 왼쪽 어깨에서 오른쪽 어깨로 옮기는 척하다 재빨리 거기에서 빠져나와 돌단을 뛰어내렸다. 아틀라스는 하늘 축을 든 채 엉거주춤하게 서 있었다.

"이제 쉴 만큼 쉬었으니 다시 하늘 축을 둘러메시지요. 하지만 너

프로메테우스를 구하는 헤라클레스
사슬에 묶인 프로메테우스와 활이 아닌 몽둥이로 독수리를 죽이는 헤라클레스. 5세기 청동 상자 그림.

무 거칠게는 다루지 마세요. 별들이 후두둑 떨어지리다. 당신은 속았어요. 무작배기 헤라클레스에게 속았으니 그리 아세요. 프로메테우스는 당신이 그럴 것을 짐작하고 부러 나더러 하늘 축을 왼쪽 어깨로 받고 있으라고 했어요. 나는 갑니다. 어디로 가느냐고 묻지 마세요. 나는 자유니까."

헤라클레스는 땅바닥에 놓인 황금 사과를 들고 그 자리를 떠났다. 아틀라스는 닭 쫓던 개 얼굴을 하고 있다가, 하늘 축을 그렇게 들고만 있을 일이 아니어서 살며시 어깨 위에 올려놓고는 한숨을 쉬었다.

프로메테우스는 제우스와 화해하고 다시 천상으로 올라가 신들을 후견하는 예언자가 된다. 프로메테우스는 이로써 올림포스 신들과 동등한 지위에 올라 영생불사하나 신화의 무대에는 다시 모습을 나타내지 않는다.

초기 신화에 그려진 프로메테우스는 제우스를 능가하는 꾀 많은 모사꾼에 지나지 않았다. 하지만 '인간에게 불을 훔쳐다 주었다'는 한 가지 사실만으로 뒷날의 시인들이나 작가들, 특히 헤시오도스가 그를 위대한 신으로 돋우어 노래하기 시작했다. 특히 아이스퀼로스의 『사슬에 묶인 프로메테우스』에 이르면 제우스는 지독한 폭군으로 그려지고 프로메테우스는 위대한 순교자로 그려진다.

프로메테우스가 인간에게 베푼 것은 불뿐만이 아니었다. 인간에게 집을 짓는 법, 날씨를 미리 아는 법, 셈하고 글씨 쓰는 법, 짐승을 길들이는 법, 배를 지어 바다를 항해하는 기술도 가르쳤다. 제우스로부터 버림받은 이래로 짐승과 다름없는 삶을 근근 이어오던 인간은 프로메테우스 덕분에 문명과 문화 살림을 꾸릴 수 있게 되었다.

프로메테우스는 카우카소스산의 절벽에서 인간의 피가 섞인 헤라클레스에 의해 해방되어 자유를 찾게 되어 있었다. 인간을 사랑한 죄밖에 없다면서 제우스에게 거칠게 저항했던 그가 아닌가? 인간이 존재하지 않는 세상에는 신들도 존재할 수 없다고 주장하던 그가 아닌가?

인간을 사랑한 프로메테우스
결박당한 프로메테우스의 다리 아래로 독수리 한 마리가 떨어져 있다. 헤라클레스가 쏜 화살에 맞은 것일까? 파리 루브르 박물관.

그가 옳다. 인간 세상을 차지하기 위한 신들의 전쟁 이야기가 없는 신화는 신화가 아니다. 올림포스 신들과 티탄들 사이의 전쟁도 인간 세상을 차지하기 위한 것이었다. 올림포스 신들과 기간테스 사이의 전쟁도 인간 세상을 차지하기 위한 것이었다.

그래서 프로메테우스는 신이면서도 인간의 편에 섰던 것이다. 헤라클레스가 없었어도 그는 시인들에 의해서라도, 여느 인간들에 의해서라도 해방되었을 것이다.

오비디우스는 다음과 같은 의미심장한 노래로 기나긴 『변신 이야기』를 끝맺는다.

> 이제 나의 일은 끝났다. 제우스의 분노도, 불길도, 칼도, 탐욕스러운 세월도 소멸시킬 수 없는 나의 일은 이제 끝났다.
> 내 육체밖에는 앗아 가지 못할 운명의 날은 언제든 나를 찾아와, 언제 끝날지 모르는 내 이승의 삶을 앗아갈 것이다.
> 그러나 육체보다 귀한 내 영혼은 죽지 않고 별 위로 날아오를 것이며 내 이름은 영원히 사라지지 않을 것이다. 로마가 정복하는 땅이면 어느 땅이건, 백성들은 내 노래를 읽을 것이다.
> 시인의 예감이 그르지 않다면 단언하거니와, 명성을 통하여 영생불사를 얻은 나는 영원히 살 것이다.

오비디우스를 보라. 자신이 한 일은 제우스의 분노도 소멸시킬 수 없다고 하지 않는가? 자신의 이름이 영원히 사라지지 않을 것이라지 않는가? 명성을 통하여 영생불사를 얻었으니 영원히 살 것이라지 않는가?

'영원히'까지는 모르겠지만 2천 년 전에 그가 쓴 책을 우리가 이렇게 읽고 있으니, 신화는 참 힘이 세다 싶다.

나오는 말
아리아드네의 실꾸리와 '나'의 실꾸리

『이윤기의 그리스 로마 신화』 제1권의 제목은 원래 '아리아드네의 실꾸리(실타래)'였다. '실꾸리'란 '둥글게 감아놓은 실'이라는 뜻이다. 하지만 출판사 편집부는 이 제목을 받아들이지 않았다. 제목이 어렵다는 이유에서 그랬을 것이다. 하기야 아리아드네가 누구인지 모르는 독자들에게는, 저자가 무엇을 말하려고 하는지 감이 얼른 안 잡히는 제목이기는 하다. 출판사가 제안한 것이 지금의 제목이다. 나는 그렇게 하자고 했다.

하지만 내가 왜 '실꾸리'라는 것에 그렇게 집착하고 있었는지 이제 그 까닭을 밝히는 것이 좋겠다. '아리아드네의 실꾸리 이야기', 이제 많은 독자가 알고 있을 것이다. 모르는 독자들을 위해 아주 간단하게 설명하자면 이렇다. 테세우스 왕자가 미궁에 들어갔다, 미궁 안의 길은 하도 복잡해서 들어가면 아무도 나올 수 없다, 그런데 아리아드네 공주가 테세우스에게 실꾸리를 하나 준다, 들어가면서 살살 풀었다가 나올 때 실을 따라 나오면 된단다. 테세우스는 그렇게 함으로써 미궁 탈출에 성공했다. 이런 실꾸리는 그리스에만 있었던 것일까?

 우리 신화가 많이 실려 있는 『삼국유사』를 펴본다. 시인 김영석 박사가 번역한 책이다.

> 옛날 광주 북촌에 큰 부자가 살았다. 그 부자에게는 용모 단정한 딸이 있었는데 어느 날 딸이 아버지에게 말했다.
> "밤마다 자줏빛 옷을 입은 한 남자가 저의 방에 들어와 사랑을 나누고 갑니다."
> 그 말을 들은 아버지는 딸에게 시켰다.
> "긴 실을 바늘에 꿰어 그 남자 옷자락에다 꽂아놓아라."
> 그날 밤 딸은 자줏빛 옷을 입은 남자의 옷자락에 바늘을 꽂았다.
> 다음 날 날이 밝자 딸이 풀려 나간 실을 따라가 보았더니, 바늘은 북쪽 담 밑 큰 지렁이 허리에 꽂혀 있었다.
> 그 뒤 딸은 사내아이를 낳았다. 사내아이는 열다섯 살이 되자 스스로를 '견훤'이라고 불렀다.

 서기 892년 전주를 수도로 삼고 후백제를 세운 견훤 이야기다. 일본에 이것과 비슷한 이야기가 있어도 나는 별로 놀라지 않는다. 시인 고운기 박사(어, 또 시인에다 박사네?)가 풀어서 쓴 『삼국유사』를 인용한다.

이쿠타마요리히메는 얼굴이 예쁘고 몸매가 발랐다. 한 남자가 있었거니와 그는 위엄 있고 헌걸차서 당시 누구와도 비할 수 없었다.

한밤중이었다. 슬며시 찾아왔는데, 서로 마음이 맞아 함께 지내는 동안, 얼마 지나지 않아 여자가 임신을 하였다. 부모는 딸이 임신한 사실을 알고 놀랐다.

"너, 임신하였구나. 남편도 없이 어떻게 임신을 하였느냐?"

"잘생긴 한 남자가 있어요. 이름은 잘 모르구요. 밤마다 와서 함께 지내는 사이에 어느덧 임신을 하였답니다."

그래서 부모는 그 사람이 누군가 알고 싶었다.

"붉은 흙을 침상 앞에 뿌려놓아라. 실패에 감긴 실을 바늘에 꿰어 그 사람 옷자락에다 꽂아두고."

여자는 가르쳐준 대로 하였다.

아침이 되어 보니, 바늘에 꿴 실은 방문 열쇠 구멍을 통해 밖으로 나가 있었다. 남은 실은 세 치뿐이었다. 곧 열쇠 구멍을 통해 밖으로 나간 사실을 알 수 있었다. 실을 따라 간 곳을 찾아보자, 미와야마에 이르러 그곳 신사(신들의 사당)에 멈추었다. 그래서 신의 아들임을 알았다.

신라 시대의 문장가 최치원에게도 실꾸리가 있었던 모양이다. 문창이라는 고을이 있었는데, 이 고을에서는 원님이 부임하는 족족 원님의 부인이 괴물에게 납치당했다. 최치원은 이 고을에 부임하면서 부인의 발목에다 긴 실을 묶어두었다. 어느 날 갑자기 천지가 캄캄해지면서 부인이 사라졌다. 사람을 시켜 실을 따라가보게 했다. 실은 고목의 가지에 걸렸다가 다시 바위틈으로 들어가 있었다. 사람들이 그 실을 따라 지하의 나라에 가보았더니 도술을 부리는 금돼지가 있었다. 사람들은 금돼지를 죽이고 부인을 데려왔다.

우연히 읽은 시 한 수 내 마음 깊은 곳에 남아 있다. 윌리엄 스태퍼드의 「삶이란 어떤 것이냐 하면 The Way It Is」, 이제는 내 삶의 스승이 된 이 시 한 수, 여기에 옮긴다.

> 그대가 붙잡고 따라가는 한 가닥 실이 있다.
> 시시때때로 변하는 것들 사이를 지나면서도
> 이 실은 변하지 않아.
> 그대가 무엇을 따라가는지 모두 궁금해하니
> 그대, 이 실이 무엇인지 설명해야겠네.
> 하지만 사람들 눈에는 이 실이 보이지 않아,
> 사람들 눈에는 보이지 않아도
> 이걸 잡고 있는 한, 길 잃을 염려는 없지.
> 슬픈 일들은 일어나게 마련이어서
> 사람들은 다치기도 하고 죽어가기도 한다.
> 그대 역시 고통 속에서 나이를 먹어가겠지.
> 세월이 펼치는 것은 그대도 막을 수 없으니
> 오로지 실만은 꼭 붙잡되, 놓치지 말아야 한다.

스태퍼드의 '실'은 현대판 '아리아드네의 실'이기도 하고, 북촌 부자 딸의 실이기도 하고, 일본 처녀의 실이기도 하고. 최치원의 실이기도 하고, 내가 줄기차게 붙잡고 따라가는 '신화라는 이름의 실'이기도 하다. '나'의 실은 남의 눈에 보이지 않는다. 설명해도 남들은 알아듣지 못한다. 하지만 이걸 꼭 붙잡고 있는 한, 길 잃을 염려는 없단다.

실은 가늘고도 길다. 실이 생겨나기 전에는 바닥$_{fathom}$을 잴 수 없을$_{unfathomable}$ 만큼 깊은 연못이나 바다가 많았을 것이다. 이런 것들이 바로 '깊이를 잴 수 없는 심연$_{unfathomable\ depth}$'이다. 맨 처음 실로써 이런 심연의 깊이를 잰 사람이 누구인지는 모르겠으나 그 사람 대단하지 않은가?

그 사람 시늉해서 나도 신화라는 이름의 내 실을 꼭 붙잡되 놓치지 않으려 한다. 독자들도 각자의 실꾸리를 하나씩 마련하기 바란다.

2004년 7월 과천 과인재에서

이윤기

찾아보기

ㄱ

가이아 127, 315, 319, 324, 326
갈라테이아 40, 43, 47
금양모피 102, 103, 109, 110, 219
기간테스 21, 22, 306, 328, 337
기간토마키아 21, 328

ㄴ

낙소스섬 99, 100, 101, 102
네레우스 217, 223, 224, 225, 230, 238, 325, 326, 328
네레이데스 238, 239, 242
니소스 82, 89, 92, 93, 102
니오베 51, 52, 53, 55, 57, 59, 60, 61, 62, 63, 64, 65, 67, 68, 181, 274
니케 83

ㄷ

다나에 143, 144
다이달로스 94, 96, 260
다프네 162, 163
데메테르 272, 273
델로스 54, 58
델포이 127, 128, 129, 130, 131
디오뉘소스 95, 99, 100, 101, 102, 119, 120, 122, 123, 124, 189, 190, 191, 192, 193, 194, 195, 196, 209, 272, 273, 299, 307
디오스쿠로이 148, 149, 285
딕튀스 144

ㄹ

라돈 325, 330
라오메돈 203, 210
라케시스 269
레다 146, 147

레르네의 물뱀 94
레아 90, 176
레우키포스 276, 285
레일라프스 77
레토 51, 52, 54, 56, 57, 58, 61, 62, 68, 101, 204, 206
뤼디아 271, 272
뤼키아 246, 260, 261
륀케우스 148, 276
리귀론 234, 235

ㅁ

마르쉬아스 201, 202, 207, 208, 209, 210, 211, 212, 213, 214
마이아 47
만토 51
메데이아 103, 104, 106, 107, 108, 109, 110, 111, 112
멜레아그로스 219, 269, 272, 276, 277, 278, 280, 282, 285, 286, 287, 288, 289, 290, 293, 294, 295
몹소스 276, 279
무사이 209, 211, 256, 257
뮈케나이 126
미노스 82, 83, 84, 85, 86, 87, 88, 89, 90, 91, 92, 93, 94, 95, 97, 98, 99, 100, 102, 103
미노타우로스 94, 95, 96, 97
미다스 119, 120, 121, 122, 123, 124,
 125, 135, 208, 209, 211, 212

ㅂ

바토스 47, 51
벨레로폰 22, 246, 247, 248, 249, 250, 251, 252, 253, 257, 258, 259, 260, 261, 262, 264, 265

ㅅ

사모트라케 83, 148
사튀로스 205, 212, 213
수니온곶 97, 98
스코이네우스 167, 170
스코파스 145, 146, 149, 150, 161
스퀼라 82, 83, 84, 85, 87, 88, 89, 90, 91, 93, 103, 104, 110, 112
스튁스강 174, 184, 185, 186, 234, 235, 260
시모니데스 143, 144, 145, 146, 149, 150, 161
시빌레 127, 129, 131, 132, 133, 134, 135, 136
시쉬포스 217
시퀼로스 58, 59
실레노스 119, 120, 121, 122, 123, 192, 209

ㅇ

아가멤논 126
아게노르 183
아도니스 163, 165, 172, 173
아라크네 202
아레스 103
아르고스 94
아르고 원정대 223, 278, 283
아르카디아 218, 276, 282
아르테미스 51, 54, 56, 57, 58, 61, 67,
　　　　　71, 74, 75, 76, 78, 181, 182,
　　　　　183, 272, 273, 274, 275, 279,
　　　　　280, 282
아리스타이오스 225, 226, 227, 228
아리아드네 95, 97, 99, 100, 101, 102,
　　　　　103, 104, 110, 112, 339, 343
아뮌토르 240, 242, 276
아소포스 217, 218
아스클레피오스 13, 48, 194, 195, 196
아스튀다미아 220, 223, 242
아우라 78, 81
아이가이온 97, 98
아이게우스 97, 98, 110, 284
아이기나 217, 218
아이네이아스 131, 232
아이스퀼로스 16, 18, 335
아이아코스 218, 219, 230, 242
아이에테스 103, 104, 110
아카스토스 220, 221, 222, 223, 242, 276
아킬레우스 195, 222, 233, 234, 235,
　　　　　236, 240, 241, 242, 276
아탈란테 163, 164, 165, 166, 167, 169,
　　　　　170, 171, 172, 173, 175, 176,
　　　　　220, 221, 276, 277, 280, 282,
　　　　　286, 287, 288, 289
아테나 53, 99, 100, 129, 202, 205, 206,
　　　　209, 231, 249, 250, 251, 272,
　　　　300, 302, 308, 309, 310, 311
아테나이 94, 95, 97, 99, 110, 111, 309
아트로포스 269, 270, 271, 272
아틀라스 52, 53, 329, 330, 331, 332,
　　　　333, 334, 335
아폴론 9, 12, 13, 18, 47, 48, 49, 50, 51,
　　　　54, 56, 57, 58, 59, 60, 61, 62,
　　　　67, 82, 84, 125, 126, 127, 128,
　　　　129, 130, 131, 136, 162, 163,
　　　　164, 194, 203, 204, 205, 206,
　　　　207, 208, 209, 210, 211, 212,
　　　　279, 312, 320
아프로디테 35, 37, 38, 39, 40, 41, 42,
　　　　43, 161, 163, 172, 173, 174,
　　　　175, 205, 206, 209, 231, 233,
　　　　249, 250, 312, 314
악타이온 181, 182, 183, 274
악토르 219, 220, 276
안카이오스 276, 282, 284, 293
안키세스 131
안티고네 219, 220, 223, 242
알레이온 264
알퀴오네우스 328
알타이아 269, 270, 272, 276, 288, 289,

290, 291, 293
암피아라오스 276
암피온 51, 52, 61
에게해 97, 98
에나이시모스 280
에드워드 포코크 189
에로스 40, 107, 173, 273
에리뉘에스 13, 17, 291
에오스 71, 72, 73, 75, 80
에우로페 84, 183
에우뤼디케 225, 227, 228
에우뤼티온 220, 276
에우팔라모스 279
에키온 173, 276, 279
에페소스 14
에피다우로스 13, 185
에피메테우스 300, 301, 303, 310, 312, 313
오뒤쎄우스 145, 232, 235, 236, 276
오르페우스 34, 147, 204, 225
오비디우스 34, 35, 36, 38, 41, 47, 51, 88, 99, 134, 163, 230, 237, 337
오이네우스 272, 273, 285, 291
온케스토스 167
올륌포스 20, 21, 22, 35, 182, 184, 186, 188, 189, 191, 204, 205, 206, 207, 210, 224, 262, 263, 264, 301, 303, 304, 306, 312, 314, 317, 318, 321, 322, 323, 328, 329, 330, 335, 337
우라노스 224, 301, 315, 319, 321

이다스 148, 276
이뷔코스 9, 10, 11, 12, 15, 16, 17, 18, 19, 23, 161
이스메노스 58
이아손 102, 103, 104, 105, 106, 107, 108, 109, 110, 111, 195, 219, 276, 279, 283, 285
이아페토스 301, 305, 315, 316, 317
이오바테스 246, 247, 248, 260, 261
이올코스 220, 223, 242
이카로스 22, 260
익시온 284
일리오네우스 59

ㅈ

제우스 47, 48, 52, 56, 58, 74, 75, 84, 85, 89, 90, 92, 93, 129, 134, 147, 148, 176, 183, 184, 185, 186, 187, 188, 189, 190, 191, 193, 197, 203, 204, 205, 217, 218, 223, 224, 229, 231, 232, 233, 237, 241, 260, 264, 285, 299, 300, 301, 303, 304, 305, 306, 307, 308, 309, 310, 311, 312, 314, 315, 316, 317, 318, 319, 320, 321, 322, 323, 328, 329, 335, 336, 337

ㅋ

카드모스 52, 57, 181, 183, 185
카스토르 145, 146, 147, 148, 149, 150, 161, 276, 281, 285
카싼드라 125, 126, 135
카우카소스 317, 318, 323, 328, 333, 336
카이네우스 276
카피톨리움 134, 149
칼뤼돈 219, 221, 269, 272, 277, 280, 281, 292
칼리스토 74, 75, 76
케르베로스 294
케위크스 235, 237, 238, 239
케이론 195, 222, 223, 233, 234, 242
케팔로스 71, 73, 74, 75, 76, 77, 78, 79, 80, 81
켄타우로스 195, 222, 233, 234, 242
코로니스 47, 48, 194
코린토스 9, 10, 11, 12, 14, 18, 23, 163, 252, 259
콜키스 103, 10
퀴레네 227, 228
퀴벨레 174, 175, 176, 209
퀴클롭스 186, 307
퀴테라 169, 175
퀴프로스 35, 37, 169
크레타 82, 83, 84, 85, 90, 92, 93, 94, 95, 97, 110, 183, 231
크로노스 90, 184, 224, 301, 306, 315, 319, 321, 322

크로이소스 271, 272
클로토 269
키마이라 246, 247, 248, 251, 258, 260, 261

ㅌ

타르퀴니우스 134
타마소스 169
탄탈로스 52, 53, 57, 59
테게아 276, 282, 286, 288
테바이 51, 52, 53, 56, 57, 61, 62, 181, 182, 183
테세우스 94, 96, 97, 98, 99, 100, 102, 103, 110, 196, 276, 284, 285, 309, 339
테스티오스 276, 291
테이레시아스 51, 186
테티스 203, 217, 223, 224, 225, 228, 229, 230, 231, 232, 234, 235, 240, 241, 242, 322
텔라몬 218, 219, 281
톡세우스 276, 286, 288, 289
튀케 54, 55
튀폰 186, 311
트라키아 34, 189, 237, 238
트로이아 125, 126, 131, 135, 145, 147, 203, 231, 232, 234, 235, 240, 242, 281, 323
티타노마키아 21, 304

티탄 21, 300, 304, 305, 306, 329, 337

ㅍ

파르나쏘스 127, 128, 257
파리스 209, 231, 232, 233, 234
파에톤 259, 260
팍톨로스 123, 124
판도라 300, 312, 313, 314
페가소스 22, 247, 249, 250, 251, 252,
    253, 255, 256, 257, 258, 260,
    261, 262, 263, 264
페르디타 27, 28, 29, 30, 32, 33
페르세우스 53, 143, 144
페르세포네 284, 314
페이레네 샘 252, 257, 259
페이리토스 276, 284, 285
펠라사 191
펠라손 279
펠레우스 217, 218, 219, 220, 221, 222,
    223, 224, 225, 228, 229, 230,
    231, 232, 233, 234, 235, 237,
    238, 239, 240, 242, 276, 281,
    322
펠리온산 221, 222, 223, 242
포세이돈 9, 18, 97, 98, 167, 169, 203,
    233, 258, 322
포이닉스 240, 276
포코스 218, 219, 220, 235, 239, 240,
    242

폴뤼데우케스 145, 146, 147, 148, 149,
    150, 161, 276, 281, 285
폴뤼덱테스 144
폴뤼이도스 248, 249, 250
퓌그말리온 31, 34, 35, 36, 37, 38, 39,
    40, 41, 42, 43, 47
퓌톤 60, 127, 128, 129
퓌티아 127, 129, 130, 131
퓔로스 47, 58, 59, 280
프로메테우스 223, 299, 300, 301, 302,
    303, 304, 305, 306, 307, 308,
    309, 310, 312, 314, 315, 316,
    317, 318, 319, 320, 321, 322,
    323, 327, 328, 329, 331, 333,
    334, 335, 336, 337
프로크리스 71, 74, 75, 79, 81, 82
프로테우스 224, 225, 226, 227, 228,
    229, 230, 325
프뤼기아 52, 53, 205, 209, 213
프사마테 240, 242
프쉬케 302, 303, 315
프티아 219, 220, 223
플렉시포스 276, 286, 288, 289
플로리젤 27, 28, 29, 30, 31, 33

ㅎ

하데스 218, 293
헤라 56, 57, 58, 183, 184, 185, 186, 189,
    197, 203, 204, 206, 209, 217,

229, 231, 308, 324, 325, 328,
330
헤라클레스 53, 195, 224, 225, 263, 278,
293, 294, 295, 323, 324, 325,
326, 328, 331, 332, 333, 334,
335, 336, 337
헤르메스 47, 48, 49, 50, 51, 189, 190,
192, 193, 194, 233, 249, 253,
299, 312, 317, 318, 320, 321,
322, 328, 329
헤베 205, 263
헤스페로스 324
헤스페리데스 121, 225, 324, 325, 326,
329, 330, 332, 333
헤카톤케이레스 94, 203
헤카톰베 93
헤파이스토스 35, 233, 276, 308, 318
헬레네 147, 231, 284, 285
헬리오스 308, 311, 324
헬리콘산 256
호메로스 145, 146, 262
휘메토스산 39
휘프노스 102
히파소스 276, 281
히포메네스 161, 163, 164, 165, 166,
167, 168, 169, 170, 171, 172,
173, 174, 175, 176, 288
히포크레네 255, 256

GREEK
AND
ROMAN
MYTHOLOGY

자료 출처

15쪽 ⓒINTERFOTO/Alamy Stock Photo
64쪽 ⓒMarie-Lan Nguyen/Wikimedia Commons
149쪽 ⓒAndrej Privizer/Shutterstock.com
166쪽 ⓒMarie-Lan Nguyen/Wikimedia Commons
194쪽 ⓒWaisman Diego(CC BY-SA 4.0)
235쪽 ⓒ송학선
261쪽 ⓒThe Trustees of the British Museum(CC BY-NC-SA 4.0)
302쪽 ⓒMuseo Nacional del Prado

이윤기의 그리스 로마 신화 3

초판 1쇄 발행 2004년 8월 13일
개정판 1쇄 발행 2024년 10월 30일

지은이 이윤기

발행인 이봉주 **단행본사업본부장** 신동해
편집장 김경림 **책임편집** 김윤하 **편집** 김종오 최은아
디자인 최희종 **마케팅** 최혜진 이은미
홍보 반여진 **제작** 정석훈

브랜드 웅진지식하우스
주소 경기도 파주시 회동길 20
문의전화 031-956-7366(편집) 02-3670-1123(마케팅)
홈페이지 www.wjbooks.co.kr
인스타그램 www.instagram.com/woongjin_readers
페이스북 www.facebook.com/woongjinreaders
블로그 blog.naver.com/wj_booking

발행처 ㈜웅진씽크빅
출판신고 1980년 3월 29일 제406-2007-000046호

ⓒ 이윤기, 2024
ISBN 978-89-01-28989-2 04210
　　　978-89-01-28986-1 04210 (세트)

• 웅진지식하우스는 ㈜웅진씽크빅 단행본사업본부의 브랜드입니다.
• 책값은 뒤표지에 있습니다.
• 잘못된 책은 구입하신 곳에서 바꾸어 드립니다.